世俗时代的政治哲学

共和主义的一项研究

思想與社會 Logos & Polis 研究系列

世俗时代的政治哲学

共和主义的一项研究

王寅丽 著

上海三联书店

总　序

λόγος 和 πόλις 是古代希腊人理解人的自然的两个出发点。人要活着，就必须生活在一个共同体中；在共同体中，人不仅能活下来，还能活得好；而在所有共同体中，城邦最重要，因为城邦规定的不是一时的好处，而是人整个生活的好坏；人只有在城邦这个政治共同体中才有可能成全人的天性。在这个意义上，人是政治的动物。然而，所有人天性上都想要知道，学习对他们来说是最快乐的事情；所以，人要活得好，不仅要过得好，还要看到这种好；人要知道他的生活是不是好的，为什么是好的，要讲出好的道理；于是，政治共同体对人的整个生活的规定，必然指向这种生活方式的根基和目的，要求理解包括人在内的整个自然秩序的本原。在这个意义上，人是讲理的动物。自从古代希腊以来，人生活的基本共同体经历了从"城邦"（πόλις）到"社会"（societas）与现代"国家"（stato）的不同形式；伴随这种转变，人理解和表达自身生活的理性也先后面对"自然"（φύσις）、"上帝"（deus）与"我思"（cogito）的不同困难。然而，思想与社会，作为人的根本处境的双重规定，始终是人的幸福生活不可逃避的问题。

不过，在希腊人看来，人的这种命运，并非所有人的命运。野蛮人，不仅没有真正意义上的政治共同体，更重要的是，他们不能正确地说话，讲不出他们生活的道理。政治和理性作为人的处境的双重规定，通过特殊的政治生活与其道理之间的内在关联和微妙张力，恰恰构成了西方传统的根本动力，是西方的历史命运。当西方的历史命运成为现代性的传统，这个共同体为自己生活讲出的道理，逐渐要求越来越多的社会在它的道理面前衡量他们生活的好坏。幻想包容越来越多的社会的思想，注定是越来越少的生活。在将越来越多的生活变成尾随者时，自身也成了尾随者。西方的现代性传统，在思想和社会上，面临着摧毁自身传统的危险。现代中国在思想和社会上的困境，正是现代性的根本问题。

对于中国人来说，现代性的处境意味着我们必须正视渗透在我们自己的思想与社会中的这一西方历史命运。现代中国人的生活同时担负着西方历史命运的外来危险和自身历史传统的内在困难。一旦我们惧怕正视自己的命运带来的不安，到别人的命运中去寻求安全，或者当我们躲进自己的历史，回避我们的现在要面对的危险，听不见自己传统令人困扰的问题，在我们手中，两个传统就同时荒废了。社会敌视思想，思想藐视社会，好还是不好，成了我们活着无法面对的问题。如果我们不想尾随西方的历史命运，让它成为我们的未来，我们就必须让它成为我们造就自己历史命运的传统；如果我们不想窒息自身的历史传统，让它只停留在我们的过去，我们就需要借助另一个传统，思考我们自身的困难，面对我们现在的危机，从而造就中国人的历史命运。

"维天之命，於穆不已。"任何活的思想，都必定是在这个社会的生活中仍然活着的，仍然说话的传统。《思想与社会》丛书的使命，就是召唤我们的两个传统，让它们重新开口说话，用我们的话来说，面对我们说话，为我们说话。传统是希腊的鬼魂，要靠活的血来喂养，才能说话。否则海伦的美也不过是沉默的幻影。而中国思想的任务，就是用我们的血气，滋养我们的传统，让它们重新讲出我们生活的道理。"终始惟一，时乃日新。"只有日新的传统，才有止于至善的生活。《思想与社会》丛书，是正在形成的现代中国传统的一部分，它要造就活的思想，和活着的中国人一起思考，为什么中国人的生活是好的生活。

目录

下篇　政治思想方法论

导　言

　　共和主义(republicanism)是一个涵义丰富的概念,根据学者的梳理,古典共和主义(classical republicanism)的基本理念包括:将政治自由(political liberty)主要理解为自治(self-government)而非消极的不受干涉的自由,将公民身份(citizenship)联系到一种参与和审议(deliberation)的实践,重视公民美德(civic virtue)和共同善(common goods)等。[①] 共和主义在当代基本上可以区分为两种:一种是强调公民积极参与政治的共和主义,认为公民参与造成真正有凝聚力和活力的政治社群,并且公民也能通过参与,发展和实践人性卓越的品质;另一种同样强调积极参与政治,但主张参与的意义主要在于,参与是保障政治自由的重要手段。当代共和主义对古典共和理论的复兴,据此可分为"强的、存在论的共和主义"和"弱的、工具论的共和主义"。前者将公民参与(civic participation)和政治行动(political action)视为真正的人类存在和良善生活的组成部分,阿伦特(Hannah Arendt)和波考克(J. G. A. Pocock)是前一路径的重要代表;后者将公民美德、政治自由和共同善或多或少地视为工具性价值,代表人物为昆廷·斯金纳(Quentin Skinner)、莫里奇奥·维罗里(Maurizio Viroli)、菲利普·佩蒂特(Phillip Pettit)。阿伦特作为现象学家,并不承认有某种本质的

[①]　参见 *Republicanism：A Shared European Heritage*，vol. 1，ed. Martin van Geldren and Quentin Skinner（Cambridge：Cambridge University Press，2002），pp. 4 - 6；萧高彦：《西方共和主义思想史论》，台北：联经出版事业公司，2013 年，第 3 - 5 页；Noberto Bobbio and Maurizio Vorli，*The Idea of the Republic*（Cambridge：Polity Press，2003），pp. 8 - 14。

人类善,她认为一个人是"谁"的问题只能在"言和行的共享"(sharing of words and deeds)中得到揭示,在行动和讲述中转化为个人生活故事。波考克偏爱"公民人文主义"(civic humanism)这一来自意大利人文主义的语词,在他看来,"古典共和主义的主张中总是有人文主义的东西:它肯定了一个人(homo)生活在积极状态(vivere civile)中时,他就自然地成了一个公民,并最充分地实现了自己"。② 他们都假定政治之善不需要更深层的伦理理由来证明自身,政治德性乃是在公共空间内自身显现的卓越,是人类良善生活的实践品质。

阿伦特的"现象学共和主义"(phenomenological republicanism)和波考克的"公民人文主义"所带来的这一当代共和主义的复兴,视政治性为人类存在的基本面向,从而相比于工具论的共和主义,提出了一种不同于自由主义的"完备性"学说。③ 再者,它们都接受了马基雅维里(Machiavelli)对现代政治的世俗自主性回答,不约而同地把他们的共和思想视为对古代希罗政治价值的复兴和对犹太-基督教价值的克服。波考克在史学上对公民人文主义的"马基雅维里范式"的建构,强调它对古代循环史观和基督教救赎史观中的政治理解的现代反叛;阿伦特将希腊古代与基督教中世纪和现代加以对照研究,声称公共领域或共和国满足了"公共幸福"这一人类最深层的伦理需要——人在政治生活中有望实现人之为人的完满或卓越,乃至将共同世界确立为

---

② 汉娜·阿伦特:《人的境况》,王寅丽译,上海:上海人民出版社,2009 年,第 155 页(本书引文若无特别说明,均参考此译本,略作修订);波考克:"德性、权利与风俗——政治思想史家的一种模式",载于阿兰·博耶等《公民共和主义》,应奇、刘训练编,北京:东方出版社,2006 年,第 39 页。

③ 如多位学者指出的,工具论的共和主义与当代公民自由主义并无实质区别,自由主义者也承认公民品德对于维系正义制度有着工具意义上的重要性,共和主义如果不是某种至善论,就和它的自由主义论辩对手没有什么两样。参见威尔·金利卡:《当代政治哲学》,刘莘译,上海:上海三联书店,2004 年,第 540—541 页;保罗·韦索曼(Paul Weithman)表示:"如果我们想要在根本意义上成为共和主义者,我们最好接受'至善论共和主义'(perfectionist republicanism)。"他在文中提出"新共和主义"理论必须满足三个条件:智识上令人满意、政治上能胜任、有历史根源,并试图论证"至善论共和主义"满足了此三个条件。参见保罗·韦索曼:"政治共和主义与至善论共和主义",载于唐·赫佐格等《共和的黄昏:自由主义、社群主义和共和主义》,应奇、刘训练编,长春:吉林出版集团,2007 年,第 432 页。

"世俗不朽"之物。由此,他们的主张具有了某种政治神学(political theology)的向度,④政治在此被视为一种其本身具有世俗自足性的设定,隐含了某种在政治中实现人之"存在"或"不朽"的"神学想象",是保罗·卡恩(Paul W. Kahn)所谓的"关于神圣经验的政治型塑"。⑤ 在作为一种本体论的完备性学说和一种世俗化的政治神学这两个特征上,本书将之理解为现代一种特定的政治想象和学说范式,为方便起见,也称之为一种"新共和主义"。⑥

在当代共和主义复兴潮流中,已有较多论述关注希罗共和思想经由共和主义在近代重生的脉络,以及共和主义与自由主义的论辩。然而,其政治理念的本体论承诺及其与超越性问题之间的张力很少受到关注,这导致在共和学派史学家们重构的共和叙事中,较为忽略基督教对近代英美共和国缔造的影响,并促进了回归那种已被西方宗教信仰所排斥的古典范式之倾向。在那种古典范式中,"人类是一种被剥

---

④ 在汉语思想语境中,"政治神学"一词多让人想到施密特"政治的神学"(the theology of politics),因为在欧陆思想发展中,哲学家和神学家都乐于探讨基督教与政治之间的关系,并发展出一些解释性的原理或模式,来诠释和关注现代的政治处境。Scott 和 Cavanaugh 从政治与神学的关系提出了"政治神学"的三种理解:(1)政治被视为一种有其本身世俗自主性(secular autonomy)的"设定"(given);(2)神学是对政治的批判性反省,"揭露神学论述中产生阶级、性别和种族不平等"的结构;(3)神学和政治是本质上相近的活动,二者都为群体的组成提供形而上学的概念。参见 *The Wiley Blackwell Companion to Political Theology*, Second Edition, eds. William T. Cavanaugh and Peter Manley Scott (John Wiley & Sons, 2019), pp. 3 - 4。

⑤ 保罗·卡恩:《政治神学:新主权四论》,郑琪译,南京:译林出版社,2015 年,第 23 页。

⑥ 学界一般将 20 世纪 50、60 年代复兴的共和主义统称为"新共和主义"(neo-republicanism),从历史的角度包括"新雅典共和主义"(neo-Athenian republicanism)和"新罗马共和主义"(neo-Roman republicanism),前者主要复兴亚里士多德(Aristotle)的政治学说,后者推崇西塞罗(Cicero)和马基雅维里;从政治理论的角度,指佩迪特以"无支配的自由"(freedom as non-domination)为核心概念诠释建构的"新共和主义"。参见刘训练:"当代共和主义的复兴?",载于许纪霖主编:《公共性与公民观》,南京:江苏人民出版社,2006 年,第 188 页;菲利普·佩迪特:《共和主义:一种关于自由与政府的理论》,刘训练译,南京:江苏人民出版社,2006 年,第 7 - 9 页;佩迪特:"桑德尔共和主义的重构",载于《中西政治文化论丛》(第四辑),天津:天津人民出版社,2004 年,第 126 页;对阿伦特"新共和主义"的解释,参见卡诺凡:《阿伦特政治思想再释》,陈高华译,上海:上海人民出版社,2012 年,第 201 - 207 页。

夺了古典权利的不幸动物,只有国家才能拯救他们".⑦ 在另一些学者看来,这种存在论的共和主义无疑受到了海德格尔的错误影响。托马斯·潘戈(Thomas Pangle)站在施特劳斯学派立场上,将阿伦特斥为"以德国虚无主义之有害影响来侵蚀美国政治思想之自由传统的海德格尔主义间谍";并指出她和她的导师们以一种同等危险的"对英雄般的、社群祖先的乡愁式渴望",助长了对界定西方共和传统的"布尔乔亚式自由主义"的"道德反叛"。潘戈认为阿伦特是"这些渴望的最严肃的思想来源。波考克和他的学生说得很清楚:纵然他们一些关键的方法论预设可能源自维特根斯坦(Ludwig Wittgenstein)、库恩(Thomas Kuhn)或吉尔兹(Clifford Geertz),激发他们著作的道德灵感还是来自阿伦特".⑧

如何评价新共和主义的智识影响,它是否提供了一种在现代的时间性困境下"拯救政治"的方案?共和主义能否重新确立一种被现代政治思想、特别是持价值中立立场的主流自由主义所放弃的伦理根基?带着前述哲学的问题意识以及思想史的深层张力,本书以阿伦特和波考克为代表的共和主义作为与古典共和传统对话阐释的典范,做政治哲学和思想史的分析。就其作为一种"典范"(example)或"范式"(paradigm)而言,本书主要指的是体现在阿伦特和波考克文本中的"政治想象":以复兴的亚里士多德主义为起源,重新在古典的基础上阐明现代世俗政治中的共和价值。作为古典共和主义复兴的代表人物,阿伦特和波考克的共和主张分别来自现象学和史学建构的不同背景。不过在他们不同的理论诠释背后,隐含着对政治近似的本体论假定和时间模式。一方面,希腊城邦主义提出了一种强有力的关于共同参与生活的形式,尽管基督教不承认政治生活的自足和自主地位,却在神圣维度上保留了共同体(community)的理想;另一方面,公民共

---

⑦ 瑞吉·马尔科·巴萨尼:"共和学派的破产",载于唐·赫佐格等:《共和的黄昏》,第 75 页。

⑧ Thomas L. Pangle, *The Spirit of Modern Republicanism: The Moral Vision of the American Founders and the Philosophy of Locke* (Chicago: University of Chicago Press, 1990), p. 49.

和主义(civic republicanism)在现代初期所引导的人文主义转向,重新唤起了西方人对政治的热情和在政治中寻求世俗不朽的努力。阿伦特的存在主义政治哲学,以及剑桥历史学派的波考克对近代西方政治思想史的"修正综合",从哲学和历史编纂学(historiography)的不同取向,建构了当代共和主义的政治想象。本成果以这样一种典范阐释为主轴,来分析他们对亚里士多德、西塞罗、奥古斯丁(Augustine)、马基雅维里、卢梭(Jean-Jacques Rousseau)、美国革命等人物或事件的论述,在经典文本和论述者的思想脉络以及问题意识下与之展开对话,诠释和检视其共和论述的观点和意涵,从而对当代共和主义的复兴构成批判性的反思。

本书系笔者多年来对阿伦特和波考克的新共和主义所做研究的整理,分上中下三篇,在上篇"古典共和传统的重释"中,分四章讨论了(1)阿伦特对亚里士多德政治概念的继承和批评,主要观点为:在20世纪亚里士多德传统的复兴中,汉娜·阿伦特无疑是最大的贡献者之一。阿伦特继承了亚里士多德在政治概念上的公私二分,以及政治的"实践"(*praxis*)不同于技术的"制作"(*poiēsis*),从而在当代恢复了政治活动的自足地位;然而,从阿伦特"拯救行动"的立场看,亚里士多德的自然目的论削弱了行动的自足意义,损害了真正的政治自由;(2)奥古斯丁从神学立场对古典共和的重构以及对当代共和主义的影响。奥古斯丁从西塞罗对共和国的定义出发,批评了罗马共和并非"真正的共和"。他一方面把"城"(*civitas*)的概念扩展到天上之城,提出一种神学框架下的共和主义;另一方面,他从存在论上分析了地上之城的形态,指出异教的共和国实际上出于人的支配欲和追求光荣的欲望,本身不具有实在性和道德性。其神学共和的思想深刻提出了政治德性的根基、人的社群性和时间性存在,以及罪与爱的问题;(3)波考克对马基雅维里德性(*virtù*)语言的共和主义阐释。波考克把政治思想史视为政治论说(political discourse)的历史,在他的《马基雅维里时刻:佛罗伦萨政治思想和大西洋共和传统》(*The Machiavellian Moment: Florentine Political Thought and the Atlantic Republican*

Tradition)中,他通过对马基雅维里的"德性-命运"语言的探索,认为马基雅维里为公民共和主义带来了语言范式的革命。这章着重考察波考克对马基雅维里的德性语言的解读,指出其具有的三层含义:公民德性的普遍化、德性的政治化和德性的军事化;(4)马基雅维里范式在波考克、斯金纳那里的两种典范阐释。波考克和斯金纳对当代共和主义的论述,皆倚重于对马基雅维里的解读,本篇分析波考克和斯金纳对于《君主论》(*The Prince*)与《论李维》(*Discourses on Livy*)之一致性问题的不同观点,并比较他们在共和国腐化问题上的不同看法。透过文本诠释的脉络,理解当代共和主义所谓的"德性"范式和"法律"范式之争。

综上所述,以阿伦特和波考克为代表的新共和主义者对古典共和主义(classical republicanism)的复兴,都有意无意地绕开了奥古斯丁的神学共和思想对古典共和理想的批判。这样,在历史层面,他们所复兴的共和主义是一种古代片面的意识形态,这种政治观假定了人在政治中可以实现德性的自足圆满,良好的政治共同体有望通过对自身荣耀和不朽的追求而持久,从而跟宗教改革后的近代其他政治话语,如清教徒共和主义、现代市民社会理论、女性主义,都处在持续冲突中。在理论层面,古典共和主义绕过基督教返回古代的参与理想和公民美德观,在政治学者看来也始终是过于高蹈和不可欲求,也难以对当代政治的多元主义和群体政治做出回应。⑨

在中篇"世俗时代的政治哲学"中,我们将考察新共和主义所复兴的古典共和理想与基督教之间的复杂张力关系。"世俗时代"(a secular age)是当代加拿大哲学家查尔斯·泰勒(Charles Taylor)用于描述西方现代的一个概念,指近代以来信仰之理解语境的转变,即西方在最近五百年的发展,"将我们从一个实际上不可能不信上帝的社会,带入了另一个社会,在其中信仰(甚至对最坚定的信徒而言)只是

---

⑨ 参见刘训练:"共和主义的复兴——当代共和主义的局限与困境",《国外社会科学》,2007 年第 6 期,第 58 – 64 页。

人生诸多可能性之一"。⑩ 20 世纪宗教社会学提出的世俗化理论,认为现代政治建立在政教分离的基础上,宗教信仰和实践对于公共领域的影响随着现代化而加速衰落。近年来随着哈贝马斯、查尔斯·泰勒等思想家对世俗化讨论的开展,经典的"世俗化命题"得到反思,"后世俗研究"(Post-Secular Study)日益成为文学批评、原典阐释中的一个重要方法,突破了"现代性=非宗教"和"神圣/世俗"的对立,获得了重新解读文本的可能性。从"后世俗"角度看,我们就不必纠结于阿伦特的早期神学倾向是否与成熟时期的世俗化政治思想之间存在着矛盾的问题。阿伦特在 1950 年一次题为"宗教与知识分子"的专题研讨会上,说她自己从未"明确拒绝……传统宗教",亦未就此而"接受"它们。⑪ 本书在这一部分集中考察了阿伦特早期博士论文中对奥古斯丁的解读:阿伦特从奥古斯丁的爱观中得到启示,通过将奥古斯丁的"圣爱"转化为"世界之爱",来维护持久的人类共同世界。虽然她对基督教始终持批判态度,但正如伯诺尔(James Bernauer)指出的,阿伦特对基督教元素的吸取,使她的政治思想可以同时成为极权主义和世俗主义对宗教误用的解毒剂。⑫

阿伦特和波考克都着力讨论的"美国革命"问题,是另一个分析世俗现代引发的"神学-政治"问题的主题。在始于阿伦特和完成于波考克的对美国革命的"共和主义综合"中,美国的共和主义根基被置于希腊和罗马的古典传统,共和主义在此典型地体现了现代关于"人类自足性"的文化意识,人类自足性的标识在新共和主义中是人借由政治性潜力——言说和行动——来实现自我完善的信念,和对人类创建政治国家以实现世俗不朽的渴求。在阿伦特那里,美国革命的核心问题是共和国立国的问题,在波考克那里则是共和国延续的问题。波考克

⑩ Charles Taylor, *A Secular Age* (Harvard: Harvard University Press, 2007), p. 3.
⑪ 汉娜·阿伦特:《爱与圣奥古斯丁》,王寅丽、池伟添译,广西:漓江出版社,2019 年,第 218 页。
⑫ James W. Bernauer, "The Faith of Hannah Arendt", in *Amor Mundi*: *Explorations in the Faith and Thought of Hannah Arendt*, ed. James W. Bernauer, S. J. (Dordrecht: Martinus Nihoff Publishers, 1987), p. 17.

对文艺复兴和现代早期共和主义的解释,本身是一个调和希腊与基督教观点的产物。一方面,他认为基督教观点与柏拉图(Plato)关于变易和存在、特殊与普遍的观点没有区别,在其中正如阿伦特所说的,传统政治哲学都采取了一种贬抑政治的态度;另一方面,他接受了被基督教的偶然性、特殊性和历史性所塑造的哲学意识,但在继承尼采(Friedrich Wilhelm Nietzsche)对基督教批判的基础上,把基督教的上帝与柏拉图的理念一道作为无时间性、无世界性的"普遍化图式"而加以拒斥之后,他的历史意识变成了激进存在主义的、无根基的历史意识。在他那里,共和国——以参与行动实现特殊善和共同善的统一的生活方式——如何在历史中持久存续的问题,就变得尤为突出。阿伦特和波考克的共和主张在不同的理论诠释背后,隐含着对政治近似的本体论假定和时间想象。本书在"现代共和思想的时间意识"中对他们的政治观隐含的时间意识做了进一步分析,说明波考克把公民人文主义解释为现代早期与基督教神圣时间相抗衡的政治模式,阿伦特的共和主义则试图以"开端时间"来抵御现代的"过程时间",并以开端的自我奠基来解决共和国的持久性问题。

下篇"政治思想方法论"将新共和主义置于当代诠释学、语言哲学和马克思的实践唯物主义视野中,加以比较性的检视。第十章分析了阿伦特从诠释学角度对政治思想的重建,以及波考克从当代语言哲学出发对政治思想和政治论述的方法论探索,从而说明他们对政治之事作为"言说和行动"的定义,与 20 世纪的现象学诠释学和语言哲学在方法论上的暗合。第十一章是对阿伦特与马克思的思想关系的一个考察。1952 - 1953 年间,阿伦特在完成《极权主义的起源》(The Origins of Totalitarianism)之后开始了针对马克思主义的一系列研究,1953 年她在普林斯顿大学做了六次关于"马克思与西方政治思想传统"的演讲。阿伦特对马克思的劳动批判,既抓住了政治现代性问题的核心,又是与马克思进行的一场充满误解的对话。

以阿伦特和波考克的共和主义作为新共和主义的典范,进而把他们的共和主义解释为一种复兴古典政治的现代叙事,虽然触及当代共和主义政治的一些核心问题,特别是当代政治思想对基督教和古典政治之间张力的继承,但又要面对一个基本的难题,就是这种共和叙事在历史和哲学上是否成立。从历史的角度来看,阿伦特对基督教的非政治解释是很成问题的。她基本上是用自己的思想来建构历史,她对美国立国和法国大革命的解释也是如此,而这种"创造性"解释到了历史学家波考克那里则更成问题。再从哲学的角度来说,阿伦特存在论的、非目的论的共和主义让政治本身变得抽象,这种政治观何以能克服她要批判的现代性问题? 其次,关于公民人文主义与基督教的关系,关于宗教在美国立国中所扮演的角色,都比他们呈现的图景更为复杂。例如,如果考察近代欧洲的主要共和国(日内瓦、荷兰、英国、美国),会发现在自由主义和共和主义之外,更重要的思想资源可能来自一种深受加尔文主义(Calvinism)影响的社群主义(communitarianism,又称"共同体主义")。对笔者来说,这些问题有些会成为进一步探索的触发点,有些则是理解文本意图的背景。新共和主义受到的各方面质疑,本身也显示了这一现代政治范式在回应"古今之争"中的强烈问题意识,本书试图从内部以及外部两方面为此范式提供一种原本缺失的视角。

上篇
古典共和传统的重释

第一章　阿伦特对亚里士多德政治概念的重释

在当代政治哲学中,共和主义和社群主义这两个批判自由主义的主要思潮,都在不同程度上追溯到了亚里士多德的政治思想传统。与近代自由主义视政治为保障个人权利的手段、强调程序正义不同的是,亚里士多德把政治视为在平等自由的人们之间进行的审议活动,政治参与对个人而言具有内在价值,正义是共同体的善。在 20 世纪对亚里士多德传统的复兴中,阿伦特无疑是最大的贡献者之一,她恢复了亚里士多德的实践概念,使政治活动与工具性的生产活动区分开来;她重述了亚里士多德关于私人领域和公共领域的二分,以之为政治自由的基础;她把"参与"和"审议"的重要性引入政治,为当代民主政治带来了"参与民主"和"审议民主"的转向。阿伦特常被称为"亚里士多德主义者",或更具体的"亚里士多德式共和主义者",①但这些标签和所有这类标签一样,既概括了某主义者们的主要特征,也遗漏了他们之间的重要差别。

深入思考阿伦特和亚里士多德的关系,我们会发现,"亚里士多德主义者"这个标签对阿伦特来说并不那么合适:一方面,阿伦特在《人的境况》(*The Human Condition*)中提出的行动和公共领域理论,的确建立在对由亚里士多德加以概念化的希腊政治经验的现代阐发之

---

① 威尔·金里卡:《当代政治哲学》,第 699 页;P. Springborg, "Hannah Arendt and the Classical Republican Tradition", in *Hannah Arendt*:*Thinking*,*Judging*,*Freedom*, ed. Gissla T. Kaplan and Clive Kessler (Sydney:Allen&Unwin, 1989), p. 9。

上；另一方面，她认为亚里士多德和柏拉图一起开创了西方"非政治"的政治哲学传统，这个传统视理论生活为最高级的生活方式，政治受理论需要的指导；她还断言亚里士多德和柏拉图一样从有利于制作（*poiēsis*）的角度"颠倒了制作和行动的关系"，[②]"把统治和被统治、命令和服从的关系引入了政治领域"。[③] 在阿伦特那里，这两个判断等于宣布了亚里士多德仍一般性地将政治理解为管理、支配和统治，从而不具有真正的政治概念。

其实，亚里士多德政治思想无论在现代人看来多么令人耳目一新，它都建立在古典自然目的论和城邦世界的基础上，一个现代的亚里士多德主义者必须重构他的理论，才能提出真正有价值的思想。麦金太尔（Alasdair MacIntyre）在《追寻美德》（*After Virtue*）中指出，现代任何充分的亚里士多德主义理论，都要面对三个问题：（1）必须有一种能够取代亚里士多德形而上学目的论的学说；（2）对于亚里士多德美德理论以消失的古代城邦语境为先决条件，必须回答如何把亚里士多德主义设计成一种可以在没有城邦的世界中存在的道德（政治）；（3）如何接纳个体与共同体的对立和冲突的问题？ 由于亚里士多德继承了柏拉图"个体心灵秩序与城邦秩序相统一"这样一种信念，使他看不到对立与冲突在人类生活中的核心地位。[④] 按照以上三点要求，我们就确实可以说阿伦特成功地重构了亚里士多德的政治理论：她以现象学存在论取代了自然目的论在其政治概念中的基础地位；她以行动的参与精神和言谈中显现的友谊，作为现代政治共同体的德性基础；她在存在论上肯定了多元和差异在政治生活中的意义。本章集中于比较亚里士多德和阿伦特在政治概念上的主要论点，来分析阿伦特对亚里士多德传统的当代继承、批判和修正。

---

② Hannah Arendt, *The Human Condition* (Chicago：The University of Chicago Press, 1998), p. 301；译文参考汉娜·阿伦特：《人的境况》，第 239 页。

③ Hannah Arendt, *Between Past and Future：Eight Exercises in Political Thought* (New York：Viking Press, 1968), p. 118.

④ 麦金太尔：《追寻美德》，宋继杰译，南京：译林出版社，2003 年，第 206 - 207 页。

一、政治的范围和活动样式

每一种政治理论都要给出"政治"(politics)的定义,并界定哪些事情是属于"政治的"(the political),哪些是"非政治的"(non-political)。阿伦特通过对古希腊和亚里士多德的持续引证,给出了一种语源学的、唤回古典经验的政治概念,因为在西方古代世界中,"政治"就是关于城邦(polis)事务和城邦组织的。亚里士多德的《政治学》(*Politics*)即"城邦之学",他让希腊城邦生活经验获得了高度理论化的形态,并为古代政治思考提供了最佳范例。亚里士多德虽未明确界定何为政治,但他"实践哲学"的两部大作《尼各马可伦理学》(*Nicomachean Ethics*)和《政治学》,提出了其政治概念的两个主要思考:(1)对城邦和家庭、公共领域和私人领域做出严格区分;(2)"实践"(*praxis*)不同于"制作"(*poiēsis*)。前者划定了政治的"范围",后者指明了政治的"活动"样式不同于生产活动的样式。可以说,阿伦特政治概念的两个要素——"公共领域"和"行动"——都来源于亚里士多德。

在《政治学》第一章,亚里士多德首先区分了家庭和城邦,家庭建立在自我保存和繁衍后代的基本需要之上,既满足了家庭成员的生活所需,又为城邦的维持提供了必要经济条件。因此,家庭的存在是城邦的前提和手段。"但城邦不仅为生活而存在,实为优良生活而存在",[5]家庭和城邦的区分是"生活"和"优良生活"的区分,"没有在家庭内对生命必然性的统治,就不可能有生活或'优良生活',但政治决非为了生活本身"。[6] 家庭(*oikia*)以一个男性家长为中心,他拥有城邦公民资格,同时统治其他家庭成员和管理财产,他的活动联系着家庭

---

[5]　Aristotle, *Politics*, trans. Benjamin Jowett, *The Works of Aritotle*, vol. II (Chicago: Encyclopedia Britannica, INC, 1987),1280a30ff.；译文参考亚里士多德:《政治学》,吴寿彭译,北京:商务印书馆,1996 年,1280a30 及以下(本书引文若无特别说明,均参考此译本,略作修订)。

[6]　阿伦特:《人的境况》,第 23 页。

和政治共同体。"家务管理"⑦包括处理主奴关系、父子关系、夫妻关系和致富技术。在家庭内，家长对奴隶和其他家庭成员的统治天然合理，在这里没有言谈和说服的位置，因为私人领域本身建立在生存的必然性和强力之上。"生活"和"优良生活"的区分也规定了获得财富的正当性及其界限，故而一味追求财富，把敛财当成目的本身或"以钱生钱"的食利活动都是不正当的和"非自然的"。⑧ "在这里，一个人拥有财产意味着他成为了他自己生活必需品的主人，从而潜在地成为了一个自由人，能自由地超越他自己的生命，进入一个为所有人所共享的世界。"⑨

城邦的存在是为了"优良生活"，一种合乎德性而展开行动的生活，因而家庭和城邦的关系是手段和目的的关系，"城邦的目的是优良生活，其他社会形式都是手段。……政治团体的存在是为了高尚的行动，而不仅仅是为了结成社会关系"。⑩ 与家庭中的家长统治相反，城邦中的公民是自由而平等的，他们轮番执政（to rule and be ruled in turn）。⑪ 自由，首先意味着从维生活动中摆脱出来，对生存必然性的支配和克服是政治活动的前政治条件；更重要的是，自由意味着跟同等的人一起参与政治。与私人领域相比，"城邦的领域是自由空间，如果这两个领域之间有什么关系的话，那么理所当然的是，在家庭中对生命必然性的控制是追求城邦之自由的条件"。⑫ "在所有的纯粹生存必需品都通过统治而掌控之后，政治领域的自由才开始；因此强制和征服、指挥和服从、统治和被统治，是建立政治领域的前提条件，从而

---

⑦ 古人所谓的"家务管理"（oikonomike），正是"经济学"（economy）一词的词源。

⑧ Aristotle，*Politics*，I. 9 – 11.

⑨ 阿伦特：《人的境况》，第 43 页。

⑩ Aristotle，*Politics*，1281a40 ff.

⑪ Ibid.，1261a30 ff. 与现代民主社会的身份平等不同，对古希腊人来说，平等和自由只限于与自己属于同一个团体的人之间的关系。平等并不意味着对所有人都应予以相等条件，而是被理解为，与自己政治地位或其他地位相等的人有同等的权利，对同等的人给予同等的对待。

⑫ 阿伦特：《人的境况》，第 19 页。

不是政治的内容"。⑬

亚里士多德关于制作（*poiēsis*）和实践（*praxis*）、技艺（*techne*）和实践智慧（*phronēsis*）的区分，通过海德格尔的阐释，也深深影响了阿伦特。⑭ 制作活动和实践活动都是以可变物为对象的，但"制作不是实践，实践也不是制作"。⑮ 二者的区别在于：（1）制作活动受一个外在目的指引，在制作之前，制作者头脑里就有了一个先在的模型、理念，制作就是把已有的模型实现出来的过程。但实践活动本身就是目的，"一切制作者都是为了某种目的而制作，不为任何目的的制作不是真的制作……良好的行动本身就是目的，它是欲望之所求"。⑯ （2）制作在完成品中实现了它的目的，制作活动的过程是不重要的，重要的是产品。但在行动中，过程和结果、手段和目的是一体的，行动过程本身就是目的的实现，即亚里士多德所说的"现实性"（*energeia*），在政治共同体中与人相处的伦理实践不是以生命保存或产品生产为目的，而是朝向最好生命的"绽出"行为，实践中得到"实现"的正是行动者本人。亚里士多德把行动比作表演艺术，一个笛手是不是好笛手，只能在其表演过程中显示出来。这也是阿伦特对政治活动的理解：

> 正是坚信活生生的行动和言说是人类所能获得的最大成就，亚里士多德才把这样一种经验表达为 *energeia* 的概念，他用这个概念来意指"一切不追求目的，也不留下作品，而是在显示本身中实现了其全部意义的活动"。悖论性的"目的自身"，就是从这种

---

⑬ Arendt, *Between Past and Future*, p. 118.

⑭ 1923 – 1924 年间，海德格尔在马堡大学（Philipps University of Marburg）做了一系列亚里士多德的讲座，早期海德格尔的研究专家 Jacques Taniniaux 和 Theodore Kisiel 都曾指出，在这些讲座中他对亚里士多德《尼各马可伦理学》的阐释，特别是对第六章关于技术和实践的解释，是通往《存在与时间》（*Being and Time*）的关键一步。多年后，阿伦特回忆起当时的年轻人如何跟随海德格尔学习"激情的思考"，参见 Hannah Arendt, "Martin Heidegger at Eighty", in *Heidegger and Modern Philosophy*：*Critical Essays*, ed. Michael Murray (New Haven：Yale University Press, 1978), p. 297。

⑮ Aristotle, *Nicomachean Ethics*, translated with notes by Harris Rackham (Wordsworth Classics, 1996), 1140a5.

⑯ Ibid., 1139b ff.

充分实现的经验中获得原初意义的；因为在行动和言说的情形中，目的（telos）不在于所追求的对象，而在于活动本身，从而成为了一种"隐德莱希"（entelecheia，现实性）；产物不是在过程结束后出现的东西，而是存在于过程本身之中；显现就是产物，是 energeia。亚里士多德在他的政治哲学中十分清楚，在政治中什么是至关重要的，即作为人的"人的产物"（ergon tou anthrōpou），如果他把这个"产物"定义为"好生活"（eu zēn），那么他就清楚地表明这里的"产物"不是什么产品，而是只存在于纯粹的实现活动当中。⑰

阿伦特指出，制作活动内在地受手段-目的范畴支配，每次制作为了获得一个产品，但一个产品又变成了下一个产品的手段。伐木是为了得到木料，木料用来造家具，家具给人带来舒适，每个事物都因其自身的有用性而变成了另一个目的的手段，陷入无穷无尽的手段-目的链条。在她看来，这正是现代人从制造者立场出发的功利主义态度内在的困境：一切事物都根据它们的有用性来评价，"为了什么"（in order to）变成意义本身——"因何缘故"（for the sake of）时代的所有意义都自行消解，世界被彻底物化了。她认为，唯一能把人和世界从技术化的无意义性中拯救出来的活动是行动，行动既是终点（行动者的自我彰显），又是开端（"去行动"就是"去开始"），是真正的自由产物和新意义发生的源泉。

二、亚里士多德赋予政治的"自足"含义

亚里士多德对于"何为政治"的回答较为复杂，⑱在此仅提出他的

---

⑰ 阿伦特：《人的境况》，第 162 页。

⑱ 参见江宜桦："政治是什么？——试析亚里士多德的观点"，《台湾社会研究季刊》，1995 年 6 月，第 165－194 页。

政治概念的三个要点：(1)政治是"自由而平等的人们之间"(among freemen and equals)的关系，[19]他把统治和被统治的不平等关系排除在理想政治形态之外；(2)政治是参与和审议的活动，即"话语和行动的共享"。[20] 亚里士多德把公民定义为"凡有资格参与审议和司法(deliberate and judicial)职能的人"，[21]其中审议职能具有最高权力，权限内容扩及行政和司法方面。交予公民审议的事项，包括和平与战争以及结盟与解盟事项、制订法律，司法方面有关死刑、放逐和没收的案件，以及行政人员的选任和任期结束后对其政绩的审查。[22] 公民享有政治参与权利(politeuesthai)，公共事务应该交由公民论辩来达到共同可接受的决定，因而在政治中言谈、说服、理性沟通是最重要的。阿伦特指出，亚里士多德在《政治学》中关于人的两个著名定义："人是政治的动物"和"人是理性言说的存在"，表达了城邦中关于人和政治生活方式的通行意见："生活在城邦中，意即任何事情都要取决于话语和说服，而不是取决于暴力和强迫。在希腊人的自我理解中，用暴力强迫人，命令而非说服，乃前政治的、用来对付在城邦之外生活的人的特有方式"；[23](3)政治是一种自足的共同生活形态。是否具有"自足"(self-sufficiency)是亚里士多德衡量生活形态高下的标准。首先，"自足"意味着以自身为目的，是一切目的的终点，从而是至善。"一切知识，一切选择都趋向于某种善"，[24]目的总是某种善，每个目的又是其他更高目的的手段，只有因自身而选择，而不为他物而选择的目的才是最完满的善，"如若在行为所欲求的目的中确有某种为其自身而追求的目的……显然这一为自身的目的就是善本身，是至善"；[25]"城邦的目的不仅为寻求互助以防御一切侵害，也不仅为便利物品交换以促

---

[19] Aristotle, *Politics*, 1277b5 ff.

[20] Aristotle, *Nicomachean Ethics*, 1126b12，原文是 *Logōn kai pragmatōn koinōnein*，阿伦特译之为"the sharing of words and deeds"，参见阿伦特：《人的境况》，第194页，注26。

[21] Aristotle, *Politics*, 1275b18.

[22] Ibid., 1298a5–10.

[23] 阿伦特：《人的境况》，第16页。

[24] Aristotle, *Nicomachean Ethics*, 1095a15.

[25] Ibid., 1094a20.

进经济往来……而真正无愧于一'城邦'者，必须以促进善德为目的"。㉖ "最高的善就是政治科学的目的，这门科学首要关心的是造就公民的某种品质，即使他们更有德性，能做出高贵的行动。"㉗对他来说，政治生活是自足的，与同侪友朋的交往互动本身是值得追求的优良生活。

再者，自足意味着自然本性的实现。在亚里士多德对"城邦乃自然存在"的著名论证中，自足概念是论证城邦"自然本性"的核心：就发生顺序而言，城邦乃人类社群自然而然发展的结果。从家庭到村落再到城邦，人类生活获得了完全的自给自足；就终极因和目的而言，城邦乃人类社会发展的目的和终点、"优良生活"的实现；就自然天赋而言，人具有理性言说的自然机能，"自然不造无用之物"，她赋予人理性言说（*logos*）的机能，就是为了让人辨析利与弊、正义与非正义。㉘ "自足"在"自然"和"目的"的双重意义上获得了统一，凝练地体现在下面一段话中："如果早期的社会团体是自然的，那么城邦也是自然的，因为一事物之自然就是它的目的，而城邦就是它们的目的。无论是一个人、一匹马或一个家庭，当其充分发展了，我们就谓之实现了其自然本性。另外，一事物的终极因和目的是最善的，那么，城邦实现的自足就是目的和至善"。㉙ 城邦生活既是人的群居或社会特性"自然"发展的结果，又是人所特有的伦理和理智潜能充分实现的舞台；人参与政治既是为了满足其作为社会性动物的天性，又在与他人互动的过程中砥砺德性，臻于美善，从而达至人生真正的目的和终点——幸福（*eudaimonia*）。

㉖ Aristotle, *Politics*, 1280a35 – 1280b8.

㉗ Ibid., 1099b30 ff.

㉘ 对亚里士多德"自然论证"的详细解释，参见江宜桦："政治社群与生命共同体——亚里士多德城邦理论的若干启示"，载于许纪霖主编：《共和、社群与公民》，南京：江苏人民出版社，2004 年；R. G. Mulgan, *Aristotle's Political Theory: An Introduction for Students of Political Theory* (Clarendon Press, 1977), p. 18。

㉙ Aristotle, *Politics*, 1252b30 – 1253a.

三、阿伦特的批评与重释

阿伦特高度认同政治生活的自足地位,但从她"拯救行动"的立场上看,亚里士多德的自然目的论同时在很大程度上抵消了他的"自足的行动模式",贬损了政治行动本身的尊严。虽然阿伦特没有对亚里士多德的自足理想做过系统的分析批判,不过我们有理由从下面三个方面来理解她的批评意见。

第一,目的论的自足理想使亚里士多德最终认为只有理论生活才是真正自足的,是最高的生活方式,政治生活被贬低到从属的、手段性的地位。这一点从他在《尼各马可伦理学》对友谊的讨论中就可看出。一开始,友谊作为基本的政治德性被提出来,但对友谊的论述却导向了理论生活才是最高善和至福的结论。

与现代人把友谊理解为私人感情不同,亚里士多德阐发的古典友谊(*philia*)是一种德性,在行动中实现的品质,只要有人们共同生活的地方,就有友谊存在,因而友谊是存在于所有共同体当中的伙伴关系。"友谊关涉的对象和人际范围,与正义领域的对象和范围是相同的。在所有团体中都可以发现友谊与正义。人们把同船旅客、同旅士兵都称为朋友,任何在共同事业中的伙伴都是朋友。团体有多广,友谊就有多广,正义之于政治共同体亦然。"㉚参与共同事业的程度和分配公共利益的范围不同,友谊和正义的多少也不同。"在僭主制下既没有友谊也没有正义,在民主制下友谊和正义最多。"㉛在正义和友谊二者中,友谊对于城邦的维系更重要,"与正义相比,立法家更重视友谊,因为他们的主要目标是促进团结,而团结和友谊在性质上是相同的"。㉜

㉚　Aristotle, *Nicomachean Ethics*, 1159b25 – 31.

㉛　Ibid., 1161b10.

㉜　Ibid., 1155a20 ff.

友谊产生于他人身上引起自身喜爱之处,亚里士多德从使人喜爱的原因——有用、快乐、善——出发,把友谊分为三类:利用的友谊、快乐的友谊、善的友谊。出于有用和出于快乐的友谊都难以持久,用处没有了或快乐消失了,友谊也就终止了。只有出于朋友自身的善、为着彼此的善而建立的友谊才是完满持久的,完满的友谊只在好人中间存在,只有好人才彼此"由于他们自身之所是[的善]""为着他们自身的缘故"成为朋友。③

这样看来,存在于政治共同体中的友谊在大多数情况下是第一类和第二类的,一部分出于互惠互利的需要:"有些人把相互利用的人称为朋友,正如同邦人是'朋友',因为利益是城邦联合的主要动机";㉞另一部分出于群居动物的社交爱好:"没有什么比人们寻求社交生活更像是朋友,不但穷人需要帮助,富人也渴望有人陪伴"。㉟ 只有在理想的政治共同体中,好公民同时是好人,彼此之间有着共同的兴趣,共同的追求,爱朋友的善也是爱自身的善,相互砥砺,以促进彼此的善德为目的。但好公民同时是好人的可能性是很小的,更何况在亚里士多德看来,政治生活即使在理想状况下也是不自足的、有条件的,一个慷慨的人需要金钱,正义的人需要回报,勇敢的人需要力量,节制的人需要机会,在伦理德性关乎的实践上,行动越是高尚,所需越多。从而最终只有理智德性的思辨活动才是真正自足幸福的,思辨者一无所需、一无所求,甚至连朋友也不需要,因为他可在思想中与自身对话,与自己为友。

从思辨活动所处的永恒理念王国来看,积极生活内的一切活动都是低级的,如麦金太尔所言,"亚里士多德的听众是有闲的极少数人。我们面对的不再是人类生活本身的目的,而是一种生活的目的,这种生活以某种等级社会秩序为前提,也以一种宇宙观为前提。这种宇宙观就是,永恒真理的王国形而上地优越于易变化、拥有感官经验和普通理性的人类社会。在论证过程中,亚里士多德之概念的光辉渐渐黯

㉝　Aristotle, *Nicomachean Ethics*, 1157b1.

㉞　Ibid. , 1157a25.

㉟　Ibid. , 1157b15 ff.

淡,最终变成了为这种非常狭窄的人类存在方式做辩护"。㉟ 亚里士多德的话只是对"有闲的极少数人"讲的,这些人并不关心参与政治,他们只需要一个政府能保证他们生活安全无虞,从而有闲暇过沉思生活就够了。阿伦特说:"在古代人摆脱生命必需性的自由和脱离他人强制的自由之外,哲学家们又加上了免于政治活动(skholē,闲暇)的自由",从而亚里士多德对政治生活方式的阐述仍和柏拉图的政治哲学一样——政治生活受理论生活的引导,被贬低为理论生活的手段,"除了使哲学家的生活方式成为可能外没有其他目的"。㊲

第二,亚里士多德的目的论最终取消了行动与制作的根本区分。在亚里士多德那里,人的活动最终目的是幸福(eudamonia),幸福的定义是合乎德性的实现活动,他指出有三种幸福或好生活的方式:享乐生活、政治生活、理论生活。享乐生活在他看来是一种扭曲的生活方式,并不值得认真考虑。政治生活是幸福的,因为它追求的伦理德性如"正义""勇敢"存在于实现过程、现实化的活动当中。但另一方面,政治实践又不是真正自足的,在《尼各马可伦理学》X.7中,亚里士多德比较了政治生活和理论生活的高下:虽然政治生活和理论生活都需要基本的生活保障,但在生存必需条件满足之后,政治人还需要他人在场,需要行动的协助者和承受者,而思想者单靠自己就能思想;思辨活动在它自身之外不产出任何结果,而实践活动在行动之外总要有所得;幸福在于闲暇,人们为了闲暇而忙碌,为了和平而战争,而各种政治活动和战争行为都不是闲暇的;政治家和公民即使有幸福,他们的幸福也在于得到政治之外的某种东西,如权势或荣誉;政治活动由于他物而被追求,理智活动在自身之外别无目的。㊳

这样,按亚里士多德的定义,政治活动一方面是以自身为目的的实践(praxis),另一方面又是制作(poiēsis),比如他说伦理德性指明

㉟　麦金太尔:《伦理学简史》,龚群译,北京:商务印书馆,2003年,第124页。

㊲　阿伦特:《人的境况》,第7页。

㊳　Aristotle, *Nicomachean Ethics*, 1177b ff.

目的，实践智慧（*phronēsis*）是对手段的思虑和选择；㊴还认为政治追求和产生自身之外的结果，法律是政治活动的成果、作品。㊵我们发现他的目的论最终取消了实践和制作的根本区别，政治行动到底是实践还是制作，只是站在目的等级的不同立场来看的结果。㊶同理，他心目中的理论活动既是最高实践——以自身为目的的活动，又是一种制作活动，它最终受永恒的理念形式的引导，阿伦特指出，哲学家其实是"一个伪装的技艺人"，㊷他们对真理的观看、沉思以工匠的制作经验为模型，因为沉思（*theōria*）和制作（*poiēsis*）有一种内在的相似性，"至少在希腊哲学中，这种相似性的关键之点在于，沉思、对某物的观照，也被认为是制作的一个内在因素，因为工匠的工作受理念的引导，即他在制作过程开始之前观看到的模型，也是在制作过程结束之后，首先告诉他制作的是什么，从而让他能够判断制成品是否达到标准的东西"。㊸理念为沉思提供了正确性标准（真理），哲学家在政治领域内偏爱制作的原因，也是希望以制作的可靠尺度，来摆脱行动的不确定性。虽然与柏拉图相比，亚里士多德在政治上"充分意识到了行动和制作的区别，而不从制作领域中援引范例"，㊹但阿伦特还是举出《尼各马可伦理学》中的两个例子，证明亚里士多德仍以制作模式来思考政治行动和人际关系。他在一处说，立法和对决议的执行才是最正当的政治行动，因为在这些活动中人们"像工匠一样行动"：他们行动的产物是一个有形的产品，其过程有一个可靠的终点；在另一处讨论友谊中的施与受的关系时，他宣布施惠者对受惠者的爱胜过受惠者对施惠者的爱，因为施惠者更爱他的作品，即其一手"造成"的受惠者的生活。工匠对其作品的爱总是胜过作品对创作者的爱，即使这个作品是有生命

㊴ Aristotle, *Nicomachean Ethics*, 1144a5 ff.

㊵ Ibid. , 1181b3.

㊶ 阿伦特的研究专家 Donna R. Villa 对此做了详细的分析，参见 Donna R. Villa, *Arendt and Heidegger：The Fate of the Political*（Princeton：Princeton University Press, 1996），Chapter 2, I.

㊷ 阿伦特:《人的境况》，第 241 页。

㊸ 同上，第 239 页。

㊹ Arendt, *Between Past and Future*, p. 116.

之物。⑤

在阿伦特看来,以制作的方式思考行动,取消行动的多样性和不确定性,是自柏拉图以来的西方政治哲学传统难以摆脱的顽症。亚里士多德虽对行动和制作提出了卓越的区分,但亚里士多德对政治之"自足"的目的论解释,与柏拉图将工匠的制作经验引入对真理的沉思一同造成了行动和制作的混淆,成为近代政治的功利主义、工具主义的先声。

第三,亚里士多德的自然目的论最终倾向于取消私人领域和公共领域的区别。亚里士多德以目的论的"自然"概念,来回应智者派关于人类生活中的政治、法律、道德规范是出于自然(physis)还是出于人为(nomos)的争论,反对智者派在道德和政治上的虚无主义和相对主义主张。但他对"城邦是自然存在"的论证,却在一定程度上弥合了家庭与城邦的根本裂隙,在目的论中重申了它们之间的连续性。阿伦特认为,亚里士多德虽批评柏拉图的理想国是"扩大了的家庭",他却是第一个出于建立对人类事务的统治目的而诉诸"自然"的哲学家,在他那里"统治者和被统治者之间的区分出自老年人和年轻人的自然区分"。⑥

相反,阿伦特始终坚持政治的人为性质,在她区分的三种活动:劳动、工作和行动中,劳动基于"自然"之必需,工作和行动则是"人为"的成就,前者在自然之外创造了一个人造物的世界,后者开辟了人际的公共领域。⑦公共领域是人们摆脱自然归属,投身于行动而产生的开放空间,权力只在人们以承诺、共同约定的方式,愿意一致去行动的时刻才会产生。许多人都批评她在私人领域和公共领域、在自然和人为

---

⑤ 阿伦特:《人的境况》,第 153 页。

⑥ Arendt, *Between Past and Future*, p. 117.

⑦ 在亚里士多德那里,人工技艺(techne)和自然(physis)并不截然二分。"一般说来,在某些情况下,技艺可以帮助自然实现单靠它自身无法顺利完成的目标,在另外一些情形下,技艺模仿自然。"(Aristotle, *Physics*, 199a16−18)而且,在古代宇宙观中,"自然"相对于"人为"总是处于优位,是人为技艺模仿的对象。阿伦特也指出,古代的沉思生活相对于积极生活的优先性,基于这样的信念:没有什么人为作品,在美与真上可与自然宇宙相比(阿伦特:《人的境况》,第 7 页)。与亚里士多德使政治诉诸"自然"不同,阿伦特秉承了现代政治诉诸"人为"的特征。

(文化)之间制造的僵硬分裂,但阿伦特力图以此来强调自由和必然的界限,突出行动打破自然之必然,"人为地"开创全新事物的特点,"去行动,在最一般的意义上,意味着去创新,去开始……人就他的诞生而言是 initium——新来者和开创者,人能开端启新"。⑱ 在她看来,这一创新行动的概念是亚里士多德的目的论宇宙观和循环论时间观所不具有的。她在《心智生命》(The Life of the Mind)中对亚里士多德的时间观念做了分析,指出与自由联系的"未来"在亚里士多德的时间观中没有地位:"认为一切实在的东西必须从作为它的原因之一的潜能中导出,无疑否认了未来是真实的时间;未来不过是过去的结果,自然之物和人为之物的区别,也仅仅是'必定会实现的潜能'与'可以实现也可以不实现的潜能'之区别"。⑭ 对亚里士多德来说,人类事务领域中的行动固然伟大,但其偶然性和随意性特征在根本上是令人悲观的,他以自然目的论来解释行动,就是为了取消行动的偶然性和不可预测性;而在阿伦特看来,人能行动就意味着总有不可预料的事情发生,人有行不可能之事的能力。消除行动的偶然性等于是消除了多人行动所蕴含的自由和创造力量。因此,她甚至说亚里士多德不知道真正的自由。⑮

四、新亚里士多德主义抑或现象学存在主义?

波考克在《马基雅维里时刻》的后记中称,他依据阿伦特所恢复的亚里士多德主张——"人是一种政治动物"——来讲述一个共和主义故事。⑯ 对阿伦特的共和主义的评价大都指出其哲学来源于亚里士多

---

⑱ 阿伦特:《人的境况》,第 139 页。

⑭ Hannah Arendt, *The Life of the Mind*, vol. 2: *Willing*, ed. Mary McCarthy (New York: Harcourt Brace, 1978), p. 15.

⑮ Ibid., p. 147.

⑯ 波考克:《马基雅维里时刻:佛罗伦萨政治思想和大西洋共和主义传统》,冯克利译,南京:译林出版社,2013 年,第 577 页。

德和存在主义,更准确地说,她的共和主义是受惠于海德格尔在 20 世纪 30 年代对亚里士多德实践哲学的一系列重新诠释,而返回古希腊的"新亚里士多德主义"。[52]

亚里士多德对阿伦特的影响主要体现在他对"制作"(*poiēsis*)和"实践"(*praxis*)的区分上。在亚里士多德那里,"实践"是现实化的活动,是实现自身、达到自身充分完满状态(目的)的过程,而非"制作"一类受外在目的引导的活动。同时亚里士多德把城邦生活视为一种良善生活,在其中人们实现了人之为人的目的和德性。阿伦特则借由"工作/行动"的区分,既批判极权统治提出的关于终极目的的意识形态谎言,也批评自由主义仅仅将政治看为保护私人利益和追求繁荣的手段。对政治活动的"自足"状态的强调,更令她赞赏希腊城邦政治作为良好生活方式的模型。但在其他地方,阿伦特意识到如此援引亚里士多德观点的困难,因为亚里士多德并不把政治本身看作目的,在亚里士多德的实践哲学中,政治之善从属于人之善的整体,而对于何为优良生活的问题,要从人类这一生物物种在自然秩序中的目的来得到观照。[53]并且,当阿伦特最终把亚里士多德放在她对西方政治哲学传统的严厉批判下来检视的时候,她发现亚里士多德并未一以贯之地坚持"制作"与"实践"的区分,也未能坚持家庭(*oikos*)和城邦(*polis*)、私人领域和公共领域的区分。[54]

那么阿伦特超出亚里士多德的方面是否来自于海德格尔呢?著名的阿伦特研究专家丹纳·维拉(Dana Villa)是这一观点的代表,他在《阿伦特与海德格尔:政治的命运》(*Arendt and Heidegger:The*

---

[52] 哈贝马斯(Jürgen Habermas)把阿伦特思想归于对亚里士多德"实践"范畴的"新亚里士多德主义"复活,参见 Jürgen Habermas, *The Structural Transformation of the Public Sphere:An Inquiry into a Category of Bourgeois Society* (Cambridge:MIT Press, 1991), p. 4;Herbert Schnadelbach, "What is Neo-Aristotelianism?", *Praxis International*, 1987,7:226 – 237。

[53] Stephen G. Salkever,"当代西方实践哲学中的新亚里士多德主义",《国立政治大学学报》(第 17 期),2007 年 1 月,第 1 – 20 页;丹纳·维拉:"阿伦特、亚里士多德与行动",载于《文化研究》(第 26 辑),北京:社会科学文献出版社,2016 年,第 152 – 179 页。

[54] 阿伦特:《过去与未来之间》,王寅丽、张立立译,南京:译林出版社,2011 年,第 110 – 112 页。

Fate of the Political）中令人信服地论证了阿伦特的政治理论——对现代自由主义的批判、对共和主义的认同——要在德国现象学和存在主义的反形而上学、反现代性的背景下来理解，而她对公共性、复数性、诞生性这些人类作为政治存在的条件的分析，则是运用海德格尔的现象学来反对海德格尔。但这种双重影响说无法回避地表明，在阿伦特的亚里士多德主义与存在主义之间存在着分裂或紧张。或者说，对阿伦特的新亚里士多德主义解读无法回避目的论和反目的论之间的张力：一方面，她认为政治行动本身是有价值的，是最高的存在论成就；另一方面，政治实践总要实现为共同善的目标。一方面，她的公共领域可以解释成哈贝马斯式的审议模式，目的是达成理性沟通的一致；另一方面，她似乎更倾向于争胜的、表演的后现代模式。⑤ 丹纳·维拉力证阿伦特以现象学存在主义来打破亚里士多德的目的论，为的是真正解放他的"实践"概念："阿伦特解读亚里士多德的力量在此应得到阐明。如果'实践'的概念能有效地用于抵制行动非民主的工具化，那么首先要做的是彻底打破这个概念所来自的目的论语境。……独特的自足行动必须由服从于任何先定目的（*telos*）的义务中摆脱出来"。⑥

的确，阿伦特力图打破在政治中追问"目的为何"的提问方式，目的、为何之故，内含着人们把某物当成手段或工具使用的意图，工具主义和功利主义贯穿在制作活动及其对象世界的基本经验中。要避免让某物沦为工具的命运，似乎只有宣告它是"目的本身"，但这样的限制等于取消了"目的"："说意义只有在作为目的、作为'目的本身'的时候才能出现，实际上要么是适用于所有目的的同义反复，要么是语词上的矛盾，因为一个目的一旦达到了，它就不再是目的了，也丧失了它引导手段的选择和证明手段为正当的能力"。⑦ 为了反对问政治的目

---

⑤ Dana Villa, *Arendt and Heidegger：The Fate of the Political*（Princeton：Princeton University Press，1996）.

⑥ Ibid. , pp. 52 - 53.

⑦ 阿伦特：《人的境况》，第 118 页。

的是什么,她转而谈论政治的"意义"(meaning)。^{⑤⑧} 即"政治"是什么,它做什么?

她从现象学上对政治展开的分析,确实成功地解构了对政治的任何目的论理解:行动所带来的创新、开端,照亮了一个事件或活动的周遭世界,同时,只有在世界作为可能性之境域的事先谋划中,事件或行动才得以发生。"政治"对她来说就是共享的话语行动和公共空间本身。"政治"所做之事是彰显行动者和创建公共世界。另一方面,言行的共享敞开了一个空间,公共领域乃真正的显现空间(a space of appearance)。亚里士多德把实践比作笛手表演的活动,阿伦特立足于现象学立场把行动比作表演艺术(performance),这个比喻虽有审美化的意味,但她其实强调的是对自由的积极解释:自由是公共领域内的言行沟通实践,一个看得见、摸得着的世界现实。作为显现空间的公共领域并不一定与实际政体组织重合,只要"与他人在一起,协同行动(act in concert),彼此交谈",^{⑤⑨}一个公共空间就在人们中间出现了。它是真正人际交往的产物,真正意义上的"人造产品"(human artiface),由靠着一代代新人加入到这个共同世界的对话中,产生故事和化为记忆的产品而持续。

为了恢复政治的自足地位,阿伦特以现象学存在论取代了亚里士多德的自然目的论证,把政治的行动建基在人的"复数性"(plurality)和"诞生性"(natality)的存在论条件之上。她极力强调政治的自足性,不惜为此付出让政治内容变得空洞和让政治与道德分裂的代价。在我看来,这里更值得关注的问题是,她把工具论和目的论同等地加以处理了。她既批判现代把政治用作各种"社会"(society)利益的工具,也批判极权主义统治虚构的意识形态目的,并同样反对古代和中世纪把政治当成实现"最高善"的手段。事实上,工具被用于特定的"目的物"(end-object)、人类意识形态虚构的目标,与被用于超越之目的或

---

⑤⑧ 对"政治之意义"的专门讨论,参见阿伦特:"政治的导引",载于阿伦特:《政治的应许》,杰罗姆·科恩编,张琳译,上海:上海人民出版社,2016 年,第 107 - 134 页。

⑤⑨ 阿伦特:《人的境况》,第 123 页。

永恒上帝，并不能等量齐观，在政治上它们也属于不同的思想框架，但阿伦特所严格坚持的制作/行动二分却倾向于抹除其中的差别。

通过对亚里士多德政治理论的继承和修正，阿伦特对古典共和主义的政治理念做了出色的现代阐释，她对行动之创新的赞颂，对现代"社会"这个伪公共领域的批判，对共同世界的赞颂，都是前所未有的。这一政治观的缺陷也是显而易见的，如她过度受到亚里士多德的政治"自足"理想的影响，对"自足"内涵的现象学论证又使她倾向于忽略政治的现实因素。另外，与麦金太尔对亚里士多德的社群主义阐释不同，她的阐释让德性摆脱了对伦理共同体的依赖，从而使差异、平等、对话的政治德性如何引导"后习俗主义"（post-conventionalism）共同体的建构，成为继续有待细致分析的问题。

第二章　奥古斯丁的神学共和观及其影响

　　古典共和理想预设了人的"自然"德性与公民生活的德性一致,亚里士多德认为公民在理性沟通、轮番而治的共同体生活中,德性的自然本性才有机会得到实现。但这种基于小国寡民的城邦理想在用于广阔的罗马国家时却碰到理论和现实的困难,一般认为西塞罗对共和思想的贡献是将亚里士多德的公民社会理想重置于斯多葛学派(the Stoic)的道德框架内。本章不探讨从"城邦"到"共和国"的转变,[①]而主要论述西塞罗对罗马共和政体的意见和奥古斯丁对罗马政治的神学批判。奥古斯丁写作《上帝之城》(*The City of God*)的目的是驳斥罗马异教徒把罗马城的沦陷归罪于基督教,《上帝之城》本身是一部严格的护教作品,并非奥古斯丁有意阐述的政治哲学或政治神学。但在《上帝之城》中,他从西塞罗的共和定义得出,罗马从未存在过真正的共和,进而铺陈"上帝之城"才是"真正的、神圣的共和";他从神圣-世俗的二元张力中透视罗马共和,而不只是"重新表述了西塞罗从《论共和》第三卷起所讨论的'罗马征服和一般政治的困难本性'"。[②]

---

① 这里取 *res publica* 一词的宽泛含义,即国家为公共事物、为全体人民所共享,促进人民的共同利益,而不取较狭窄的混合均衡政体的含义;参见 Malcolm Schofield, "Cicero's Definition of *res publica*", in *Cicero the Philosopher*: *Twelve Papers*, ed. J. G. F. Powell (Oxford: Clarendon Press, 1995)。

② Paul J. Cornish, "Augustine's Contribution to the Republican Tradition", in *European Journal of Political Theory*, 9.2(2010):139.

一、西塞罗的共和观

西塞罗在《论共和》第一卷中给出了共和国的定义,即共和国乃"人民的事业":"共和国乃人民的事业(*res populi*),但人民不是某种随意聚合的人类集合体,而是许多人基于法的一致(*iuris consesus*)和利益的共享(*utilitatis communione*)而结合起来的集合体"。③ 西塞罗指出,共和国是"人民"(*popular*)这样一个聚合体的产物,而人民是经由"法的一致"和"利益的共同"形成的,"利益的共享"和"法的一致"是共和国这个公民联合体(*civilis societatis*)产生的条件。反之,当公共事务不服从于人民共同的利益和受正义之法约束,而受少数人或一个人专断意志的支配时,即"不存在任何法的纽带,也不存在任何意见一致和联合的社会——即人民——时",也就没有人民的事业,没有所谓共和。④ 这个定义并未将"共和国"用于指一种政府形式,实际上,传统的三种政府架构在最好的情况下都符合共和国的定义:

> 任何一个如我所描述的作为人民的这种联合的人民,任何一个作为人民的组织形式的公民社会,任何一个如我所说作为人民的事业的国家,为了能长久存在,都应由某种机构管理。首先,这种机构通常源于公民社会产生的那种始因。其次,应该把这样的职能或者授予一个人,或者授予选举出来的一些人,或者由许多人、即由所有的人来承担。由此,当全部事务的最高权力为一人掌握时,我们称此人为独裁国王,我们称这样的国家体制为王政;当全部事务的最高权力为选举出来的一些人掌握时,我们称这样的城邦由贵族意志掌管;而人民的城邦(因为人们就是这样称呼它)将其一切权力归于人民。⑤

---

③ Cicero, *On the Commonwealth and on the Laws*, I. 39.

④ Ibid., I. 39, III. 43.

⑤ Ibid., I. 41 – 42.

但何为共同利益和法的一致？一个国家总是存在不同和相互冲突的利益,某事物是否对一些人有利却会损害另一些人的利益？西塞罗进一步把"人民的事业"澄清为人民的自由和法权的平等。依照传统的观点,西塞罗倾向于最佳政体是王制,但从稳定性的角度考虑,他认为良好政体是三种最好政体的混合均衡形式,此结构既有一定平等性,又较稳定。由此,西塞罗既为共和国提供了一个规范的定义,即"法的一致"和"利益的共享",把它等同于较为现实的混合均衡政体(mixed and balanced regime)。西塞罗为一般意义上的罗马共和制度提供了一个理性辩护,说明它在多大程度上合乎共和国的理念,并在第二卷简要叙述了这个由执政官、元老院、平民大会共同治理的共和国制度是如何靠着数代人的智慧建立起来的。

从第三卷开始,这场讨论共和的谈话转向正义问题,菲卢斯(Phaidres)代表学园派哲学家卡尔涅阿德斯(Carneades)提出,正义对于公民生活不是根本性的,不义更有利于国家。他的观点依据两种经验证据:一是没有普遍的习俗和法律,法律不仅在希腊、波斯、罗马众多民族之间各不相同,在同一城市的不同时间也会变更,同一个人也在不同情况下遵守不同的法律,因而法律不是根据公正原则而是根据有利原则制定的;另一个则是直指罗马立国的非正义性——任何一种王权或统治权都是通过战争获得的,罗马的征服行为充斥着对其他民族的掠夺、对神明的亵渎、对公民和祭司的屠杀。卡尔阿涅德斯得出结论说,如果正义指的是以上两种含义的话,所有凭借权力而昌盛的人民,包括把自己的权力扩大到全世界的罗马人民,就不能希望同时拥有正义。

要反驳对罗马的非正义指控是相当困难的,从保留下来的残篇中我们看到,西塞罗的驳斥回避了经验的证据,他先借莱利乌斯(Laelius)之口说出斯多葛学派的自然法观点,来反驳法的约定论主张:得到正确理解的正义与自然相一致,体现为真正的法律,它是普遍的和永恒不变的,适用于所有民族和时代;接着提出正义战争和非正义战争的区分,认为"最好的国家不会发生战争,除非为了忠信

（*fides*）或自身的安全"。⑥ 接着,莱利乌斯关于正义战争的主张延续到所谓"正义的奴隶",因为如果说战争是正义的,由战争而来的奴隶也就是正义的,西塞罗认为在这种情况下奴隶状态应该被视为正义,是因为奴隶地位对他们本人有利,自然本身为了弱者的利益,而把统治权交给了优秀者。⑦ 西塞罗进一步把奴隶对主人的隶属关系跟政治中的统治关系区别开来,他分别比之为理性对欲望的统治和精神对肉体的统治,"国王、统帅、官员、父亲、人民也这样统治公民和同盟者,如同精神统治肉体;但是奴隶屈服于主人,则如同精神的软弱、有缺陷部分,如欲望、愤怒及其他激动情感屈服于精神的优秀部分、理智"。⑧ 由此说明了,真正的共和国是少数优秀人物依照正确理性来统治的贵族政体,西塞罗借政治家-哲人斯基皮奥（Scipio）之口批评说,现实的国家,如狄奥尼修斯（Dionysius）统治的叙拉古（Syracuse）、民众统治的雅典都不是真正的共和国,因为在那里不存在"人民的事业",只存在单个的或集体的僭主。

如蔡英文教授所言,亚里士多德的 *koinōnia politiké*（政治共同体或城邦）与西塞罗的 *res publica*（共和国）概念,"代表一种描述性,也含有规范性意义的概念,它们既处理人结社与政治体制的宪政构成的议题,也深含伦理道德的理想"。⑨ 但至少在《论共和》中,西塞罗的这

---

⑥ Cicero, *On the Commonwealth and on the Laws*, III. 34;另参 Augustine, *The City of God Against the Pagans*, trans. R. W. Dyson（Cambridge: Cambridge University Press, 1998）, XXII. 6.2;译文参考奥古斯丁:《上帝之城:驳异教徒》,吴飞译,上海:上海三联书店,2007年,XXII. 6.2（本书引文若无特别说明,均参考此译本,略作修订）。奥古斯丁在引用这句话后批评说,西塞罗跟柏拉图主义者一样相信,国家能够建立得仿佛为永恒而存在,但地上之城终将消亡;"自身的安全"更是一个相对的目标,臣服于罗马的萨贡托（Saguntum）在忠诚和自身的安全中只能二者择一,它对罗马忠诚就不能保卫自身的安全,要安全就必须放弃忠诚。

⑦ 西塞罗在这里继承了亚里士多德关于自然奴隶的观点,但结合了他自己的正义战争观。亚里士多德至少认为由战争造成的约定奴隶是非正义的,而西塞罗有些违心地为罗马征服的观点辩护,表示正义战争造成的奴隶并非出于约定（*nomos*）,而是出于自然和正义。

⑧ Cicero, *On the Commonwealth and on the Laws*, III. 37.

⑨ 蔡英文:"古典公民社会的理想与奥古斯丁的神学批判",载于蔡英文:《主权国家与市民社会》,北京:北京大学出版社,2006年,第120页。

一论证并非直接来自他对共和国理念的推演,而关乎他为罗马共和国的非正义所做的辩护。从而他暗示了不仅道德上的败坏不可避免地导致罗马共和国的倾覆,而且"罗马本身在其内在管理和帝国行为上,都远远达不到它一度坚持的道德标准"。⑩

二、奥古斯丁的神学共和观

古典思想家假定人有自然向善的德性,这种德性在共同体中得到培养和塑造,从而最好的政体就是能充分实现德性之卓异的共同体。但基督教对这一人本主义设定提出一种釜底抽薪的反对,认为人根深蒂固的罪性,使之不可能靠自身的理智或行动实现至善以及人生终极福祉;并且政治实体能为人类言行提供一种潜在不朽的信念,在古代晚期已经不具有任何现实性了。基督教教义肯定了任何受造物都是暂时易逝的,任何在此世追求不朽的渴望都注定是追逐虚空。在阿伦特看来,奥古斯丁的伟大、深刻之处主要不在于他指出以罗马为代表的"俗世之城"(the Earthly City)终将灭亡,而在于他把人类生活始终置于社群之中,即使在"上帝之城"的永生中也不例外。"在拉丁语中,'生活'总是等于说'和人们在一起'(inter hominess esse),从而,'永生'在罗马人的理解中也必然意味着,即使一个人死后离开人世,他也不会从人群中被放逐。这样,人的复数性事实,作为政治生活的一个基本前提条件,就跟人的'本性'捆绑在一起,甚至在个人不朽的情况下也是如此。……奥古斯丁的信念是,即使在无罪的、完全圣洁的情况下,也必须有某种程度的政治生活,他一言以蔽之:甚至圣徒的生活也是与他人在一起的生活(Socialis est vita sanctorum)。"⑪他用"城"(civitas)的概念来表示人的共同生活,"城"不仅是一个城墙围起来的聚

---

⑩ Cicero, *De Re Publica. Selections*, ed. J. E. G. Zetzel (Cambridge: Cambridge University Press, 1995), xviii.

⑪ Arendt, *Between Past and Future*, p. 73.

居地，一个城邦或国家，而且是人在肉体和精神上的共居形态。对于奥古斯丁来说，人的生活始终是一种共同体生活，无论是罗马帝国所呈现出的"共同体之恶"，还是"上帝之城"所呈现出的"共同体之善"。⑫ 通过引入完全不同的道德观念和历史观念，他重新书写了罗马历史，"罗马的历史变成了一个社群的故事，这个社群被剥夺了基督的权威，并且听凭其在一层脆弱的人类德性外壳控制之外的力量的支配下漂泊"。⑬

在《上帝之城》中，奥古斯丁提出了著名的"两城"论：上帝之城和俗世之城。两座城的区分取决于两座城公民的不同的爱，一种是人间的欲爱（*cupiditas*）——爱世界和追求世俗享乐；一种是圣爱（*caritas*）——爱永恒和寻求上帝。人们有什么样的爱就组成什么样的社群。所爱者愈善，则社群愈好。两城的公民身份在于不同的生活方式，并非现实中可见的机构或组织。

> 两种不同的爱，产生了两座城：爱自己，乃至于轻视上帝，产生了地上之城；爱上帝，乃至于蔑视自己，产生了天上之城。前者夸耀自己，后者荣耀上帝。前者在人们中间寻求荣耀，后者以上帝为最大荣耀，他是人良心的见证。地上之城昂首自傲，天上之城则对上帝说："[你]是我的荣耀，又是叫我抬起头来的（《诗篇》3：3）。"⑭

"生活"（*vita*）总是意味着在人们中间，人爱什么、渴望什么，就组成什么样的社会；他们生活在什么样的人中间，就被习俗影响而成为什么样的人。阿伦特在她的博士论文中强调了奥古斯丁"城"的概念在社会性和道德性上对个人的塑造，她简洁地解释说："在圣爱或欲爱中，我们要决定的是我们的居所，是想要属于这个世界还是属于将要来的世界，……你就是你所爱"。"我们无法定义人是什么或人的

---

⑫ 奥古斯丁所论善恶或德性的共同体属性，参见石敏敏、章雪富："奥古斯丁的共同体观念"，载于《道风·基督教文化评论》，no. 45（秋 2016），第 23—54 页。

⑬ 彼得·布朗：《希波的奥古斯丁》，钱金飞、沈小龙译，北京：中国社会科学出版社，2013年，第 366 页。

⑭ Augustine, *The City of God Against the Pagans*, XIV. 28.

本质是什么,因为他总是渴望拥抱他自身之外的事物,随着外物而变换本性。……因为如果说人有什么本质属性的话,就是自足的缺乏。从而,他被驱使着用爱来打破孤立——无论是欲爱把他变成此世的居民,还是圣爱让他生活在绝对未来,成为将要来之世界的居民(a denizen of the world-to-come)。因为只有爱才能构建世界和人的家园。"⑮

奥古斯丁在《上帝之城》第 XIX 卷,围绕着两城的对立,集中展开了对罗马共和的批判,也表达了他对世俗政治中共同善、公民德性等共和主题的看法。⑯

(1)奥古斯丁以基督教终末论(eschatology)的救赎历史观,彻底摧毁了希腊人本主义的自足圆善理想,从而抽去了古典共和理论的伦理道德根基。⑰ 在奥古斯丁看来,世俗历史只是救赎历史已经完成的启示和将来的实现之间的一段时间,历史事件只有联系到上帝的救恩计划才获得意义。奥古斯丁从道德和神学的角度,系统地批判了古典循环论史观,后者认为每个事物遵循自身的轨迹在时间中运动,并无超越现实的终极意义或目的。⑱ 亚里士多德宇宙论中的神,显然不是有计划介入人类历史的天意代表,它们的作用仅仅是让整个宇宙系统和其中的自然事物永远存在下去。这种永恒运动的宇宙信念,让哲学家们假定人凭着自然理性就可以认识自身与宇宙的统一,实现人在自然中的最高目的。例如,在亚里士多德的自然目的论中,所有自然事物都有其自然目的的善和实现善的能力,即自身的德性(aretè)。人的完善有赖于

---

⑮ Hannah Arendt, *Love and Saint Augustine*, ed. Joanna Vecchiarelli Scott and Judith Chelius Stark (Chicago: The University of Chicago Press, 1996), pp. 18, 19.

⑯ 参见 R. A. Markus, *Saeculum: History and Society in the Theology of St Augustine* (Cambridge: Cambridge University Press, 1988);中文学界对奥古斯丁政治思想的有关分析,参见夏洞奇:《尘世的权威:奥古斯丁的社会政治思想》,上海:上海三联书店,2007 年,第 188 - 217 页;吴飞:《心灵秩序与世界历史:奥古斯丁对西方古典文明的终结》,北京:读书·生活·新知三联书店,2013 年,第 245 - 332 页;孙帅:"社会的动物——奥古斯丁思想中的家国问题",载于李猛主编:《奥古斯丁的新世界》,上海:上海三联书店,2016 年,第 36 - 108 页。

⑰ 蔡英文:《主权国家与市民社会》,第 127 页。

⑱ 卡尔·洛维特:《世界历史与救赎历史》,李秋零、田薇译,北京:商务印书馆,2016 年,第 189、201 页。

杰出的灵魂活动，即理性活动，在亚里士多德那里，理智德性分为实践之德（*phronēsis*）和理论之德（*thēoria*），政治践履的生活就是人的实践之德的充分实现，人凭借理论理性甚至可以达到对至善的智性直观。

奥古斯丁也继承了古典的幸福主义目的论，但对他来说，幸福不是人欲求渴望的终点（*finis*），而是造物主上帝放在理性受造物中的本体论秩序，如他在《忏悔录》（*Confessions*）中开篇所言："你为自己创造了我，我的心除非安息于你，否则永不得安宁。"从而，人谦卑地顺服上帝，与人寻求自我实现的世俗人本主义恰好构成对立。他接受基督教终末论的救赎历史观，坚持人的"堕落"所造成的"原罪"的污染，使人的理性或德性都不足以完成自我救赎和达至至善。人可以经由理性，在一定程度上认识善，但以为单凭理性自身就可以达致幸福，则是人的骄傲（*hubiris*）。在奥古斯丁看来，异教哲学对人的理性过分自信，假定人类可以不需要上帝而独立自足，实质是抹除了造物主和被造物的根本区分，将人当成了上帝。在《上帝之城》XIV.28，他提出两城的区分后，紧接着引用《罗马书》1:21-23，直斥异教哲学家自负为智者，为骄傲所控制，自以为聪明，反成为愚拙，"他们引人民至偶像的祭坛前，朝拜受造物，而不侍奉造物主"。在《上帝之城》第 XIX 卷，奥古斯丁以瓦罗（Varro）的《论哲学》（*De philosophia*）为靶子，系统地批判了古典哲学的幸福论。幸福论是古代至善观念的核心，对于幸福或最高善，哲学家们穷尽了寻求它的可能性。他们认为幸福就在今生，人能凭自身的智慧或德性来获得幸福；奥古斯丁指出，这与基督徒所理解的至善相反，对基督徒来说，永生才是至善，至于此生的悲惨和短促，使我们不能称现世生命为幸福的；他在《上帝之城》XIX.4 逐一分析了古代哲学家所推崇的主要德性，即节制、明智、正义、勇敢，都不能带来幸福，反而使我们不幸。[19]

（2）他延续西塞罗对"共和"的定义，指出罗马政治德性的实质是权力欲。按照西塞罗的定义，共和国建立在人们对"正义和法"的认同上，使人们集合为"人民"的，既是行动的一致，也是信念的一致。奥古斯丁指出驱动罗马共和国成员行为的动机实质上是激情和欲望，即人

---

[19]　Augustine，*The City of God*，II. 18.

性中的统治欲(*libido dominandi*)和爱自己的欲爱(*cupiditas*),并无对"正义和法"的认同。奥古斯丁引述萨卢斯特(Sallust)的《喀提林阴谋》(*The Conspiracy of Catiline*)和李维(Livy)的《罗马史》(*History of Rome*)指出,罗马人在第一次布匿战争和最后一次布匿战争之间达到了最好的道德风尚和高度的和谐,只是出于对迦太基的恐惧,才有平等和节制的法律。"不和、贪欲、野心和财富滋生的其他恶习,在迦太基灭亡之后都迅猛增长。"在外部的恐惧有所缓和时,贵族和平民之间的动乱又会增长,一方要实行奴役的统治,一方不愿被奴役。西庇阿(Scipio)极有先见之明地警告说,不要灭亡那个强大的国家,如果不灭亡迦太基,欲望会被恐惧所压制,就不会奢侈;奢侈得到制约,贪欲也不会发展;对城邦有用的德性就会繁荣和增长,与美德相应的自由也会得到维持。⑳ 在奥古斯丁看来,贵族的野心和平民的放纵都是人本性之贪欲的表现,罗马人对赞美、荣耀的渴望,由于没有来自对上帝的敬畏和爱的节制,即使杰出的心灵也不停地被诱惑陷于贪欲。奥古斯丁揭示出,对荣耀、赞美的渴求只能暂时压制人性的贪欲,但罗马要持久下去就只能对外扩张、对内整肃,其对自由和安全的追求,对赞美和光荣的渴望,实际上出于抵抗人性恶的内在需要。

古典共和思想家赞颂的德性带有强烈的理性主义和理想主义色彩,正如罗明嘉(Mikka Ruokanen)所说,奥古斯丁这里指出了支配理性或德性的真正力量,"不是冷静的理性,而是非理性,具有压倒性力量的喜好、贪恋、欲望和倾向——也就是各种形式的'爱'——才是人类所思所为的根本动机"。㉑ 正当的爱是人生中所有正确顺序的基础,人若没有转向爱上帝、侍奉上帝,就只会爱自己、侍奉自己;在这样的人身上,灵魂与肉体相冲突;在这样的人组成的社会中,人人各自为战,个人和社会都没有正义,共和也徒有其名。奥古斯丁承袭西塞罗的共和定义,指出上帝之城才是真正的共和,"在那个城中,正义的个人和正义之民的共同体都以

---

⑳ Augustine, *The City of God*, I. 31,33;II. 18.

㉑ 罗明嘉:《奥古斯丁〈上帝之城〉中的社会生活神学》,张晓梅译,北京:中国社会科学出版社,2008 年,第 56 页。

信仰生活，以爱德而行动，人爱上帝如其所当爱，并爱人如己。在没有这种正义的地方，也就没有因关于何为正当的共识和共同利益而联合的集体了。在那里就没有共和国，因为没有人民、没有'人民的事业'"。②

（3）他肯定世俗政治是在一个充满脆弱和不确定的世界内行动。人本质上是社会性的，而罪的污染正是在社群中带来更大的败坏，原初被造的"共同之善"变成了堕落的"共同之恶"。③ 奥古斯丁在《上帝之城》XIX.6－7描绘了人类共同生活中的种种不幸：家人之间的背叛，善人之间的友谊也有失去的危险；不仅地上城邦的"暂时和平"要靠战争，即便在和平时期，人与人之间也充满不和、敌意、疑心、战争，充满民事诉讼和刑事犯罪。由于审判者无法深入到被审判者的良知，所以他往往不能探知真相，而让无辜者遭受折磨甚至悲惨死去；在更大的陌生人世界，语言的分化造成了人类社会的分裂。

作为对罪的补救，奥古斯丁在尘世生活的范围内肯定了政治统治的正当性，肯定了少数人的政治德性。他认为赞美和光荣是值得追求的，但要限制在萨卢斯特所谓的"好的技艺"的范围内，即通过德性来追求国家荣耀，而不是通过狡诈欺骗的手段，在"好的技艺"的限度内，罗马人得到了上帝给予他们的俗世赏赐。④ 奥古斯丁也赞同西塞罗的意见，认为共和国应由少数有德性的人统治，不过这些人是与上帝有正确关系的基督徒，他们能把统治权威跟统治欲区别开来，基于"正当的爱的秩序"，出于爱心而彼此服侍，"他们并不是因统治欲发出命令，而是出于助人的职责，不是出于领袖的高傲，而是因为他们心怀悲悯"。再者，地上之城的公民常常处在不义的悲剧处境下，基督徒在必要时负起政治责任是爱上帝的表现。虽然人的审判常常失误，甚至冤枉无辜，但为了俗世的和平，一个智者有责任坐在法官的位置上，而不应独善其身，仅仅注重个人完善，对社会公义漠然旁观。"因为人类社会约束着他，驱使他完成任务，他也认为，放弃义务反而是违背

---

② Augustine, *The City of God*, XIX. 23.

③ Ibid. , XII. 28.

④ Ibid. , V. 15.

神法的。"㉕上帝的选民处在此世的羁旅中,不能指望完美的宁静,对这个世界每天发生的真实苦难视而不见,不过问邻舍的事务。但他投身行动不是为了此生的荣耀或权力,因为"日光之下所做的一切事都是虚空"。"不过,我们可以利用荣耀和权力,因为如果正确而得当地运用,就能服务于我们手下所管理之人的利益和拯救,而这就是服从了上帝。"他接着引用《提摩太前书》3:1:"人若想得监督的职分,就是羡慕善工",并解释说"监督"(*episkope*)这一希腊文是"劳动"的意思,不是"尊荣"的意思。做监督就是受命指导别人,负有关怀之责,由此可知,承担公共服务就是愿意为主做工。"神圣的安宁是用来追求真理之爱的,正义的不安宁是爱所必需的。如果没有加给这负担,就要用闲暇来思考和追求真理;如果有这负担,就要承担起来,因为这是爱所必需的。"㉖一方面,奥古斯丁从生命必朽的角度来看待地上之城的治理机构,另一方面,他相信人能听从天上之城的呼召而超越自然限制和打破社会界限,在爱的原则下建立非强制性的自愿协作关系。奥古斯丁勉励基督徒"在羁旅中利用地上的和平",㉗爱上帝以及为着上帝而爱邻舍;并借着区分"利用"和"享受",以及"爱的秩序"学说,他得以既肯定又超越了世俗行动的价值。

三、奥古斯丁对当代共和主义的启示

当代公民共和主义者把共和主义的理论和历史根源追溯到古希腊城邦和古罗马共和国,奥古斯丁以基督教立场对罗马共和的重新审视,在西方共和主义的叙事中相对而言不受重视;这种观点主要保留在一种奥古斯丁式自由主义(Augustinian liberalism)中,其核心是正视人类堕落和罪的真实处境,视政治仅为必要之恶,主张靠法制和宪政将之限制在必要范围内,警惕任何以彻底的道德或政治革新来提升社会的理

㉕　Augustine, *The City of God*, XIX. 6.

㉖　Ibid., XIX. 19.

㉗　Ibid., XIX. 18.

想。奥古斯丁自由主义在当代最有影响力的代表是莱茵霍尔德·尼布尔(Reinhold Niebuhr)的"政治现实主义"(political realism);尼布尔批评现代自由主义文化认为个人、阶级和国家的利己主义是有限且无害的,同时相信这种利己主义会随着社会知识和政治知识的不断增长而被克服。他指出这种乐观主义是对人类本性的误解,不仅忽视了人类中罪的普遍性,也未充分认识到罪的群体性质,如现代法西斯意识形态带来的群体道德暴力。故而,从政治现实主义的角度来看,一种权力的非稳定平衡就成了社会能够渴求的最高目标。㉘ 另一派对奥古斯丁式自由主义的解读体现在 20 世纪 70、80 年代对罗尔斯(John Rawls)的"作为公平的正义"理论的积极回应上,这一派也重视尼布尔对罪的揭露,但更强调在一个以多元主义为特征的自由社会,罗尔斯"作为公平的正义"乃是较现实的政治德性。不过从 20 世纪 90 年代开始,随着现代政治思想的两个基本想象遭遇困境——一端是自主的、作为道德能动者的个人,另一端是经由他们同意而结成的互利秩序,自由主义受到来自社群主义和共和主义的批评。㉙ 当代社群主义和共和主义的复兴,也带动了对奥古斯丁神学共和的重新解读,人们发现透过奥古斯丁视角,得以重新审视个人与社群身份(性别、种族、宗教等自我"嵌入"的深层来源)的关系、公民德性、政治认同等议题。㉚

㉘ 莱茵霍尔德·尼布尔:《道德的人和不道德的社会》,蒋庆等译,贵阳:贵州人民出版社,1998 年;Eric Gregory, *Politics, and the Order of Love: An Augustinian Ethic of Democratic Citizenship* (Chicago: University of Chicago Press, 2008), p. 12;Reinhold Niebuhr,"Augustine's Political Realism",in Reinhold Niebuhr, *The Essential Reinhold Niebuhr: Selected Essays and Addresses*, ed. Robert McAfee Brown(New Haven: Yale University Press, 1986), pp. 123 - 141。

㉙ Charles Taylor, *Modern Social Imaginaries* (Durham: Duke University Press, 2004), pp. 19 - 20.

㉚ 参见 Joshua Mitchell, "The Use of Augustine, After 1989", in *Political Theory*, vol. 27, no. 5 (Oct. , 1999), pp. 694 - 705;Joanna Scott 和 Judith Stark 编辑的阿伦特的博士论文英译本 *Love and Saint Augustine*(1996),已故芝加哥大学教授 Jean Bethke Elshtain 所著 *Augustine and the Limits of Politics*(1996),普林斯顿宗教系教授 Eric Gregory 的 *Politics and the Order of Love: An Augustinian Ethics of Democratic Citizenship*(2010),这是近二十年来让奥古斯丁重新被引入当代政治争论的三本代表性著作。

奥古斯丁围绕着上帝之城所铺陈的神学政治思想,始终处在两个国度之间,以及世俗历史与救赎历史之间的张力中,他的"城"的概念也承袭古典共同体含义,指的是人的社会性聚合,以及人类所建立的国家。③ 古典共和理论认为政治秩序不同于家庭的自然秩序,私人领域和公共领域存在着两种不同的正义和治理方式:在前者那里,统治和服从天然合理;在后者那里,自由人要求平等的政治关系。但在奥古斯丁看来,只有两种秩序,"正当的爱的秩序"(rectus ordo amoris)和"悖乱的爱的秩序"(perversus ordo amoris),而两种爱正是爱上帝的圣爱(caritas)和爱自己的欲爱(cupiditas)。正义不是一种跨越私人家庭和克服自然情感去追求的政治美德,而是关乎真宗教和真虔敬的问题。联想到他在《忏悔录》中阐发的"在上帝中寻找自我"的主题,可以说他呼吁每一个被上帝之爱更新的人,去恢复和重建家庭以及政治社群。另一方面,他也警醒人们,现实社会永远是一个被各种各样的罪污染了的社会,政治社会的集体性非道德结构,不可能基于个人道德而革新。

虽然地上之城的政治社会不可能有"真正的正义",但奥古斯丁还是给出另一个较为现实的定义,即"人民"不是建立在对"正义的共识和利益的共享"上,而是建立在共同"爱的对象"上:"我们可以说,所谓人民,即是指众多的理性存在者,经由在爱的对象上达成共识而有的联合"。② 他肯定,一群理性的存在者可以基于"社会之爱"(socialis dilectio)而结合成人民去共同行动。③ 政治社会可以建立在集体性自

---

③　Augustine, *The City of God*, I. 15, XV. 8.

②　Ibid. , XIX. 24.

③　奥古斯丁在《上帝之城》中用了三个词来指称爱:*amor*、*dilectio* 和 *caritas*,并未做特别的区分,都可用来指对各种事物的爱,正确之爱或错谬之爱的区别在于爱的对象的好坏,以及爱的方式是否恰当。*Amor* 在奥古斯丁那里更多用于神学上描述符合正当的爱的秩序的现象,如用在 *amor Dei*(爱上帝)、*amor iustitiae*(爱正义)中,而 *dilectio* 是一个较为中性的词。借用 O'Donovan 的区分,*amor* 描述的是爱的本体论或现实的方面,而 *dilectio* 更多描述的是爱的心理或实证的方面;*caritas* 相应的希腊文是 *agape*。参见罗明嘉:《奥古斯丁〈上帝之城〉中的社会生活神学》,第 63 - 70 页;Oliver O'Donovan, "Usus and Fruitio in Augustine, 'De doctrina Christiana I'", *Journal of Theological Studies* (1982), pp. 361 - 397.

爱的基础上，从而他主张对爱的对象的最低限度共识，足以构成一个政治社会。㉞ 奥古斯丁将政治共同体的根基建立于爱与意志的行动，而非古典理性化的德性，现代共和主义者吸取了他的观点，但他们不认为爱只存在于圣爱和欲爱的二元对立形态。在马基雅维里的名言"我爱我的祖国甚于爱我的灵魂"中，他显然试图对祖国（patria）和爱（amore）这两个词作出重新组合和诠释。在普遍堕落的俗世之城中，"祖国"是否仍是一个值得付出忠诚的对象？是否有一种良好的祖国之爱，区别于低级的互利欲望？如丰塔纳（Benedetto Fontana）指出的："马基雅维里所做的与其说是消除这两者［即圣爱和欲爱］的区别，不如说是展开了一项认识论的和政治的行动，它保留了两种欲望——爱自己和爱他人——的张力，同时他将这一对分置于或者说重置于政治行动和社会冲突的历史领域。"㉟阿伦特在她早年论奥古斯丁之爱的博士论文中，也试图通过重新检视奥古斯丁的两种爱，确立第三种爱——"邻舍之爱"的独立地位，后来，她更愿意把人类行动和记忆所创建的世界称为人类"爱［这个］世界"（amor mundi）的产物。㊱ 将人类生活的自然场所和政治空间加以区分，将后者视为有生有死的人们在一个脆弱、有限的空间中展开积极行动的场域，认为政治共同体无法完全建立在一套正义原则和法治程序上，而必须建立在更本源性的德性和行动上。从奥古斯丁的眼光来看，世俗自由主义国家有一种根本的伦理虚空性，它一方面建立在无本体论根源的个人之上，一方面将正义与善分离，使国家陷于可疑的"道德中立"，奥古斯丁思想的复兴再次激发人们对此类自由主义谋划的反思。㊲

㉞ 罗明嘉：《奥古斯丁〈上帝之城〉中的社会生活神学》，第 186 页。

㉟ 贝内代托·丰塔纳："爱国家与爱上帝：马基雅维里对宗教的政治利用"，载于《政治思想史》，2015 年第 1 期，第 166 页。

㊱ Jerome Kohn, "Introduction", in Hannah Arendt, *The Promise of Politics*, ed. Jerome Kohn(New York: Schoken Books, 2005), p. xxxii.

㊲ 参见保罗·卡恩：《摆正自由主义的位置》，田力译，北京：中国政法大学出版社，2015 年；Eric Nelson, *The Theology of Liberalism: Political Philosophy and the Justice of God* (Cambridge: Belknap Press, 2019); Mitchell Mark, *The Limits of Liberalism: Tradition, Individualism, and the Crisis of Freedom* (Notre Dame: University of Notre Dame Press, 2018)。

第三章　马基雅维里的共和德性论说

在当代公民共和主义的复兴中,一个颇为奇特的现象就是以波考克、斯金纳为首的剑桥史学派对马基雅维里的阐释:马基雅维里从一个自由的敌人、向君主传授如何作恶的教师,变成了政治自由的最热情朋友;从古代的道德世界转向现代道德世界的关键人物,[①]变成共和主义连续性话语的中坚力量。其中,波考克借助对马基雅维里的阐释,提出了一套针对共和主义传统的综合叙事,极大地增强了共和主义的历史自我意识。在他1974年发表的《马基雅维里时刻》一书所描绘的现代早期共和主义理论史中,马基雅维里被视为上承亚里士多德,下启詹姆斯·哈林顿(James Harrington),终至托马斯·杰弗逊(Thomas Jefferson)的关键人物。

从言说即行动的视角出发,波考克主张政治思想史乃是政治论说的历史,[②]史学的工作是探索和阐明思想家所用的政治语汇,这一主张还蕴含着语言行动要从库恩的范式(paradigm)框架下来理解的观点。在《马基雅维里时刻》中,政治哲学和政治思想史通过语言范式的结构交织在一起。波考克在马基雅维里的"德性-命运"这对概念中,发现了马基雅维里对传统语汇所做的"范式转换"。他利用这一语言和概

---

① 参见以赛亚·伯林:"马基雅维里的原创性",载于以赛亚·柏林:《反潮流:观念史论文集》,冯克利译,南京:译林出版社,2011年;列奥·施特劳斯:《关于马基雅维里的思考》,申彤译,南京:译林出版社,2003年,第1—5页。

② Pocock, "Languages and Their Implications: The Transformation of the Study of Political Thought", in *Politics*, *Language and Time* (New York: Atheneum, 1971), p. 15.

念背景的假设性重构，来解释马基雅维里思想的历史延续性，以及他相较于同时代的意大利公民人文主义者，为共和主义带来的思想革命。本书考察波考克对马基雅维里德性概念的阐释，分析指出此概念的三层含义：(1)公民德性的普遍化；(2)德性的政治化；(3)德性的军事化。这三层含义有助于澄清马基雅维里实现的共和主义"范式革命"，并进而帮助我们理解波考克的公民共和主义立场。

一、亚里士多德的公民德性论之复兴

希腊文"德性"(aretē)这个概念的原意是"一个人或物是其所是的本质属性"，也指事物的本性得到充分发挥所达到的"优异"状态。从苏格拉底和柏拉图开始，"德性"主要指人的理智和道德品质，一种充分实现的德性既是德性整体（全德），又与最高、最普遍的存在——善的理念——相统一。亚里士多德把德性理解为一种人在社会生活中践行的品质，德性作为一种"品质状态"，只能在行动中得以显示和成就。德性的实践品格意味着人在本性上是一种政治动物，在与他人的交往中，在自由平等的政治行动和审议中，公民作为人的本性才能得到充分发展，即德性的实现。在亚里士多德那里，这是一种与致力于哲学思辨的"沉思生活"(vita contemplativa)相对的"积极生活"(vita activa)，意大利公民人文主义者把后一个词译为"公民生活"(vivere civile)，"一种把自己交付给公民事务和（彻底政治性的）公民身份活动的生活方式"。③

按照波考克的解读，亚里士多德的城邦是一个德性共同体，亚里士多德将它构想为一种个人善与公共善（public goods）达到普遍统一的政体形式。"亚里士多德教导说，每种人类活动都是价值导向的，就其以理论上可确定的善为目标而言；所有价值导向的活动都是社会性

---

③ J. G. A. Pocock, *The Machiavellian Moment: Florentine Political Thought and the Atlantic Republican Tradition* (Princeton: Princeton University Press, 1975), p. 56.

的,就其靠着人们彼此之间的合作来追求而言;城邦或共和国就是一个所有特殊组织在其中追求它们特殊目的的联合体。与他人合作,参加那个组织的价值导向活动,既是达到目的的手段,又是目的或善本身。……[公民]参与一般善的决定,在他自身中享受经由社会获得的价值,同时通过他的政治活动帮助他人实现他们的价值。既然这种活动关心的是普遍善,它本身就是比公民作为社会动物可享受的其他特殊善高一级的善,在享有他的公民身份——他为他人的善做奉献,他也和做着同样奉献的其他人建立关系——的同时,他分享了一种普遍善,成为一个与普遍相关的存在。公民身份就是一种普遍活动,城邦就是一个普遍共同体"。④ 波考克因而把城邦提高到"普遍实体"(universal entity)的高度,共和国理想意味着每个人在追求他们各自善的同时组成了一个追求公共善的联合体。在他看来,亚里士多德的政治理想乃是多元性和同一性在公民身份中的联合,公民既是致力于共同善的普遍存在,又是各自有着不同价值取向的特殊个体,特殊和普遍的矛盾不是靠着牺牲个人利益去追求"集体"利益来解决,也不是靠着在不同特殊利益中寻找某些平衡的、对各自有利的"中间"利益来解决。公民身份乃是一种对自我的扩大认识——意识到个人和共同体如何在自我当中息息相关。"亚里士多德不认为个人作为一个公民,致力于追求和分配公共善的普遍活动,就与追求和享受他所偏好的特殊善的人不再是同一个人。既然公民的定义是既统治又被统治,统治的活动就必须同时与他被统治的活动联系在一起。普遍和特殊相遇在同一个人身上,如果公民具有一种特殊的社会人格,作为他追求、享受其偏好的特殊善和在特殊善的实现方面胜过他人的结果,这种特殊人格必然也改变着他从事普遍性活动(为着分配公共善而做决议)的能力。这样,城邦面临的问题就变成了如何以每个公民在他们个人价值偏好中展现出的社会人格多样性相联系的方式,来分配这种普遍职能的特殊运用"。⑤

---

④　Pocock, *The Machiavellian Moment*, pp. 67 - 68.
⑤　Ibid., p. 68.

如何依据个人能力和利益偏好的多样性来分配政治权威，使每个公民都能在普遍政治决策过程中承担最适合自己特殊性的角色，各尽所能地贡献于公益？在波考克看来，亚里士多德的共和政体(polity)⑥就是按照这个任务组织起来的：复杂的决策过程被分解为审议、司法、行政等多个功能，并被交托给多个特殊利益集团，比如让直接受这个决策影响的人群来审议，让有训练的理性头脑来执行，让有充分理解和生活经验的人来判断等。⑦在政体中，任何理论上可设想的团体都有机会以最适合于它的方式来为公共决策做贡献，每个公民既作为他所属的一个特殊团体的成员，也作为整个公民团体(poleituma)的一员参与共同决策。"任何一个某人给予优先考虑或他据此来评判的价值，都可以成为一种方式，他借之参与一般价值的分配和决定，这样就建立了寻求特殊价值和寻求普遍价值之间的关系。"⑧波考克认为，正是这样的政体理想，让亚里士多德提出现实最佳政体是混合均衡政体。由于难以在众多利益集团和价值标准中做出准确区分，亚里士多德不得不采用了"少数人"和"多数人"这一现实上便利的数量划分标准，以及贵族制、民主制这类表示政体类型的习惯术语，但其实他设想的共和政体既不是按照数量标准、也不是按照质量标准来确定的，而是依据特殊和普遍的关系。反之，变态政体根本上使一种特殊利益集团上升到了普遍的位置，特殊利益对公益的垄断造成了政体的腐化扭曲。举例来说，亚里士多德把民主制看作共和制的腐化形式，因为民主制过分倾向于穷人和非特权者群体的利益，而非真正的公益，民主制的更大之恶在于权力根据机械的数量标准来分配，从而假定所有人都是一模一样的。"如此一来就成为一种数量专制和平等专制，在其中个性的发展脱离了权力的实践应用，一个人是什么样的与他在政治中承担的角色无关。"⑨

波考克对佛罗伦萨公民人文主义者，如布鲁尼(Leonardo Bruni)、

---

⑥　亚里士多德既用 *politeia* (polity)泛指一般政体，也特指理想的共和政体。

⑦　参见 Aristotle, *Politics*, 1298a1 – 10。

⑧　Pocock, *The Machiavellian Moment*, p. 71.

⑨　Ibid., p. 72.

撒瓦纳若拉(Savonarola)的阐释,都力图把他们放在亚里士多德的公民参与理论框架内,他认为,对早期公民人文主义者而言,亚里士多德的政治理论提供了一种普遍参与的公民生活,一种因与他人的联合而塑造的公民德性,一个建立在人们的相互关系上而不是传统秩序或普遍规范上的政治社会。他把早期"公民人文主义"定义为,"一套声称人是公民动物或政治动物的语汇,并声称个人只有在他是一个公民,与其他公民一起参与旨在分配公共善的决定的条件下,个人才能充分实现他的本性或获致德性"。[10] 但德性共和国的问题是,它对特殊和普遍都提出了极高要求——完美共和国既是一个"普遍实体",政治权威的分配又要合乎每个公民的道德本性,这在亚里士多德看来也是不现实的,因而倾向于少数人和多数人混合统治的形式。一个更严重的问题是,按照亚里士多德的循环论宇宙观,人类事务领域终究不能免于时间的侵蚀,这既是由于特殊事物内在的不稳定性,也是由于自然循环变易的本性。因此,亚里士多德和波利比乌斯(Polybius)都认为混合均衡政体虽在一定程度上制约了每个特殊阶级的自我腐化倾向,但腐化堕落终究是不可避免的。共和国的特殊性和时间性难题到中世纪就更加突出,在基督教终末论的历史背景中,世俗的行为业绩已不再具有任何自足意义。

　　波考克认为,早期公民人文主义者面对共和国在普遍性和特殊性上的紧张时,提出了一种重要解决途径和对现实共和国的认识,就是"德性的政治化"(politicization of virtue),即切断亚里士多德的公民德性和它所服务的更高更普遍目的——理论德性——之间的联系,主张一个人的德性只存在于他和其他公民同伴的关系当中,存在于他们共同的德性实践中。"只有一个公民才是真正意义上的好人,否则他的好就不是真正属于他自己的;反之,善好(goodness)意味着他关心所有其他人包括他自己的善好";"就德性的相互性和关系性而言,只

---

[10]　J. G. A. Pocock, "Custom & Grace, Form & Matter: An Approach to Machiavelli's Concept of Innovation", in *Machiavelli and the Nature Political Thought* , ed. Martin Fleischer (Atheneum: New York, 1972), p. 160.

有政治动物才是一个真正的好人"。⑪普遍性仅存在于特殊性的相互关系之中，这就是城邦的荣耀和公益，相反，个人道德再崇高也是私德。公民人文主义者取消了亚里士多德在好人和好公民之间所作的区分，但问题是离开了超越的善的理念，政治化的德性就更难上升为普遍性的东西，腐化堕落成了无时不在的危险。在波考克看来，正是由于这个难题，"命运"（Fortuna）一词围绕着"德性"在当时得到了大量讨论："如果德性依赖于其他人自由意愿的行动，依赖于试图调节这些行动的法律的维持，依赖于使那些法律成为可能的外在状况的延续，它实际上就要依赖于无数个可变因素——依赖于城邦既被看作无数个体、同时又被看作单一全体。所有这些导向个别之可变因素的力量，都汇聚在了命运的名下"。⑫早期公民共和主义者在理论上要解决的最大问题就是如何让立足于特殊性的共和国抵挡命运的打击，尽可能地保持长治久安。时代潮流聚焦于德性的普遍性与特殊性之张力，波考克接着论述了马基雅维里以德性对抗命运的范式，为亚里士多德共和主义在现代的复兴铺平了道路。

二、《君主论》中的"德性-命运"范式

Virtù（意大利语，译作"德性"或"德行"）⑬这个词在马基雅维里的著作中多次出现，但并没有给出一个清晰的定义，其早期阐释者迈涅克（Friederich Meinecke）把这个词看作理解他政治思想的关键，并区

---

⑪ Pocock, *The Machiavellian Moment*, p. 74.

⑫ Ibid., p. 76.

⑬ 马基雅维里赋予 *virtù* 一词的含义既有古希腊的 *aretè* 所指的公民卓越品质的意思，又包含古罗马的男子气概、政治军事的能力及力量等含义，但摒弃了基督教德性明显的道德含义，故此将马基雅维里的 *virtù* 译作"德行"更合适些。本书为了表示古典共和传统在公民德性概念上的继承关系，一律采用"德性"，有时直接用 *virtù*。参见 Harvey Mansfield, *Machiavelli's Virtue* (Chicago: The University of Chicago, 1996); Pocock, *The Machiavellian Moment*, pp. 37 – 38; Quentin Skinner, *Machiavelli: A Very Short Introduction* (Oxford: Oxford University Press, 2000), pp. 32, 40。

分了这个词在马基雅维里作品中的两个重要含义,其一是少数立法家、宗教和国家的创立者才具有的罕见优异品质,即英雄主义的德性;其二是众人皆可获得的"公民德性"。有些学者主张这两种德性观在他那里是对立的,从而他的《君主论》和《论李维》体现了君主制和共和制两种不同政治主张。[14] 而以波考克为首的新共和主义者大都认为,在《君主论》和《论李维》之间有着内在理路的一贯性。在《马基雅维里时刻》中,波考克通过考察"德性"和"命运"这一总是成对出现的语汇在马基雅维里和他同时代人作品中的使用,提出《君主论》一书实际上是马基雅维里在为从君主制语言向共和制语言的过渡做准备。

　　Fortuna 一词来源于拉丁词 *fors*,意思是"幸运",*fors* 最终又可以追溯到 *ferre*(带来)的词根,*fortuna* 后来又与同义的希腊词 *tyche* 融合在一起,后者的意思是"成就"或"获得"。所以 *fortuna* 的最初含义并不是变幻莫测的"机运",而是带来"好运""成功"的意思,指不可见的神意(Providence)力量以人类无法觉察的方式带给人的成功。"一个男人是幸运的(*felix* 或 *faustus*),意味着他个性中有某种能让形势向有利方向转化的东西;而机运的因素被承认则是因为认识到好运靠不住,并且形势也无法预见和控制。"[15]一个成功的行动者有掌控好运的品质,也能高贵地面对命运带给他的一切。这种掌控命运的能力,在罗马共和国和帝国的政治氛围中就意味着德性。以德性对抗命运,是政治和军事统治阶级才具有的品质能力。"德性和命运总是作为对立的词出现,对抗厄运的英雄般的刚毅渐渐变成了一种主动能力,能够把形势改造得对行动者有利,从而形成一种能神秘地操控好运的属于领袖人物的幸运。这个对立也经常在一种性关系的比喻中得到表达:一种男子气概的主动智慧,它寻求掌控女性化的、被动的变幻无常。后者或屈服于它的力量而给它报偿,或背叛它来报复它的软弱。*Virtus*(德性,拉丁语)因而带有众多男子气概的含义,在词源学上

---

⑭　参见迈涅克:《马基雅维里主义》,时殷弘译,北京:商务印书馆,2008 年,第 91 页;哈维·曼斯菲尔德:"论李维导论",载于马基雅维里:《论李维》,冯克利译,上海:上海人民出版社,2005 年,第 8 页。

⑮　Pocock, *The Machiavellian Moment*, p. 37.

二者也是有联系的：*vir* 意即'男人'。"⑯幸运女神愿意屈就和报偿的品格是深具男子气概的勇气，这类以德性抗击命运、扭转命运的范式，在西塞罗等古典作家的著作中反复出现。但到了基督教时代，命运与神意相结合，反复无常的命运最终都包含在上帝的旨意内，尽管人在有限世界里无法洞察它。从而最重要的德性不是以行动回应命运，而是对命运的忍耐和沉思。⑰早期公民人文主义者则把行动的含义再次引入 *virtus* 中，强调人有不受命运摆布的自由，*virtus* 成了个人或团体在政治共同体内积极行动的能力，也是让一个人实现其本性的活动。他作为一个公民从事适合于他的公共事务，就是使他自己成为人在本质上所是的——一个政治动物。德性不再是统治阶级个人的英雄气质，而是公民参与的品质，德性的政治化也使得命运不再是外在于德性的，而是德性的一部分。在公民人文主义背景下，德性和命运的关系采取了亚里士多德的形式和质料之关系的形式，"靠着 *virtus*——作为一个男人（*vir*）的特质——实现的公民行动，抓住了命运抛来的未成型状况并塑造它，把命运自身塑造成人类生活应当是的完全状态：公民身份和城邦生活"。⑱波考克断言："德性加于命运的形式就是共和国：关注普遍善而非特殊善的德性公民政体，这样的政体只有在权威的广泛和平等分配下才是可能的。"⑲命运所代表的一个政治世界内的偶然性和不可预测性，只有在良序共和国里方能得到驾驭。在波考克看来，这就是马基雅维里在重构这对语汇时有意识吸取的话语背景。

波考克分析指出，在《君主论》中，马基雅维里对"德性-命运"的看法围绕着"政治创新"展开，开篇于君主国的一系列划分，都是指向第

---

⑯ Pocock，*The Machiavellian Moment*，p. 37.

⑰ 波考克以波埃修（Anicius Manlius Severinus Boethius）的《哲学的慰藉》（*De Consolatione Philosophiae*）作为德性概念从行动转变为沉思的经典文本，并且认为波埃修"把 *virtus* 和 *fortuna* 两者以带有罗马、柏拉图和基督教多重含义的方式对立起来，让 *fortuna* 以及 *virtus-fortuna* 二元对立的用法传递到接下来的奥古斯丁基督教时代"，参见 Pocock，*The Machiavellian Moment*，pp. 37-38。

⑱ Pocock，*The Machiavellian Moment*，p. 41.

⑲ Pocock，"Custom & Grace, Form & Matter"，p. 161.

六章要提出的全新君主国。建立新君主国既要打破原有的传统习俗和体制结构，又要把一种新的法律、形式强加在原来的质料之上。新君主实际上是一个政治创新者（political innovator），正是在"创新者"的含义上，马基雅维里把"新君主"的范畴扩大到了立法者和先知。[20]德性被定义为创新行动所需的力量和品质，创新越大，创新者越需要彻底摧毁由习俗、传统、制度形成的旧框架，结果创新者比守成者或旧君主更易暴露在反复无常的命运面前，他所需的德性就越巨大。就此而言，马基雅维里的德性（virtù）一词有两方面含义：在实质性的含义上，是加于命运之质料的形式、秩序，即创新者带来的新政治架构；在工具性的含义上，是新君主驾驭命运所需的例外、超常之品质，包括武器、军队等权力工具和他运用这些工具的个人特质。因此，与德性相对的命运（fortuna）既是在旧体制被打破后要重新加以形塑的大众，同时大众又从他们各自的天性和欲望发出的反抗，迫使新君主面对更加多变的形势，以更大的德性作出回应。在政治创新者身上，德性不仅抗击命运，而且德性唤起命运，两者联合使他步入了一个全新的、充满偶然性的领域。通过把德性定义为创新的力量和品质，波考克也解释了为何从《君主论》第六章之后，马基雅维里步入了一个道德上暧昧的王国，大谈新君主在必要的时候要懂得如何作恶。"这不仅仅是因为人要在一个去正当性的世界（a delegitimized world）里控制他们的命运；而且也是因为人要创新和为他们的世界重新确立正当性，在这一刻我们看到甚至要给一个从来不知正当性为何的世界强加上正当性。"[21]

在把"德性"解释为创新行动时，它面对的政治不安全因素——"命运"也相应地有两个含义，一个是各自追求自身利益的混乱无序的大众；一个是随时变化的形势。波考克指出，来自这两方面的不确定性最终暗示，新君主要凭一己之力实现政治创新是不可能的。原因在

---

[20]　"谈到那些依靠本人的能力而不是依靠幸运而崛起成为君主的人们，最出类拔萃的范例是摩西、居鲁士（Cyrus）、罗慕路斯（Romulus）、忒修斯（Theseus）以及如此之类的人们"，参见马基雅维里：《君主论》，潘汉典译，北京：商务印书馆，1985年，第29页。

[21]　Pocock, *The Machiavellian Moment*, pp. 166–167.

于，首先，人民并不是完全无形式的质料，他们既有自然的内在天性，又有传统政治生活形成的第二天性，随时随地都会反抗君主的强力形塑。波考克认为马基雅维里并不关心人是否天生就是自私、受欲望驱动的问题，对他来说政治才是一种塑造、建构人的本性的方式，并且唯有共和国的自由生活最适合把人之"自然"导向人之"目的"。他援引的例证就是《君主论》第三、四章提到的，新君主较易征服原来就习惯于服从的民众，但要征服一群曾在法律下自由生活过的人民就十分困难。因为曾经的自由生活会变成一种难以磨灭的记忆，不论隔了多少世代，人民一有机会就会启用古老自由和秩序的名义来反叛。由此可见，公民身份不只是他们因习俗经验而形成的第二天性（the second nature），而是某种第一天性（the first nature，即自然本性）的恢复。既然强势的新君主在面对享受过公民自由的人民时也无能为力，则国家要长治久安，最好建立一种恢复自由的制度。其次，在一个去正当性的混乱环境下，很难指望新君主能在任何情况下都能审时度势，依时而动。一个人习惯了某种行为处事方式，这种习惯方式就成了他固定的性格特征，或大胆或谨慎，他并不能随着时间和事态的变化而改变自己的性格，结果就是，让他过去取得成功的性格，在另一个时刻就会让他垮台。[22] 马基雅维里虽然在《君主论》结尾呼吁一个新君主来拯救意大利，创建新的法律和制度，但他寄希望于超凡脱俗的创新者的做法也揭示了他的忧虑：新君主的德性并不能总是成功地战胜命运，使新的法律制度得以存续。因此，虽然多数解释者都认为马基雅维里的思想有专制和共和的双重性质，波考克却认为《君主论》是他暗暗进行的从君主制语言向共和制语言的过渡："马基雅维里的历史革新大部分建立于他在《君主论》中对德性概念所做的变革上；然而一旦他认定革新者无法改变人继承下来的天性，他的思想就转向共和国，因为现在传统共同体内的唯一可取之道就是公民德性的共同体"。[23]

---

[22] 马基雅维里：《君主论》，第 131 页。
[23] Pocock, "Custom & Grace, Form & Matter", p. 164.

三、《论李维》中的公民战士

依据波考克的阐释,马基雅维里延续了意大利公民人文主义传统对亚里士多德之德性论的吸取,把"共和国"理解为德性共同体,德性既是在公民生活中得到充分实现的政治德性,又是强加在命运质料上的"形式"——新的法律和新的制度。同时波考克也指出,马基雅维里与他同时代的佛罗伦萨共和主义者——如他的友人圭迪奇阿尼(Francesco Guicciardini)——不同的是,他对政治世界的严峻性有清醒认识,而不是一味沉浸在一种贵族德性的理想主义中。共和国试图在公民之间的相互关系中实现一种普遍德性,但它的立足点在时间和空间上都有限。在时间上,它面临着如何创建的问题,即开端的问题;在空间上,它被四周邻国包围,国与国之间的关系并不是以德性,而是以强力为原则。对于关心公民德性的佛罗伦萨理论家来说,共和国如何创建以及如何在强权世界下存续,是首要的理论和现实问题。㉔

马基雅维里在《论李维》I.9 中提出的"一人创建,众人维护"的共和国缔造模式,一直受到后世思想家的重视。㉕ 但波考克在对《论李维》的解读中发现,国家奠基之初有无一个立法者,或立法者是否完美,对于共和国的繁荣并不十分重要。在 I.2 中,马基雅维里以有无完美的立法者的标准区分了四种立国模式:斯巴达模式、佛罗伦萨模式、雅典模式和罗马模式,表明有无好的立法者并非国家创建的充分条件;在接下来的一章里,他不点名地引用了波利比乌斯的政体循环论,从而意味深长地前进到罗马模式:在没有立法者的情况下,从贵族与平民的纷争中产生出的混合政府。可见这才是他要着重论述的共和国范例。在波考克看来,马基雅维里援引波利比乌斯的用意,并不

㉔ Pocock, *The Machiavellian Moment*, pp. 185,186.

㉕ 阿伦特指出不断返回到奠基事件,将后来的政治行动视为对奠基行动的增添,正是罗马权威概念的原意。参见 Hannah Arendt, *Between Past and Future* (New York: Viking Press, 1968), pp. 120 - 121.

是旨在说明只有混合均衡政体才能摆脱无休止的政体循环，而是为了强调和谐来自纷争，因为"纷争反而导致了有益于公共自由的法律和秩序"，㉖贵族和平民之间的冲突纷争是罗马保持自由、稳定和权力的主因。这对于把和谐等同于稳定和美德，把冲突等同于革命和堕落的传统政治思想来说，是一个颇具震撼性且难以理解的主张，但从波考克提出的"德性-命运"范式来看就不难理解了。首先，对马基雅维里来说，罗马和他的祖国佛罗伦萨要面对的形势，都是如何在动荡失序的环境下重建合法秩序，但是在没有完美立法者或者立法者根本不存在的情况下，"公民就被唤起来革新他们自己的秩序和他们自身——在此之中，质料不得不把自身塑造为形式"。㉗就是说，在不具备开端之初的干预者的条件下，人民成为众多创新者，创新行动的实践者，在自身之内建立合法秩序。其二，从冲突中产生和谐意味着从非理性活动中产生理性，政治中无数人相互冲突的活动构成了捉摸不定的"命运"，但在马基雅维里那里，"命运"不是外在于政治德性的，政治德性也回应着命运，驾驭命运向有利的方向转化。罗马的法律虽不是某个人一次性赋予的，但却由于各种机缘，在不同的时间，经由各种变故而臻于完美。㉘这里"时间""机缘""变故"，表明罗马混合政府的目标竟是通过许多人无序的、追求自我权力的非理性活动实现的。这样，公民在政治参与中，从《君主论》被动的质料变成了积极能动的形式，同时也顺应改变了时势。在 III.9 中，马基雅维里指出与君主国相比，共和国有更强盛的活力，更长久的好运，因为它有形形色色的公民。可见一个国家要强大持久，根本在于公民全体具有德性。在这里，德性"显现于诸多个人和公民团体彼此冲撞的行为，而非一个君主对其环境的单独掌控；它的社会和伦理内容就必定更伟大"。㉙公民德性的养成不再需要超凡脱俗的立法者或先知，马基雅维里在《论李维》中明确提出，民众是自由的保障，因为权贵有天生的统治欲，平民则天生有不

㉖ 马基雅维里：《论李维》，I.4.1。

㉗ Pocock，*The Machiavellian Moment*，p. 188.

㉘ 马基雅维里：《论李维》，I.2。

㉙ Pocock，*The Machiavellian Moment*，p. 194.

受人统治的欲望。"故较之权贵,他们有更强烈的意愿过自由的生活,更不愿意伤害这种自由。所以,让平民担当自由的卫士,他们会为它付出更多的关切,既然他们无力侵夺它,他们也不会允许别人侵夺它。"⑩问题是共和国如何提供众人参与的机制,始终有机会让民众一展"自由"抱负?波考克接着基于"德性-命运"范式的分析却让我们发现,对马基雅维里来说,"公民战士"(civil-solider)而非亚里士多德的参与审议,才是公民自由实现的主要途径。

在《君主论》中,马基雅维里就极为重视国民军的建立对于维护国家独立的意义;在《论李维》中,保卫共和国的战士同时也是制定法律和守法的公民,而且精良的军队比完备的法律更重要,因为良好的军事组织带来良法,良法带来良好教养以及在解决争端时的不流血。波考克指出,军事训练不仅维护着国家的独立自由,对于公民德性的养成来说也是必不可少的。"军事德性对政治德性来说是必需的,因为二者都显示为同一目的。共和国是公共善;将自己所有行动导向公共善的公民和爱国战士,都可以说是为共和国献身。两者同样是以为了普遍善而牺牲个人善的方式完善了人的本性。如果这就是德性,那么战士作为公民充分地显现了德性,透过军事训练,一个人也学着做一个公民和展现公民德性"。⑪

在波考克看来,马基雅维里的"公民-战士"理想既吸取了罗马爱国主义传统,又和他的共和主义思想有内在联系。他的公民战士理想部分地源于亚里士多德公民身份理论中的自足理想。亚里士多德认为,一个人只有在生活上获得了自给自足,才具备享有政治自由的条件。而马基雅维里在《君主论》时期就深感雇佣军在战时没有保卫国家的热情,在和平时又变成社会生活的威胁。他指出一个公民只有在他自己拥有家庭、财产和职业时,才会在战争中全力以赴保家卫国,在战争结束后放下武器返回家乡,即战士必须本身是自足的公民。另一方面,与亚里士多德不同,马基雅维里的共和主义始终强调的是命运、

---

⑩　马基雅维里:《论李维》,I. 5. 2.

⑪　Pocock, *The Machiavellian Moment*, p. 201.

德性和创新，在他那里，能动的、基于意志的德性取代了在亚里士多德那里的审慎的、基于知识的德性，"一个城市有罗马那样的制度和武装"，是为了"让公民每天在个人和公共事务中，体验自己的德性和命运的力量"；反之，"假如他们不事武备，坐等命运的光顾而不靠自己的德性，他们就会随命运的变化而变化，总是表现得和威尼斯人一样"。②步入充满偶然性的政治世界是为了展示战胜命运的荣耀和伟大，而共和国要确保长治久安，则要依赖军事活动对公共善的激发和对公民人格的更新，因此，"他在罗马德性中找到了一种新的、为所有人具备的积极德性形式，这种德性存在于武装人民并给予他们公民权利的强有力的战士身上；加上他受惠于佛罗伦萨理论中的民兵传统，以及他在索代里尼(Piero Soderini)治下组织民兵的经验，这些都促使他把公民身份建立在军事德性的基础上，以至于让后者推动前者。平民作为罗马公民，与其说在制定决议中扮演一定角色，不如说是受到公民宗教和军事训练的教化而把自己献身于祖国(patria)，并把这种爱国精神(patriotism)带入公民事务。从而，这样的公民符合了马基雅维里式的展示德性的创新者和亚里士多德式的践履公共善的公民之双重模式"。③

波考克对马基雅维里时期德性语言的解读表明，经由意大利早期公民人文主义者对亚里士多德公民德性理论的复兴，德性开始被理解为公民的个人善和公共善的统一；马基雅维里运用"德性-命运"语汇将德性的政治化推向极致，突出显示了创新行动和公民参与的积极力量，实现了与古典和基督教传统的决裂；最后，在马基雅维里的德性概念中，军事德性既是共和国繁荣稳定的基础，又是公民德性必不可少的组成部分。从以上分析可以看出，波考克对马基雅维里的共和主义阐释深具他的方法论特征。他把政治思想史视为政治论说的历史，这包含两层意思：(1)一个思想家的政治言说本身就是以言说表达或实现的政治行动(verbalizing a political act)，④其意义要从语言范式中

---

② 马基雅维里：《论李维》，III. 31. 4。

③ Pocock，*The Machiavellian Moment*，p. 203.

④ J. G. A. Pocock，"Verbalizing a Political Act：Toward a Politics of Speech"，*Political Theory*，vol. 1，no. 1(Feb.，1973).

来理解；（2）作者对语词概念的使用、在语言层面上与同时代人的交流和回应，常常带来了语言范式的转换。在波考克那里，马基雅维里的论说之所以能被看成一个政治事件和一个历史"时刻"，在于他完成了共和主义论说史上的"范式转换"，波考克致力于构建一个语言和概念背景来阐释他的思想所起的历史作用。波考克并不讳言他的思想史解释是高度选择性的，"读者将看到，被单独挑出来和围绕本书组织起来的语汇，有一种准哲学性质，提供了让时间和特殊性变得可理解的方式"。⑮ 从该文的梳理可以看出，他把意大利公民人文主义语汇放在亚里士多德的德性论背景下，把共和国解释为对"普遍性与特殊性"难题的回答，从而使共和主义在近代的复兴成了一种历史主义或存在主义的政治哲学。如果说传统政治思想以普遍来定义特殊并要求一种君主制的话，那么共和主义则是给行动、特殊性以普遍的地位，让德性的普遍理念在一个以个人行动组织起来的特定政体结构——共和国——内成为现实，抗击行动本身的偶然性和时间性。正是在这个解释框架内，他得以说明马基雅维里实现了德性语言的"范式革命"，德性不再是贵族或少数人专有的美德，而是多数人的创新行动。共和国不再是古人沉思中的美好生活或最佳政体，而是以行动在种种内在不稳定性中实现自身的实践生活。

波考克围绕着马基雅维里对公民共和主义的历史重构受到了英国观念论、库恩的范式革命论和阿伦特的政治存在主义的影响，不少学者就他的方法论、亚里士多德主义的前提和马基雅维里解读方面的问题提出批评，⑯但他从思想家所用的语汇中建立范式的方法，对政治思想史研究来说是一个重要的方法论开拓，由他领头塑造的公民共和主义历史叙事，也已成为了足以和自由主义历史相抗衡的政治话语。

---

⑮　Pocock，*The Machiavellian Moment*，p. 4.

⑯　David Boucher，"Language，Politics & Paradigms：Pocock & the Political Thought"，*Polity*（1985），17（4）：761 - 776；John H. Greeken，"Pocock and Machiavelli：Structuralist Explanation in History"，*Journal of the History of Philosophy*（1979），17（3）：309 - 318；John P. McCormick，"Machiavelli against Republicanism：On the Cambridge School's 'Guicciardinian Moment'"，*Political Theory*（2003），31（5）：615 - 643.

第四章　当代共和主义对
马基雅维里的两种典范阐释

　　共和主义在当代的复兴，既是对当代政治思想过分依赖个人权利话语的批判，也是一场对西方政治思想传统的智识重建。从 20 世纪 60 年代开始，这场思想史重建运动主要由剑桥学派思想史家波考克和斯金纳发起。他们详细考察了 16 世纪意大利城市共和国的公民人文主义思潮，指出马基雅维里是共和主义从古典到现代发展的关键人物，对马基雅维里的重新发现使共和思想史家们得以坚持古典共和主义连续性的主张，并且在共和主义谱系上重写了英国和美国的革命话语。[①] 波考克和斯金纳对马基雅维里的阐释分别体现了理解共和主义传统的两种模式：波考克所谓的"公民人文主义"，以及斯金纳所谓的"公民共和主义"或曰"古典共和主义"。赫尔德（David Held）将这两种模式区分为"发展型的"（developmental）共和主义和"保护型的"（protective）共和主义。"发展型理论家强调的是'政治参与对公民作为人的发展的内在价值'，而保护型理论家强调的是'保护公民目的和

---

① J. G. A. Pocock, "The Machiavellian Moment Revisited: A Study in History and Ideology", *The Journal of Modern History*, vol. 53, no. 1(Mar. , 1981), p. 69；波考克："从佛罗伦萨到费城——一部共和国与其替代方案之间的辩证史"，载于任军锋主编：《共和主义：古典与现代》，上海：上海人民出版社，2006 年，第 18 页；Quentin Skinner,"Machiavelli's *Discorsi* and the Pre-humanist Origins of Republican Ideas", in *Machiavelli and Republicanism*, ed. Gisela Rock, Quentin Skinner and Maurizio Viroli (Cambridge: Cambridge University Press, 1990),p. 121。

目标'，例如其人身自由的工具性意义。"②赫尔德接下来指出，发展型共和主义以雅典民主遗产和古希腊城邦哲学家的命题为基础，视政治参与为自我实现的途径和优良生活的必要组成部分；保护型共和主义理论可以追溯到罗马共和制及其历史学家的影响，后者主张全体公民参与决策乃是保障公民人身自由的重要手段。波考克和斯金纳对马基雅维里的不同解读，造成了当代共和主义论述分别以"德性"和"法律"为核心的典范之争；③前者强调公民德性的实践，重视公民生活及教育对塑造德性的作用；后者主张通过宪政制度和法律来维护政治自由，使德性不再显得那么重要。

马基雅维里是一个具有多重面向的思想家，本书下面内容注重比较波考克和斯金纳对马基雅维里阐释的一些关键之点，借此来显示当代共和主义的两种典范是如何围绕着马基雅维里的论说建构起来的，通过这种比较，我们得以对当代共和主义特征获得一些更为细致的理解。

一、波考克对两论一致性的论证

共和国在传统政体的意义上是指与王权相对的国家，西塞罗在《论共和》中，把共和国（res publica）解释为"人民的事业"（res populi），"但人民不是人民某种随意聚合而成的集合体，而是许多人基于法的一致和利益的共同而结合起来的集合体"。④ 根据西塞罗的定义，共和

---

② 参见 David Held, *Models of Democracy* (Cambridge：Polity Press，2006)，p. 35；赫尔德将马基雅维里视为保护型共和主义理论家的代表，将卢梭视为发展型共和主义理论家的代表。

③ 萧高彦："史金纳与当代共和主义之典范竞争"，载于《东吴政治学报》，2002 年第 15 卷，第 33 - 59 页。

④ Cicero, *On the Commonwealth and on the Laws*, ed. James E. G. Zetzel (Cambridge：University Press，1999)，p. 18；译文参考西塞罗：《论共和国　论法律》，王焕生译，北京：中国政法大学出版社，1997 年，第 39 页。（本书引文若无特别说明，均参考此译本，略作修订。）

主义是一种如何构建政府以服务于公众（*publica*）利益的制度设计，政府要想真实地反映公共利益，就应当采取让人民联合起来结成共同体的自治形式。对古典共和主义思想家来说，共和政体可以借鉴的思想资源主要有两个，一个是古希腊的积极公民（active citizenship）理想，另一个是亚里士多德最早提出、后被罗马的波里比乌斯重述的混合均衡政体理论。但共和主义思想都只在古希腊和古罗马历史上的短暂时期成为现实，此后长久地湮没在中世纪的神权统治和君主制下。不过，在文艺复兴时期意大利城市国家争取独立的斗争中，一个独立的国家是否应当采取自治共和的政体，成为佛罗伦萨公民人文主义者讨论的中心，他们意识到"专制统治和人民的自由（*libertas populi*）是一个根本的反题，后一个古典术语被 15 世纪的人文主义者代之以 commonwealth（共同福祉），即 *res publica*"。⑤

美国历史学家汉斯·巴伦（Hans Baron）在其《早期意大利文艺复兴的危机》（*Crisis of the Early Italian Renaissance*）一书中，最早从公民人文主义的角度来看待佛罗伦萨政治思想的嬗变。此后，当代共和主义者都十分推崇马基雅维里，将之视为在现代早期的转折点上恢复政治自由、公民德性之古典价值的革命性人物。但对马基雅维里做共和主义的解读，就不得不面对克罗齐（Benedetto Croce）称之为"马基雅维里之谜"的两面性难题，这里的问题是，他到底是一个君主主义者还是一个共和主义者？因为他在差不多写于同一时期（1513－1517年）的《君主论》和《论李维》中，至少在表面上分别采取了支持君主制和共和制的不同立场。显然，当代共和主义思想家在这个问题上难以采取所谓"现实政治"的路径来处理两论的分歧，⑥他们从共和主义角度上给出了各种解释，例如巴伦认为，透过人文主义的眼光，《君主论》

---

⑤　Nicolai Rubinstein，"Machiavelli and Florentine Republican Experience"，in *Machiavelli and Republicanism*，p. 4.

⑥　例如，谢尔顿·S. 沃林（Sheldon S. Wolin）认为马基雅维里的新政治科学是一种暴力经济学，政治对他来说是有效减少社会暴力的形式；曼斯菲尔德认为马基雅维里关心的是政治获取的"实效真理"。参见谢尔顿·S. 沃林：《政治与构想》，辛亨复译，上海：上海人民出版社，2009 年，第 230－231 页；曼斯菲尔德："马基雅维里的 virtue"，载于任军锋主编：《共和主义：古典与现代》，第 109 页。

中理所当然地被视为前提的国家自主性,已成为罗马和古代世界政治框架内一个政治机体的内在特质。⑦ 下文并不打算从文本或历史的角度来内在性地分析马基雅维里的两论本身是否一致的问题,而是聚焦于波考克和斯金纳对两论之一致性的看法。在笔者看来,波考克给出了一致性问题的较强立场:他不仅以"政治革新论"来诠释两者的基本主题,而且以从《君主论》中分析得出的概念框架来阐释《论李维》;斯金纳对一致性问题持较弱立场,他不认为两论在内容和主题上是一体的或互补的,仅仅认为两论的基本价值是一致的。

　　波考克在《马基雅维里时刻》中展开对《君主论》的诠释之前,首先铺陈了马基雅维里在重构"德性"时有意吸取的道德话语背景。他指出,罗马的"德性"概念始终有着跟"命运"(*fortuna*)相抗衡的含义,一个成功的行动者既有掌控好运的品质,也能高贵地面对命运带给他的一切。这种掌控命运的能力,在罗马共和国和帝国的政治氛围中意味着"有德性",是政治和军事统治阶级具有的品质能力。前文中曾提到,德性跟命运的对立常被比喻为一种性关系:"一种男子气概的主动智慧,它寻求掌控女性化的被动的变幻无常。后者或屈服于它的力量而给它报偿,或背叛它来报复它的软弱。*Virtus* 因而带有众多男子气概的含义,在词源学上二者也是有联系的:*vir* 意即男人。"⑧罗马的 *virtus*(拉丁文,"德性")与古希腊指德性的词 *aretē* 结合在一起,后者的基本含义是自然本性的充分实现,在苏格拉底学派(Socratic schools)那里获得道德含义。波考克通过对德性语言发展的研究指出,早期公民人文主义者在使用罗马德性概念时,同时从亚里士多德那里吸取了"人在本质上是一个政治动物"的观点,从而德性被理解为以行动来实现人的政治本性的力量和品质。"*Aretē* 和 *virtus* 以同样的方式意味着:首先,个人或团体在公民环境内有效行动的力量;其次,使人格或要素成为它之所是的本质属性;再次,让一个人在城邦或宇宙中成为

---

⑦　Hans Baron,"The Republic Citizen and the Author of 'Prince'", *The English Historical Review*, vol. 76 (Apr., 1961), p. 251.

⑧　Pocock, *The Machiavellian Moment*, p. 37.

他所应当成为之人的道德善。'德性'及其在不同语言中对应的词所携带的以上多重含义，一直延续到古代西方思想终结，这个词在构成马基雅维里知识背景的所有著作中显然都很重要"。⑨ 在波考克看来，*aretē* 和 *virtus* 融合所形成的公民德性概念，在现代早期力图摆脱基督教政治的世俗政治中，成为了公民人文主义者诉诸的一个政治道德语言范式。在此背景下，德性和命运的关系也演变成为亚里士多德的形式和质料的关系，德性在某种程度上意指共和国的架构，它把人的质料塑造成人的形式。"靠着 *virtus*——作为一个男人（*vir*）的特质——实现的公民行动，抓住了命运抛来的无定型状况并塑造它，把命运自身塑造成人类生活应当是的完全状态：公民身份和城邦生活。"⑩

在铺陈了"德性-命运"的语言背景后，波考克通过对《君主论》中大肆赞美的"新君主"的解读，把 *virtù* 定义为政治革新（political innovation）的行动及力量，他认为这一概念是马基雅维里对公民人文主义德性语言所进行的革命性变革。⑪

依照波考克的分析，《君主论》开篇对历史上"一切国家，一切政权"的划分，乃是为了提出第六章的"论依靠自己的武力和能力（*virtù*）获得的新君主国"。

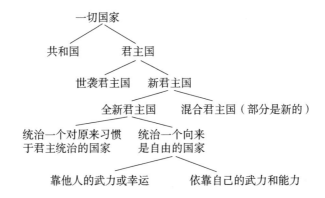

⑨　Pocock，*The Machiavellian Moment*，p. 37.

⑩　Ibid. ，p. 41.

⑪　J. G. A. Pocock，"Custom & Grace，Form & Matter：An Approach to Machiavelli's Concept of Innovation"，in *Machiavelli and the Nature of Political Thought*，ed. Martin Fleischer（Atheneum：New York，1972），p. 169.

波考克指出,"世袭君主国"和"混合君主国"在第二、三章的简单说明后就被放在一边,可见马基雅维里真正要论述的是一个"全新君主国"。接着,马基雅维里在第五章提出,要征服一个原来已习惯在君主统治下生活的国家较为容易,因为那里的人民惯于服从,不是服从这个君主就是服从那个君主,但要征服一个向来是自由的国家就很困难,因为在共和国里"有一种较强的生命力,较大的仇恨和较急切的复仇心",⑫人民缅怀过去的自由,总是想揭竿而起,以自由的名义和古老的秩序为借口叛乱。到了第六章,马基雅维里大肆赞美依靠自己的武力和德性获得新君主国的君主,可见其之前对君主国的一系列划分都是为了指向这样的"全新君主国",即君主依靠自己的德性,统治一个有着古老自由、而今陷入不自由的国家。可以说,马基雅维里寻求的新君主,乃是一个真正意义上的"政治革新者"(political innovator),而非绝对君主制下的君王。⑬

波考克对这部分的诠释提醒读者注意到两个要点:

(1)对马基雅维里来说,公民自由似乎不是某种习得的第二天性,而是人的真正本性,因为依赖"习用"(usage)和"经验"(experience)的自由会随着时间淡化,从而无法留下不可磨灭的痕迹。可见公民自由的经验要么以习俗无法实现的方式改变了人的本性,要么真正契合了人的本性。"习俗充其量能改变人的第二或习得的天性(acquired nature),但如果'成为一个公民或政治动物'是人的目的的话,它就是借助公民生活(*vivere civile*)的经验发展出的、并且不可逆地发展出的原初本性或 *prima forma*(第一形式)。"⑭

(2)*virtù* 跟 *fortuna* 之间的对抗关系在政治革新的巨大困难上得到了解释。建立新君主国既要打破原有的传统习俗和体制结构,又要把一种新的法律、形式强加在原来的质料之上,这样,"*virtù* 跟 *fortuna* 之间的关系就不仅仅是个反题的关系,一方面我们革新所用

---

⑫ 马基雅维里:《君主论》,第 23 页。

⑬ Pocock, *The Machiavellian Moment*, pp. 159 – 160.

⑭ Ibid., p. 184.

的 *virtù* 释放了超出我们预料和控制的偶然性序列，以至于我们被 *fortuna* 捕获；另一方面，*virtù* 是内在于我们自身的对 *fortuna* 的抵抗，我们把 *virtù* 强加在命运的秩序模式上，甚至使之变成命运的道德模式"。⑮ 创新越大，创新者比守成者或旧君主更易暴露在反复无常的命运前，他所需的德性就越巨大。因此，马基雅维里接下来宣布依靠自己的 *virtù* 而非依靠 *fortuna* 成为君主的理想类型，是摩西、居鲁士、罗慕路斯、忒修斯之类的人。⑯ 政治革新者的 *virtù* 为一个丧失了合法性的世界强加了一种新的合法性，波考克认为这也解释了在马基雅维里那里政治和道德的错位，"德性的政治化导致一种原罪的政治化版本的发现"，⑰从第六章开始，马基雅维里步入了一个道德上暧昧的政治领域，大谈新君主在必要的时候应如何作恶。波考克透过《君主论》解释了 *virtù* 概念的两个重要含义，一是亚里士多德所谓的人之政治本性的实现，共和国被看作公民德性的一种稳固的建制化形式，"把人的原始材料组织起来，发展朝向作为人之目的的政治生活"；另一个是政治革新者的 *virtù* 与 *fortuna* 之间的对抗和回应关系——德性唤起命运，又建构着命运，命运成为德性的一部分。他认为，这两个方面都部分地包含在马基雅维里同时代的公民人文主义思想中，但马基雅维里在对"政治革新"的论述中奇特地将之熔为一炉；波考克明确指出，这些他从《君主论》阐释中发展出的概念框架将被用于他对《论李维》的分析。⑱

二、波考克："公民生活"及其腐化

波考克在研究早期人文主义者的政治论说时关注的语言范式转换是：以"公民生活"为中心的德性语言是如何战胜了基督教时代以

---

⑮ Pocock, *The Machiavellian Moment*, p. 167.
⑯ Ibid., p. 168.
⑰ Ibid., p. 167.
⑱ Ibid., p. 184.

"沉思生活"为中心的道德和政治语言的？"公民生活"（*vivere civile*）一词是文艺复兴时期对古典术语"积极生活"（*vita activa*）的翻译，而后者又是中世纪对亚里士多德的"政治生活"（*bios politiko*）一词的标准翻译，并与"沉思生活"构成一组基本的二元对立。⑲"但在后期佛罗伦萨的思想中，有大量赞成'积极生活'，特别是一种'公民生活'的论说，即一种把自己交付给公民事务和（彻底政治性）公民资格活动的生活方式。"⑳波考克认为，"沉思生活"和"公民生活"不仅是旨趣相异的两种生活方式，也蕴含着根本的认识论断裂和价值冲突。前者意味着，特殊性、个体和偶然事件是没有价值的，真实存在的东西乃是普遍之物，普遍的东西才能成为知识的对象，从而大多数人理应受少数有闲知识阶级的统治；而后者则主张个体行动有真正的伦理价值，从而意味着对特殊性、偶然性的承认和对无时间的永恒秩序的破除。因此，在他看来，意大利公民人文主义者对共和国的赞许，体现了一种现代早期历史主义哲学的政治选择："一个'沉思生活'的实践者会选择去静观存在的不变等级，去寻找他在君主治下永恒秩序中的位置，这个君主作为永恒秩序的维护者，扮演着具体而微的上帝角色；而'公民生活'的支持者倡导在个人能大展拳脚的社会结构内的参与和行动，由此倡导在某种类型的城邦中的公民资格，以致后来'公民生活'变成一个指具有广泛民众基础的公民宪政的专门术语"。㉑

根据波考克的历史研究，公民人文主义的出现乃是与基督教世界观及其政治秩序决裂的结果，同时，亚里士多德主义的复活带来了公民身份（citizenship）概念的重新发现。波考克把意大利早期公民人文主义看作亚里士多德思想在如下观点上的复兴：（1）政治、道德和经济上自主的公民理想；（2）在共同的参与决策中意识到自身和他人处于

---

⑲　关于两种生活方式的对立，参见阿伦特：《人的境况》，第 5—6 页。在波考克将"沉思生活"与"公民生活"视为两种政治上对立的生活方式时，他忽略了阿伦特对中世纪翻译造成的这一对立持批评态度，阿伦特认为在前哲学的城邦中，理论生活与政治生活并不是对立的，并且她晚年试图回到"心智生命"（the life of mind）来寻求政治的道德基础。

⑳　Pocock, *The Machiavellian Moment*, p. 56.

㉑　Ibid., pp. 56—57.

普遍联系之中的公民身份；(3)城邦或共和国体现了一种权威的广泛和平等分配的理想。

运用《君主论》发展出的概念框架，在对《论李维》的诠释中，他集中探讨了公民自我创建的问题以及公民参与的途径。马基雅维里在《论李维》I.9提出的"一人创建，众人维护"的共和国缔造模式，历来受到后世思想家的重视。但波考克发现，对马基雅维里来说，共和国奠基之初有无一个立法者或立法是否完美，对于共和国的繁荣并非要件。在I.2中，马基雅维里以有无完美的立法者为出发点区分了四种立国模式：斯巴达模式、佛罗伦萨模式、雅典模式和罗马模式，接下来的一章里，他不点名地引用了波利比乌斯的政体循环论，从而意味深长地前进到罗马模式：在没有立法者的情况下，从贵族与平民的纷争中产生出的混合政府。罗马的法律虽不是某个人一次性赋予的，但却由于各种机缘，在不同的时间，经由各种变故而臻于完美。"《论李维》通篇都聚焦于这样的处境：由于立法者不完美或不存在，公民被唤起改革他们自己的秩序(ordini)和他们自身；在此处境下，质料将自身改变为形式。"㉒波考克解释道，马基雅维里有意把 Fortuna（命运）和 Occasione（机缘）这两个古代女神的形象融合在一起，表明政治创新者可以通过行动把时间中无序、偶然的事件变成对自身有利的条件。㉓他认为马基雅维里关于罗马共和国诞生的论述，可以说是在世俗化的层面上进行的一个戏剧性实验：证明公民德性和公民生活可以从许多人无序的、追求自我欲望的非理性活动中产生出来，而无须受站在时间之外的行动者干预，㉔这样，公民在自发的政治参与中从《君主论》被动的质料变成了积极能动的形式。

在传统的共和主义论述中，"腐化"被认为是共和国的自然倾向，不仅人性易于腐化，而且治乱循环是人类事务的本性，"对波里比乌斯来说，循环是一种自然，共和国也注定要经历一个诞生、成长和死亡的

㉒ Pocock, *The Machiavellian Moment*, p.188.
㉓ Ibid., pp.168–169.
㉔ Ibid., p.190.

自然循环"。㉕ 但波考克从共和国内在的政治性格方面来看待腐化,一方面,他把共和国视为一种经由特殊善的联合而实现普遍善的设计,一个"普遍实体"(a universal entity),㉖在那里,"每个人的德性都严重依赖于他邻居的德性,公民身份是平等者(在亚里士多德所用的这个词的意义上)之间的一种关系。如果我的邻居不关心公共善,他就要么变成我的主人,要么变成我的奴仆,两种情况都危害了我的德性实践"。㉗ 另一方面,腐化也内在于政治创新的困难,内在于德性和命运的对抗,"德性唤起命运并回应命运的应答,德性建构着命运"。㉘ 从而,命运不再是传统上人所面临的社会和道德境遇,而是一个共和国的政治境遇。

> *Fortuna* 命名的是一种将万物归于时间中的无序的毁形力量;她力量的一个重要来源,是人类理性无法将时间中的存在归结于合理性的无能;在我的模式中,这种殊相的非理性(this irrationality of particular)是中世纪后期或文艺复兴关于政治思考的基本特征,这就是公民人文主义价值引发的理论。德性加于命运的形式是共和国,有德公民追求普遍善而非特殊善的政体,这种政体只有在权威广泛和平等分配的条件下才是可能的。但是这种公民生活(*vivere civile*)的形式受到命运的威胁,其遭受的内在不稳定性来自于:(1)人们不能控制他们的特殊本性或停止将特殊善置于普遍善之上;(2)他们不能预见或控制特殊事件或问题。㉙

这里我们就看到,在波考克看来,建立在公民广泛参与的基础上并以实现人的政治本性为目的的共和国,随时面临腐化的危险,

㉕ Pocock,*The Machiavellian Moment*,p. 77.

㉖ Ibid.,p. 66.

㉗ J. G. A. Pocock,"Custom & Grace,Form & Matter",p. 160.

㉘ Pocock,*The Machiavellian Moment*,p. 194.

㉙ J. G. A. Pocock,"Custom & Grace,Form & Matter",p. 161.

从而使政治革新成了一个持续性的要求。腐化的危险既来自质料（民众）自身的腐败，也来自内部不平等的增长，还来自对外关系上邻国的威胁。⑩波考克认为，马基雅维里最终期望以军事化组织起来的公民来克服腐化，因为：（1）战士和公民的经济独立是抵抗腐化的前提条件，⑪这一点可以说是对亚里士多德的自足公民理想的继承；⑫（2）与亚里士多德不同的是，马基雅维里的共和主义始终强调的是命运、行动、创新，他说，"一个城市有罗马那样的制度和武装"，是为了"让公民每天在个人和公共事务中，体验自己的德性和命运的力量"，反之，"假如他们不事武备，坐等命运的光顾而不靠自己的德性，他们就会随命运的变化而变化，总是表现得和威尼斯人一样"。⑬波考克敏锐地指出，在马基雅维里那里，能动的、基于意志的公民德性取代了亚里士多德那里的审慎的、基于知识的公民德性，"公民战士"机制使古典政治在少数人和多数人之间的区分成为不必要的。

　　"他在罗马德性中找到了一种新的、为所有人具备的积极德性形式，这种德性存在于武装人民并给予他们公民权利的强有力的战士身上；加上他受惠于佛罗伦萨理论中的民兵传统，以及他在索代里尼治下组织民兵的经验，这些都促使他把公民身份建立在军事德性的基础上，以至于让后者推动前者。平民作为罗马公民，与其说在制定决议中扮演一定角色，不如说是受到公民宗教和军事训练的教化而把自己献身于祖国，并把这种爱国精神带入公民事务。从而，这样的公民符合了"马基雅维里式展示德性的革新者"和"亚里士多德式践履公共善的公民"的双重模式。⑭

---

⑩　J. G. A. Pocock, "Custom & Grace, Form & Matter", pp. 207 – 211.

⑪　Ibid. , p. 210.

⑫　亚里士多德认为一个人只有在生活上获得了自给自足，才具备享有政治自由的条件，参见亚里士多德：《政治学》, I. 4。

⑬　马基雅维里：《论李维》, III. 31. 4。

⑭　Pocock, *The Machiavellian Moment* , p. 203.

三、斯金纳：基本价值、法律与自由

斯金纳对共和主义的诠释不是从《君主论》出发，而是以《论李维》为文本佐证，但在《近代政治思想基础》（*The Foundations of Modern Political Thought*）的第五、六章和《马基雅维里》（*Machiavelli*）中，他立足于马基雅维里跟他同时代的人文主义者所持的德性观的断裂，分析了两论在基本价值上的一致性。

我们前面提到，意大利语中的 *virtù* 一词与拉丁语的 *virtus* 同义，都是"德性"的意思。在马基雅维里那里，*virtù* 具有与命运相抗衡的含义，指政治和军事统治阶级具有的优异品质。斯金纳认为，*virtù* 作为政治德性在《君主论》和《论李维》中用于不同的对象。在《君主论》中，它是指统治者的德性，"依循其古典和人文主义的权威看法，他把它处理为这样的品质——让一个君主能经受命运的打击，吸引幸运女神的垂青，上升到君主声名的顶点，为他自身赢得荣誉、荣耀，并为他的国家带来安全"。⑤ 在《论李维》中，它则是指公民德性，包括始终将公共利益置于私人利益之上，保卫国家不受外部敌人征服和奴役的勇气和决心等。⑯ 在《君主论》中，马基雅维里把这种品质赋予伟大的政治领袖和军事首领；在《论李维》中，他则清楚地主张，一个城市要赢得伟大，这种品质就必须为作为整体的公民政体（the citizen body as a whole）所拥有。⑰ 但他发现，马基雅维里与古典以及他同时代的人文主义者在看待政治德性上的一个根本分歧是，人文主义者假定诸美德是整体性的，具有一种美德就具有了所有主德（cardinal virtues），例如一个勇敢的人同时就是智慧的、节制的和正义的；所以，如果一位统治者希望"维护他的国家"并获得荣誉、荣耀和名声，他首先需要培养的

---

⑤　Skinner，*Machiavelli*，p. 40.

⑯　斯金纳："共和主义的政治自由理想"，载于阿兰·博耶等：《公民共和主义》，第 72 - 73 页。

⑰　Skinner，*Machiavelli*，p. 60.

不仅是全部的道义美德，而且是全部的基督教美德。⑱ 而对马基雅维里来说，"他接受了 *virtù* 的传统假定，把它看作与命运联手来获得荣誉、荣耀和声名的所有能力的集合，但他让这个词的含义不再与主要美德或君主美德有任何必然联系。反之，他论证了君主德性的典型特征是为了达到其最高目的，愿意做必然性所要求的任何事——无论碰巧是恶的还是善的"。⑲ 在马基雅维里那里，一个统治者为了实现其政治目的，根本无需考虑一般所谓的道德，包括基督教道德和传统上假定君主应该具有的美德，如慷慨、仁慈、诚信等，虽然君主有责任培养这些美德，但他的为人行事必须依时而动，顺势而变。斯金纳认为，摆脱了古典德性的整体性假定，在 *virtù* 和诸美德（virtues）之间做出鲜明区分，正是马基雅维里两论共有的对政治德性的革命性创新。

其次，斯金纳把马基雅维里的 *virtù* 解释为一个受政治目标指引的手段性力量。他认为两论的一致性都在于教导人如何赢得政治自身的伟大和荣耀，在不顾一切地实现政治目标上二者并行不悖，虽然两论的政治目标有所不同：《君主论》中政治的最高目标是国家安全，然后是君主自身的荣誉、荣耀和名声；《论李维》中自由的价值被放在了首位。⑳ 德性是做任何能赢得政治的伟大和光荣之事，为此马基雅维里督促人们毫不犹豫地采取一切手段，无论是为善还是作恶。比如他对罗慕路斯最初为奠定罗马城而弑兄一事辩护说，他这样做乃是出于公益，而非个人野心，应当得到谅解。"在所有情况下，他为这种'可谴责'行动提出的辩护理由都是：倘若要成功地维护共和国的自由，这种种行动都不可避免。"㉑

以上两方面对斯金纳来说是一致的，其要点在于，马基雅维里斩断了 *virtù* 一词与传统美德观之间的任何必然联系，"他只不过将美德这个观念与在实践中'拯救我们国家的生存和维护其自由'所需要的

---

⑱　昆廷·斯金纳：《近代政治思想的基础》，奚瑞森、亚方译，北京：商务印书馆，第 208 页。

⑲　Skinner, *Machiavelli*, p. 44.

⑳　Ibid., pp. 57, 61；斯金纳：《近代政治思想的基础》，第 246 页。

㉑　斯金纳：《近代政治思想的基础》，第 285 页。

一切品质等同起来"。㊷ 政治目标，即国家的安全和自由，对马基雅维里来说是最高价值，斯金纳以此来解释 *virtù* 的非道德性。

在基本价值层面之外，斯金纳对马基雅维里共和主义的论述主要依赖对《论李维》的诠释。在"马基雅维里论 *virtù* 和自由的维系"这一重要文献中，他援引《论李维》I. 16、II. 2 的重要段落来展示共和主义对自由的理解：人民渴望过一种自由的生活，用马基雅维里的话说，免于"依附和奴役"。自由生活的好处是"不必担心自己的祖业被侵夺，知道自己生而为自由人而不是奴隶，并且能够因自己的德性而成为统治者"。同时，一个自由国家是保证或实现个人自由的必要条件，自由国家意味着采取公民自治共和的政体，不受任何特殊个人或集团的宰制。在他看来，马基雅维里重述了古典共和主义的政治观：要实现个人自由，即不受干预、没有惧怕地生活，只有在所有公民都全心全意地服务于一个自治共同体时才是可能的；我们可以列举出种种 *virtù* 或公民品德，诸如审慎、勇毅、节制等，但其核心则是爱国主义，"愿意将共同体之善置于所有私人利益和通常所谓的道德之上"。㊸

斯金纳也认为腐化是马基雅维里共和思想着重要解决的课题，但腐化对波考克而言是共和国的历史命运，而斯金纳视之为人性的必然。他认为，马基雅维里对腐化的看法基于他对人性恶的洞察：大多数公民都有腐败的自然倾向，如果不受节制的话，人总是倾向于把私人利益置于公共善之上，在贵族身上体现为追求个人权势的野心（*ambizone*），在平民身上体现为只顾自己活得安稳，对公共事务漠不关心的怠惰（*ozioso*）。㊹ 但与自由主义仅仅接受自利欲望为人的一个基本事实不同，在斯金纳看来，腐化对马基雅维里来说是人的一种理性挫败，即人认识不到自己真正的利益所在，而总是被假象所蒙蔽。

㊷ 斯金纳：《近代政治思想的基础》，第 286 页。

㊸ Skinner, *Machiavelli*, p. 61.

㊹ Skinner, "Machiavelli on *virtù* and the Maintenance of Liberty", pp. 163–164；参见《论李维》I. 3. 1："探究公民生活（*vivere civile*）之道的人皆已证实，史书亦充满这类事例，就是任何创立共和国并为其制定法律者，必须把每个人都设想为恶棍，他们一有时机就会利用自己灵魂中的恶念。"

也就是说，一方面，人有充分的理由（理性）让我们的私人利益服从于公共善，这些理由（理性）并不外在于人的自我；另一方面，人性深植的自私倾向又使他易于自我欺骗。[45]

斯金纳依次引证《论李维》表明，伟大人物之范例、公民教育、宗教都不能真正实现改变人性的任务，从而他得出一项重要结论——对马基雅维里来说，防止腐化的不可或缺的手段是唤起法律的强制力量，古典共和主义是一种运用法律来强制人们从私人利益转向公共利益，即强制我们自由的政治形式。这听上去更像一个卢梭式的结论，但斯金纳同时指出，马基雅维里并未诉诸一个更高级的自我或理性自我，对人性的悲观看法亦使他并不指望宪政和法律能完成塑造公民的任务，而是"设计一些机制，来防止这些不可避免的腐化动机造成自然的但却是自我破坏的效果"。[46] 法律的强制路线并不试图改造人性，"法律以这样的方式强制或指导我们，即哪怕我们继续从腐化欲望出发，去不管不顾地推动个人或是党派利益，我们的动机也会被强制服务公共善"。[47]

然而，斯金纳并未对"公共善"与"公共利益"两词的意义加以区分，如果公共善并不是私人利益朝向更高层次的转化，而只是众多私人利益的调和，那么他理解的共和主义就跟自由主义没有实质的区别。他在援引马基雅维里来论证古典共和主义时，也考虑了如此理解的共和主义跟自由主义的区别：与罗尔斯的自由主义相比，马基雅维里的共和主义从对人性的悲观假定出发，而罗尔斯把人的自利倾向视为一个中立因素，采取无知之幕（veil of ignrance）的假设性步骤，使之不影响正义原则的推出；[48] 与契约论和一般自由主义思想相比，古典共和主义的主要特色在于它对法律和自由之关系的独特理解。如在霍布斯（Thomas Hobbes）和洛克（John Locke）看来，法律乃消极地保护我们的自由，它划出了一个不容他人侵犯以尊重我的自由之界限，反

㊺　Skinner, "Machiavelli on *virtù* and the Maintenance of Liberty", p. 168.

㊻　Ibid., p. 165.

㊼　Ibid., p. 178.

㊽　Ibid.

过来也同样阻止我去干涉他人的自由。但对于马基雅维里而言,法律以强制我们摆脱利己行为,充分履行公民义务的方式,保护着我们的自由。[49] 换言之,斯金纳力图证成法律和公民自由之间有一种更积极的联系,但这个策略在智识上是否令人满意,始终是自由主义与当代共和主义之间争议的焦点。[50]

波考克和斯金纳是当代西方政治思想史研究中剑桥学派的代表人物,这一派虽无明确的共同纲领,但都关注从文艺复兴到现代早期的政治思想。在方法上,他们都注重语言分析方法的应用,把政治思想看作思想家参与的一场政治论说,即"在历史中得到展现的政治言说行动";[51]在理论上,他们对政治语言的历史研究本身蕴含着积极的理论建构目的,其以马基雅维里阐释为主轴建立起的共和主义史学也取得了相当丰硕的成果。

波考克和斯金纳对马基雅维里的共和主义解读有颇多一致之处,比如他们都强调 *virtù* 和命运的相互吸引和对抗,都把马基雅维里的德性观视为与基督教传统道德的彻底决裂,他们都指出在马基雅维里看来,优良的军事是国家安全和自由的基础,古罗马平民和贵族的纷争是公民积极参政的结果,等等。但波考克从解读《君主论》中发展出的"政治革新论",揭示了马基雅维里政治思想的一大特色,就是超常态行动不仅对共和国的创建来说是必要的,而且共和国若要持存下去,也需要创新行动的不断更新,持续改革原有秩序;如果公民失去了古典政治所要求的勇气,即那种不顾一切去行动的德性,沉溺于个人权利话语,公益的政治就面临着被党派或集团利益绑架的危险。而斯金纳把解读的重点放在政治自由的维系和法律在常态时期的作用,回

---

[49]　斯金纳:"共和主义的政治自由理想",第 75 页。

[50]　罗尔斯也认为,如果一种古典共和主义不预设某种完备性的哲学或道德学说,而是说要保卫公民个人的自由,需要培养有政治美德的公民和实现公民实体对民主政治的广泛参与,那么这样理解的共和主义跟他的政治自由主义没有根本分歧,最多只是在一些制度设计上存在某些差异而已。参见罗尔斯:《政治自由主义》,万俊人译,南京:译林出版社,2000 年,第 217－218 页。

[51]　J. G. A. Pocock, "Quentin Skinner: the History of Politics and the Politics of History", in *Political Thought and History: Essays on Theory and Method*, p. 123.

避了马基雅维里政治思想最有原创性这个方面，正如萧高彦先生指出的，斯金纳关于政治自由维系的论述，实际上已经将马基雅维里的思想“驯化”了。(52)

波考克认为，马基雅维里和他同时代的人文主义者一起，继承了亚里士多德对人之目的的看法，公民德性是人之目的的实现，“借由公民德性的制度化，共和国或城邦在时间中得以持存，并使构成人的原始质料导向作为人之目的的政治生活”。(53) 但在斯金纳看来，马基雅维里不可能设想一种作为人之目的的“应当”，其在《君主论》一开头就一心要确立这样的主张，“人们实际上怎样生活与人们应当怎样生活之间存在宽广的鸿沟，以致那种为了应该做什么而忽略了实际做什么的人是在渐渐走向自我毁灭而不是自我保存”。(54) 斯金纳坚称，马基雅维里的 *virtù* 所体现的古典共和主义公民德性，跟人作为道德存在的充分实现这一古希腊理想没有任何联系。(55)

波考克对《马基雅维里时刻》一书做过这样的总结：“根据汉娜·阿伦特所建议的或从她那里借来的语言，本书讲述的是‘政治人’[*homo politicus*，即亚里士多德的“政治动物”]——借政治行动来肯定他的存在和德性——的古代理念在西方现代早期经历复兴的故事。”(56)波考克确实相当成功地建构了一个足以与西方自由主义传统相抗衡的共和主义叙事，不过我们若细究马基雅维里的文本，就会发现要证成这个观念还相当牵强。比如他用来支持“借政治行动来肯定人的存在和德性”的一个重要理据，是所谓人民渴望自由的原初本性或“第一自然”；德性对命运的征服，在于以制度、习俗的“第二自然”去顺应、教化人的“第一自然”。但马基雅维里本人并不支持这一说法，他紧接的文本反而更支持斯金纳对自由所持的“工具论”主张：在《论李维》I. 16 中，马基雅维里明确说，君主考察人民向往自由的原因就会发

(52) 萧高彦：《西方共和主义思想史论》，第 382 页。

(53) Pocock, *The Machiavellian Moment*, pp. 183 - 184.

(54) 马基雅维里：《君主论》，XV；斯金纳：《近代政治思想的基础》，第 211 页。

(55) 斯金纳：“共和主义的政治自由理想”，载于阿兰·博耶等：《公民共和主义》，第 77 页。

(56) Pocock, *The Machiavellian Moment*, p. 550.

现，只有少数人是为了支配权而有自由的欲望，其他大多数人要求自由，只是为了活得安稳。所以对于那些只想平安度日的人，君主只要运用自己的权力，建立起确保普遍安全的秩序与法律，就可以让他们满意。再比如，马基雅维里在《论李维》中多处谈到人本性的邪恶和易于腐败，他对宗教以及各项制度举措的考察，更倾向于把它们当成蒙蔽、欺诈、强制以实现公益的手段，而非波考克所谓的以"公民德性的制度化"来塑造成熟、负责任的公民的方式。除了这类明显的文本证据外，把马基雅维里视为亚里士多德共和主义的接续，假定他承认一种作为人之目的的本性，还面临着本体论上的困难。而他的另一个关键阐释点，即共和国德性在于持续的创新行动，也难以从马基雅维里那里找到哲学上的支持，因为马基雅维里至少表面上接受了古代的宇宙循环论，而对循环论来说不存在真正的新事物。

与波考克坚持的亚里士多德主义相比，斯金纳从人性恶的假定中得出腐化的必然性，以及视法律为强制公民服务公共善的主张，反而比较容易从《论李维》中得到文本支持。但在"马基雅维里论 *virtù* 与自由的维系"这一诠释马基雅维里共和主义的关键文本中，他并没有很好地说明"人性"跟"自由"的关系，一方面他对自由做出一个近乎消极自由的定义：个人免于依附或奴役，做自己喜欢做的事；另一方面又从人天性关心私利而不关心公益的假定，得出必须靠法律强制而自由的观点，"自由是一种服务的形式，投身公共事业是保持个人自由的必要条件"，[57]从而认可了一种较为积极的自由观，但后者难以免除伯林所批评的，积极自由观蕴含了某种关于人的更高级、更真实自我的假定，他在后来的文章中则尝试从理论分析来阐明作为共和主义独特主题的政治自由之重要性。

---

[57]　Skinner, "Machiavelli on *virtù* and the Maintenance of Liberty", p. 163.

中篇
世俗时代的政治哲学

第五章 开端自由与自由意志：
阿伦特的奥古斯丁论题

　　阿伦特一生倡导行动自由，她在希腊前哲学时代的"开创"经验、罗马的"奠基"行动、18世纪的革命中看到了行动自由的范例。尽管她始终坚持政治自由不同于哲学中的自由意志，但她也认识到，捍卫政治自由就会涉及哲学上对自由意志的辩护，"没有哪个政治理论能对自由难题视而不见，任其陷入'让哲学也迷失了方向的晦暗丛林'"。[①] 在晚期著作《心智生命》的第二卷《意愿》（*Willing*）中，她肯定了意志和行动的关系，称意志为"行动的动力"。[②] 这一卷涉及到自由意志的一些重要哲学问题，如自由意志与决定论（determinism）的关系、意志与理性的关系、意志与行动者自我的关系问题等。但大量篇幅都在梳理哲学史上对意志的讨论，并且大部分论述都分不清是她自己的看法还是她引证其他哲学家的看法。由于这本书是未完成之作，研究者就感到有理由忽略她晚年对意志的考察，而更多关注她未写出的判断部分。如雅克比提（Suzanne Jacobitti）指出，放弃这个迷雾重重的意志概念丝毫无损于她卓越的行动概念。[③] 本章没有详论阿伦特的意志观点，仅透过她对奥古斯丁的解读，说明她所揭示的意志与行动的关系。

---

① Arendt, *Betwee Past and Futrue*, p. 145.

② Hannah Arendt, *The Life of Mind*, vol. 2：*Willing*, ed. Jerome Kohn（New York：Harcourt Brace, 1994），p. 6.

③ 例如，Leah Bradshaw, *Acting and Thinking：The Political Thought of Hannah Arendt*（Toronto：University of Toronto Press, 1989），p. 95；Suzanne Jacobitti, "Arendt and Will", *Political Theory*, vol. 16, no. 1（Feb. , 1988），pp. 53-76；Suzanne Jacobitti, （转下页）

从阿伦特的诠释方法来看，奥古斯丁的自由观对她始终有典范性的意义：她把对人类行动的诞生性条件的揭示归于奥古斯丁；在《心智生命》中，奥古斯丁又在"第一位意志哲学家"的标题下得到详细考察。如果说行动自由是最外显的自由，意志自由是最内在的、不显现的自由，何以对两者的发现都汇聚到了奥古斯丁那里？在 1975 年的阿伯丁讲座中，她指出："奥古斯丁把自由意志和诞生性融入人类自由的现代概念中。"④借助这个重要提示，本章从诞生性和自由意志两方面考察阿伦特对奥古斯丁自由观的解读，进而论证她的一个重要看法：行动与意志在人的"诞生性"条件上存在着根本的关联。

一、基于诞生性的行动

行动，在最宽泛的意义上，意味着去创新、开始（正如希腊词 *archein* 的意思是"创始""引导"，最终变成了"统治"）、发动某事（这是拉丁词 *agere* 的原义）。因为人凭借出生即是 *intitium*——新来者和开创者，所以人能发动某事并付诸行动。奥古斯丁在他的政治哲学中说："[*initium*] *ergo ut esset，creatus est homo，ante quem nullus fuit*"（为此有一个[开端]，人被造出来，在他之前无人存在）。这个开端不同于世界的开端，因为它不是某物的开端，而是某人的开端，这个人自己就是一个开端者。由于人的被造，开端原则才进入了本然的世界，当然，这就等于说，自由原则在人被造的那一刻才出现。⑤

（接上页）"Thinking About the Self", in *Hannah Arendt：Twenty Years Later*, eds. Larry May and Jerome Kohn (Cambridge and London：The MIT Press, 1996), pp. 199 – 299。

④ 转引自 Joanna Scotti, "'A Detour through Pietism'：Hannah Arendt or St. Augustine's Philosophy of Freedom", *Polity*, vol. 20, no. 3 (Spr. , 1988), p. 425。

⑤ Arendt, *The Human Condition*, p. 177；奥古斯丁的这句话出自《上帝之城》XII. 21，在阿伦特所引的旧版编号中为 XII. 20。

　　行动的基本含义是开端启新的能力,在存在论上根源于诞生性(natality)的人之条件。这是她在 1952 年和 1953 年的著述中就表达过的观点,从 1958 年起这个观点成为她思想的一个基本主题:不仅在 1958 年发表的《人的境况》中被编织进她的概念架构,而且还补充在同一年为《极权主义的起源》写的再版结语"意识形态与恐怖"中,并在她后来的每部著作中都得到重申。最全面的表述是《人的境况》中的一段引文。在比较劳动、工作和行动这三种人类活动时,她指出行动和人的诞生性条件联系最为紧密,"内在于出生的新开端"能被人们感受到,仅仅因为"新来者具有全新地开始某事的能力,也就是行动的能力"。⑥ 从以上可知,人借由出生即是一个"开端"(intitium),作为"开端"的人对于一个业已存在的世界来说,他是一个新来者(newcomer)、一个新的开始(new beginning),又是开端者(beginner),具有行动,即开端启新的能力。

　　从阿伦特所属的德国哲学传统来看,行动跟诞生性的联系是一个现象学存在论的条件:人的诞生意味着"被抛入世",他向着世界的"绽出"行为总是为世界带来新的可能性,人的自由根植于诞生的事实。但阿伦特总是不忘提醒读者这个思想包含在奥古斯丁的"[initium] ergo ut esset"中,据此,我们可以把上文阿伦特引用的那句话称为关于诞生性的"奥古斯丁命题"。虽然阿伦特对前人的解释一向是"六经注我",但我们还是有必要回到奥古斯丁的原文来理解她借此阐发的开端思想。

　　在《上帝之城》XII. 10 - 20 中,奥古斯丁着重以时间的创造和人的受造来反驳古代的永恒轮回学说。按照古希腊罗马哲学家所持的循环论世界观,世界万物既没有开端也没有终结,只在时间中循环往复。奥古斯丁首先以基督教信仰说明时间来自上帝的创造,没有被造物的出现,就不会有被造物前后相继的运动以形成时间,时间也就根本不存在。时间和世界是同时出现的,在世界之前没有时间。⑦ 但上帝不

⑥　阿伦特:《人的境况》,第 2 页。
⑦　对时间与运动变化关系的讨论,参见《上帝之城》XI. 6。

在时间当中，无论多么漫长、从过去到未来无限延伸的时间都从根本上不同于上帝的"永恒现在"。在奥古斯丁那里，"永恒"和时间的区分是上帝与被造物在本体论上的区分，⑧万物由于被造而存在，时间据此被划分成"之前"或"之后"，而非相同世代的永恒轮回。

奥古斯丁接着讨论人的被造，并从古典哲学的幸福论角度，说明永恒轮回学说对人类的幸福毫无价值，如果我们假定永恒轮回是真的，也就没有幸福、希望或未来可言。他说，如果按照柏拉图主义的观点，灵魂通过沉思和分有造物主的永恒而在进入我们渴望的幸福境界之后，却必然会在某个时间统统失去，再次堕入悲惨痛苦中，则这种苦难和幸福的重复交替使幸福也变成了苦难，或者说只有虚假的幸运和真正的不幸，"与其说我们某个时候会幸福，不如说我们永远都是悲惨的"。⑨奥古斯丁以基督教教义来反驳异教哲学对人类幸福的悲观看法，灵魂的救赎是一次性的、绝对的，此前不会发生，被救赎后的永生至福也不会再次失去。正如卡尔·洛维特（Karl Löwith）指出的，奥古斯丁反驳古代时间观的决定性根据是道德的。⑩另外，洛维特指出，奥古斯丁在这里还做了一个"较不重要"的"新颖性"论证：被解救的灵魂是上帝创造出来的新事物，其新颖性（novelty）并不违背神意秩序："因为奥古斯丁并不把这种秩序理解为古代意义上的自然（physis）秩序，而是理解为创造大自然和人的上帝所希望的、由天意规定的秩序"。⑪上帝有能力创造他迄今为止从未创造过、却全然预见到的新事物，这个新事物是"对世界而言的是新的，对上帝并不是"。⑫从而，人在某个时间点上被造出来，其被造在上帝的预知之内，这与上帝的全知全能并不矛盾，并非说上帝在此之前对他即将采取的创造行为没有预见或没有对于人的充分知识。既然被造的灵魂是一个在被造之前

---

⑧　参见周伟驰：《记忆与光照：奥古斯丁神哲学研究》，北京：社会科学文献出版社，2001 年，第 177 页。

⑨　奥古斯丁：《上帝之城》，XII.21.2。

⑩　洛维特：《世界历史与救赎历史》，李秋零、田薇译，北京：生活·读书·新知三联书店，2002 年，第 194 页。

⑪　同上，第 195 页。

⑫　奥古斯丁：《上帝之城》，XII.21.3。

就已被上帝预知的确定数目,到此为止,奥古斯丁得出结论,如果没有一个此前从未有过的开端,就不会达到最终的数量,"为此要有这个开端,人被造出来,在他之前无人存在"。

　　单就此句来讲,人的"开端"只是时间上的一个起点,并无阿伦特诠释的"创新"之意。但在《上帝之城》XII. 21以幸福观来反驳永恒轮回学说的论证中,这个"开端"同时意味着"新事物的出现",而非"只是先前状态再现的被决定、被量度了的循环"。因为灵魂的救赎是"某种先前从未发生过的新事","这个被造出来的灵魂是新的,它们从中被拯救出来的苦难也是新的"。对于一个得救的灵魂来说,它过去的不幸和获救后的幸福都是全新的体验。当然在奥古斯丁那里人的被造和救赎完全出于上帝的恩典,但对阿伦特来说,将人的"开端"视为"创新",却是一个可以撇开其神学立场而独立吸取的政治洞见:行动意即去开端创新,打破自然循环以及任何意义上的必然性,意味着绝对的新颖性和自发性,而与行动相反的劳动,却始终囚禁在周而复始的生命自然循环之中。如此理解的行动之所以可能,根源于诞生性的本体论事实,"因为每个人的诞生都为世界带来独一无二的新东西,就这个人是独特的而言,真的可以说在他之前,无人在此"。[13] 奥古斯丁在驳斥永恒轮回中所阐述的"开端",虽然可以追溯到希腊词 *arche*,但它所包含的时间上的绝对创新意义,却是前基督教的循环论世界观所内在无法设想的。阿伦特指出,在亚里士多德那里,生成变化必然蕴含于在先存在——以潜能而非现实存在——的某物当中,因此对他来说,人类事务领域内没有真正意义上的事件,没有行动。[14]

　　"诞生性"意味着人不仅是一个开端,而且是一个开端者,有去创新的能力。"因为他是一个开端,所以他能开始"(Because he is a beginning, man can begin),[15]阿伦特主张,开端启新的能力是由人的"诞生性"条件所规定的,"由于人的被造,开端原则才进入了本然的世

---

⑬　阿伦特:《人的境况》,第140页。

⑭　Arendt, *The Life of Mind*, vol. 2: *Willing*, p. 16.

⑮　Arendt, *Between Past and Future*, p. 167.

界，当然，这就等于说，自由原则在人被造的那一刻才出现"。⑯ 人的诞生不仅是开端，而且带来了开端的原则，她认为，奥古斯丁正是据此把人的开端区别于世界的开端，为此他甚至用不同的词来表示人的开端（*initium*）和世界的开端（*prinicipium*）。⑰ 这种对原文的解读相当牵强，虽然对奥古斯丁来说，人的开端的确不同于世界的开端，前者是一个主观的、历史性的存在，后者是客观时间的存在，并且人的被造在基督教神学中被视为高于世界的被造，因为世界是为人类的救赎历史而存在的；但阿伦特所宣称的这个诞生命题同时蕴含着自由原则的观点，在这里却找不到根据。诞生性跟自由原则的联系要到一种内部的精神能力那里去寻找，而我们对此种精神能力的认识，对阿伦特来说，仍要归功于一千六百多年前的希波主教奥古斯丁。

二、奥古斯丁对意志的发现

关于意志是否自由、意志在什么意义上是自由的，哲学史上的观点多种多样。阿伦特在以下的意义上肯定意志是自由的，即行动者总是拥有去做不同于他实际上所做之事的自由。"基于意志自由的假定，意愿的行动是我知道我本可以不做的行动。一个不自由的意志就是语词的矛盾，除非把意志机能理解为一种单纯执行欲望或理性要求的辅助官能。"⑱她指出意志自由的观念在古代并不存在，自由在古希腊和古罗马都是一个专门的政治术语：自由在古希腊是城邦生活的本质内容，意味着能参与公共事务，有权利在公民大会中对城邦事务进行讨论，参加陪审团在法庭上的审判等；自由在古罗马是公民身份的本质特征，自由人的身份意味着不被奴役、受法律保护等。无论如何，在古代，"自由是一个客观的身体状态，非一种意识或心灵的材料。自

---

⑯ 阿伦特：《人的境况》，第 139 页。

⑰ 同上，第 192 页，注 3。

⑱ Arendt, *The Life of Mind*, vol. 2: *Willing*, p. 14.

由意味着一个人可以做他喜欢做的事"。[19]

　　基督教信仰在自由转向意志的过程中起了关键作用,因为这是一个"从行为到信念,从人生活于表象世界的外在性到内在性的重大转变,后者本质上不显露于外,只能被同样从不现身的上帝所察觉"。[20]首先迈出重要一步的是使徒保罗,他在《罗马书》中揭示了一种奇特现象:新约时代之前的以色列人想要在行为上满足上帝的律法,但律法的存在反而像一面镜子,照出了人本性内含的犯罪、违反律法的倾向,律法说:"你应当如此",但"律法不可能被满足,因为服从律法的愿望激起了另一种意愿,犯罪的意愿",而且如果不是在想要服从时随即出现的抗拒意愿,意愿就不成其为意愿。也就是说,正是人们想要去服从律法的经验,"导致了意志的发现"。"一种古代人——希腊人、罗马人、希伯来人——都没有意识到的奇特自由事实,即不论存在什么样的必然性和强制性,人身上总是有一种官能(faculty),让他能够对实际给定的一切说'是'或'不',同意或不同意。"对保罗来说,"正是律法,即'你应当',将我置于'我愿'(I-will)和'我不愿'(I-will-not)的选择当中,在神学上就是服从和不服从的选择当中"。[21]而违背上帝的律法是基督教教义中罪的首要标志,因此保罗说罪本来就存在于人心里,只是律法的命令使它显露出来:"只是非因律法,我就不知何为罪。"(《罗马书》7:7)如果不是律法说"不可偷窃",我就不知道我内心中贪恋他人财物的愿望是偷窃的意图。在阿伦特看来,保罗最早暗示了人的自由意志的存在——一种在任何情况下说"愿"和"不愿"的能力,也揭示了意志本性的冲突,"如果意志不能选择说'不',它就不再是意志;如果'你应当'的命令不是在我里面唤起一种'反意志'(counter-will),用保罗的话说,如果不是'罪'住在我里头,我就根本不需要意志"。[22]

⑲　　Arendt, *The Life of Mind*, vol. 2: *Willing*, p. 19.

⑳　　Ibid., p. 67.

㉑　　Ibid., p. 68.

㉒　　Ibid., p. 69.

　　但阿伦特认为，保罗仍然遵循古代哲学的思路，把造成意志冲突的原因理解为人的肉体和灵魂的分裂："我觉得肢体中另有个律和我心中的律交战，……我以内心顺服上帝的律，我肉体却顺服罪的律了"（《罗马书》7：23 - 25）。而奥古斯丁在摆脱了早期摩尼教的善恶二元论之后，在意志概念上迈出了关键一步，他洞察到，这里不是善和恶两种力量的交战或肉体和精神的对抗，而是意志自身的对抗。在奥古斯丁那里，意志是一个自身有绝对权能的心灵能力，"意志不是它自身的原因就不是意志"，㉓它对自己下命令且自己服从："意志自由的证据在于它全然依赖自身肯定或否定的力量，而与任何实际的能够（*posse*）或能力（*poststas*）——执行意志命令的能力——无关"。㉔意志的自由可以从它跟理性和欲望的对比来了解：欲望受身体强制或外物引起，理性不能违背非矛盾律，但对理性或欲望说"是"或"不"的能力都出于意志，矛盾来自意志自身。阿伦特指出，奥古斯丁在自己充满挣扎的信仰历程中发现了意志的一般特征："当心灵命令身体时，他立刻服从，当心灵命令自身时，却遭到了反抗"。它既愿又不愿，既不能完全地命令，也不能完全地服从。"'半是情愿半是不愿'正是意志的本性所在，因为假如意志不被它自己反抗，那么就没有发布命令和要求服从的必要了。"㉕意志的冲突不仅来自一个意志与其他意志的冲突，而且每个意志都在自身中激起一个反意志（counter-will），一个"愿意"（*velle*）唤起一个"不愿"（*nolle*），这个 *nolle* 不是意志的否定或缺乏，它也是一种意志，因此"在每一个意愿的行动中，都包含了我愿（I-will）和我不愿（I-nill）"。㉖

　　阿伦特在《心智生命》第一卷《思考》（*Thinking*）中，把思考看成在我与我自身进行的对话，意志同样让"我"一分为二，但这二者之间却不是对话的伙伴，而是发生在一个命令者和另一个命令者之间的斗

㉓　Arendt, *The Life of Mind*, vol. 2：*Willing*, p. 89.

㉔　Ibid. , p. 88.

㉕　Hannah Arendt, *Responsibility and Judgment*, ed. Jerome Kohn (New York：Schoken Books, 2005), p. 120.

㉖　Arendt, *The Life of Mind*, vol. 2：*Willing*, p. 89.

争。意志的分裂造成了奥古斯丁所谓的"意愿和能够的不一致"。[27] 我愿意却不能,不是由于外在的障碍,而是当意志想要命令它自身,成为自己的主人时,"我成了我自己的奴隶,即我把主奴关系带入了我与我自己建立的那种交流和联系之中,这种主奴关系的本质是对自由的否定"。[28] 因此,在意志企图把它转化成一种权力(权力意志),运用于人类事务领域时,就必然导致压迫和权力的丧失,"事情仿佛是,'我-愿'立刻让'我-能'陷入瘫痪,似乎人想要自由的那一刻,就丧失了成为自由的能力,……权力意志立刻变成了压迫意志"。[29] 在《什么是自由?》(What is Freedom?)一文中她指出,意志自由在基督教时代作为一种自我解放的官能被发现,但以意志作为政治权力的来源——无论是个人的意志还是卢梭式的公意,就会得出自我和他人的自由皆属幻觉的结论。政治应对的是人的复数状况,因此只有在作为绝对存在的上帝那里,我愿才等于我能,自主才等于自由。"政治上把自由等同于主权,也许是在哲学上把自由等同于自由意志的最有害、最危险的结果。"[30]意志虽然是行动在个人那里的动因,但并不能得出意志主体是政治权力的动因(agent)。在她看来,由于复数的人们在面对未来时根本的不确定性,"我们能"(We can)的行动要依赖另一种行动能力,即做出承诺和信守承诺的能力。

三、意志难题的解决

对阿伦特来说,奥古斯丁所"发现"的自我冲突之意志,真正肯定了人的自发性、偶然性的行动。从她对意志概念史的梳理中就可看出

---

[27] 在奥古斯丁那里,自由意志依靠上帝的恩典才能实现真正的自由。阿伦特的诠释抛开了恩典跟自由意志的密切关系。参见吉尔松:《中世纪哲学精神》,沈青松译,上海:上海人民出版社,2008 年,第 255 页。

[28] Arendt, *Responsibility and Judgment*, p. 133.

[29] Arendt, *Between Past and Future*, p. 162.

[30] Ibid. , p. 164.

她要导向的"意志主义"前设：她考察了古代与意志概念最接近的"自由选择"(*liberum arititrium*)概念，表示后者是在理性或欲望中间做决定，是行动目标引导下对手段的选取，最终取决于一个人的认知状态；当一个人认识或理解到某事物对他而言是好的或坏的，他就对那个事物产生想要或不想要的意愿。故而，选择能力不是一个独立于理性或欲望的意志。而在奥古斯丁那里，"选择能力完全是在意愿和不愿，想要和不要之间的选择"。㉛ 她认为，奥古斯丁反对斯多葛学派，其中可以看到他在意志中引导的概念转向。斯多葛学派认为意志是自由的，关键就在于人总是有选择如何回应现实的能力，没有什么力量能限制人的思想自由，以至于人不仅能对现实说"不"，还能让他的意志对现实说"是"，"让你意愿事情应当如此发生"，㉜从而在自愿顺从中获得安宁。但在奥古斯丁看来这种对所发生的事情表示赞同或不赞同的意志受理性指导，仍然是对意志机能的限制。当阿伦特把奥古斯丁的意志概念诠释为一个完全自发的、自足的能力时，她就让这个意志概念既不受理性或激情的限制，也不受"天不变，道亦不变"的古代"自然"概念或中世纪"神意"概念的指导，不顾在奥古斯丁那里，真正的意志必须服从于"理性"(*ratio*)对神圣秩序的认识。㉝

显然，阿伦特对奥古斯丁意志概念的选择性解读脱离了奥古斯丁思想的神学目的论背景；如此一来，内在分裂、冲突的意志如何与自身和解就成了一个问题——既然它不能依靠来自神恩的拯救，也独立于思考和判断。阿伦特指出的第一个答案是爱，认为在奥古斯丁的《论三位一体》中，爱是对意志冲突或分类的统合，意志转化提升为爱。"爱"被奥古斯丁理解为"一种无止息、无冲突的意志"，弥合了意志既肯定又否定的力量，"因为对某人或某事最大的肯定就是爱它，也就是说：我愿你存在(*Amo：Volo ut sis*)"。㉞ 在她看来，爱似乎是一种更高

㉛　Arendt, *The Life of Mind*, vol. 2：*Willing*, p. 89.

㉜　Ibid., p. 90.

㉝　奥古斯丁：《论秩序》II. 51,石敏敏译,北京：中国社科文献出版社,2017 年,第 134 页。

㉞　Arendt, *The Life of Mind*, vol. 2：*Willing*, p. 104.

的、肯定的意志。㉟ 与本章问题更相关的是,阿伦特对意志的时间性分析表明,唯有行动能打破意志的持续焦虑,对意志的哲学考察最终落实在政治的行动自由中。

《忏悔录》XI. 13 中问了一个时间与创造的问题:"上帝在创造天地之前做什么?"阿伦特略过奥古斯丁关于时间由上帝创造、在造物之前没有时间的论述,聚焦于"可度量时间是心灵的延展"这一观点:心灵有三种现在——过去的现在、当前的现在和未来的现在,它们分别对应着三种心灵能力:对过去的"记忆"(memory)、对当前的"注意"(attention)和对未来的"期望"(expectation)。构成时间的不是这三种现在,而是它们的彼此相继:"从尚未存在的将来出现,通过没有停留的现在,进入不再存在的过去"。而这又归功于心灵向过去和未来伸展的能力:"从而,时间不是由'天体的运动'构成的,反之,天体运动'在时间中'仅仅在于它们有一个开端和终结;如此能被度量的时间是心灵本身,即'我从开始注视到停止注视'。"㊱心灵在每个日常行为上都进行着这种时间化的活动,其中"注意"起着关键作用,心灵总是处于对当下的"注意"当中,"注意"又渗透着"记忆"和"期望",经由"注意",未来持续地成为过去。她引用了奥古斯丁所举唱歌的例子,在唱歌开始时,我们的期望集中于整首诗歌;接着注意集中于当下的诗句,当下"注意"的活动又向过去和未来两面展开,将期望带入记忆,直到整首歌转入记忆中。㊲ 阿伦特认为在奥古斯丁那里,把过去和未来连结起来的"注意",正是意志的主要功能

㉟ 至于阿伦特最终如何看待奥古斯丁的意志分裂问题,是认为他保留了这种分裂,还是以爱弥合了分裂,或是以行动来终止分裂,阿伦特的看法相当模糊。Kampowski 认为,阿伦特在《意愿》中并列讨论了奥古斯丁的三种意志观,分别是《忏悔录》和《论自由意志》中"分裂的意志"、《论三位一体》中"爱的意志"、《上帝之城》中"在时间性观照下的意志"。参见 Stephen Kampowski, *Arendt, Augustine and the New Beginning* (Wm. B. Eerdmans Publishing, 2008), p. 156. 本章考察阿伦特解读奥古斯丁意志观的政治意蕴,强调意志的分裂特征和时间性,故不对此三种意志观做辨析。

㊱ Ibid. , p. 107. 阿伦特在前面简略分析《论三位一体》中的意志概念时指出,在奥古斯丁那里,意志的主要功能是"注意",意志凭借它构成了心灵的三种能力——记忆、理智和意志——的连结和统一,参见 Ibid. , pp. 99 - 100.

㊲ 奥古斯丁:《忏悔录》,XI. 28。

之一。

时间能被度量是因为心灵活动不停地开始和终结，其中起关键作用的是意志。基于此，她大胆地得出，奥古斯丁对心灵机能的时间性思考，对他回答"上帝的全能跟人的自由意志如何共存"这个问题提供了一个新的角度，这个角度要待他多年后撰写政治著作时才得以澄清。⑱ 既然世界和时间同时被造，为何上帝还要造人，即为何要造一个不仅存在于"时间之内"而且本质上就是时间性的生物。要回答上帝何以造人的谜题，奥古斯丁认识到必须拒绝古典哲学家的循环时间观，因为新事物不会出现在循环之中，上帝造人的目的是让"新"出现：上帝赋予人以自由意志，就是为了给他开端启新的能力，让他成为一个能开端的时间性存在，从而让新人新事降临于世。"照着上帝自己的形象被造的人，⑲一个有开端和终结的存在者来到世上。由于他被赋予了意愿和不愿的能力，他才能创始成终。"⑳在为世界带来创新的同时，意志以内在的时间性把过去和未来连结起来，形成了一个"持续的我"和建立起一个连贯的人生故事，构成了有个性的独特之人。"如果以人的个性（individuality）特征来解释奥古斯丁所谓的'在此人之前"无人"之存在'，……此个性就在意志中展现自身。"㉑通过对意志时间性的阐明，阿伦特再次肯定了奥古斯丁的发现：人既是一个开端，又是一个开端者。到此为止，意志的冲突变得不再重要，因为行动一开始，冲突自行终止，或者说："这个意志忙于准备行动，以至于它几乎没有时间陷入与它自身反意志（counter-will）的冲突中。"㉒

阿伦特把奥古斯丁的意志概念联系到他的诞生性，这是相当独特和原创的解释。按照她的观点，人的诞生性事实在时间性上肯定了未

---

⑱ Arendt, *The Life of Mind*, vol. 2：*Willing*, pp. 106,197.

⑲ 照阿伦特这里的看法，人所具有的"上帝的形象"就是自由意志，但这是奥古斯丁转向原罪论后抛弃的早期观点，参见 *The Life of Mind*, vol. 2：*Willing*, p. 104。

⑳ Ibid., p. 109.

㉑ Ibid.

㉒ 参见 *The Life of Mind*, vol. 2：*Willing*, p. 101；另参 Elizabeth Young Bruhel, "Reflections on Hannah Arendt's *The Life of the Mind*", *Political Theory*, vol. 10 (1982：2), p. 290。

来,在存在论上肯定了行动的新颖性、自发性,意志则是此行动的心灵机能。"自发性自由是人类境况的基本组成部分,它的心灵机能是意志。"[43]在此意义上,她同意吉尔松的看法:希腊人没有一个词用来指我们看作是行动之动因的意志,亚里士多德用于引导行动的"在先选择"(*pro-airesis*)概念最接近意志,但在古代的存在论框架中,"那种认为所有实存的事物都有一个在先的潜存为原因的观点,否认未来是一种真实的时态,……在其时任何意志观都有名无实"。[44] 她甚至认为奥古斯丁没有彻底发展他的这些思想,否则他将会更少受希腊思想的影响,不把人定义为"有死者",而是定义为"有生者",把自由定义为康德(Immanuel Kant)在《纯粹理性批判》(*Critique of Pure Reason*)中所说的"在时间中自发地开始一系列连续事件或状态的能力",而非在愿和不愿之间的选择自由(*liberum arbitrium*)。她认为中世纪晚期神学家邓斯·司各脱(Duns Scotus)真正继承了奥古斯丁的意志概念和对个人行动和人类事务的偶然性、不可预测性的肯定:"这里最早隐含了邓斯·司各脱后来从奥古斯丁式意志主义得出的结果——意志的救赎并非来自精神,也并非来自神圣干预;救赎来自行动"。[45]

阿伦特称奥古斯丁为"第一个意志哲学家",本章的分析表明,她既肯定了基督教思想史上奥古斯丁通过对内在自我的发现,揭示意志自身分裂的意涵,从而批判了近代政治思想中的意志主体;又把奥古斯丁的意志概念联系到他的诞生性表述上,在心灵时间性上肯定了行动的创新力量。[46] 这两点对于我们全面地理解阿伦特的行动及自由思想十分重要。因为对阿伦特思想的总体印象是,她把克服现代性危机的希望寄予古典公共领域的复兴,尤其是雅典城邦的审美政治和公共生活,从而不免批评她对争胜式政治(agonistic politics)的

[43]　Arendt, *The Life of Mind*, vol. 2: *Willing*, p. 110.

[44]　Ibid., p. 15.

[45]　Arendt, *The Life of Mind*, vol. 2: *Willing*, pp. 101,138.

[46]　本书不讨论这种诠释在多大程度上符合奥古斯丁的原意或奥古斯丁的神学,按自己需要从传统思想家那里取舍是阿伦特的一贯做法;她甚至说:"我很清楚这个论证即使在奥古斯丁的文本中也是相当模糊的",参见 Arendt, *The Life of Mind*, vol. 2: *Willing*, p. 217。

非道德化危险视而不见。阿伦特对奥古斯丁的意志及自由概念的汲取，纠正了我们对其行动理论的过分希腊化理解。首先，在阿伦特看来，行动是自由的，意味着它只受自身原则的引导，是自身原则的充分显现，而不服从外在的道德或历史法则的标准。但行动者个人并不是不讲道德的，在行动者身上，他通过思考、意愿和判断形成了内在的道德自我，其中意志发挥着建构一个"持续的我"的作用。在西方思想史上，正是奥古斯丁对意志的发现有力地探索了人性的幽暗，让人们意识到，没有这样一个内在之维，希腊和罗马标榜的政治德性很大程度上是人性贪婪虚荣的表现。

再者，她所推崇的城邦政治活动、罗马的立国行动，乃至革命经验，按定义都无法纳入古代哲学的框架："古希腊和古罗马人理解的自由是客观的身体状态和客观身份，但自由作为创新、开端启新的能力，却包含在希伯来-基督教对于神圣创新的教导中，而在所有基督教思想家中，只有奥古斯丁推出了它的后果"。[47] 她评价奥古斯丁为"罗马人有过的唯一一位哲学家"，[48] 这是一个不同寻常的赞语，按她对西方政治思想史的梳理，罗马人哲学上的贫乏让他们无法将罗马共和国的奠基经验提升到理论化的高度，他们在哲学上只是对希腊人亦步亦趋，而希腊哲学传统从根本上又是对人类事务经验持贬斥态度的。但在她看来，奥古斯丁在其政治论著《上帝之城》中，"从他特有的罗马经验背景出发"，[49] 从概念上把握了包含在罗马奠基经验中的自由，即包含在人类的诞生性和复数性中的绝对自发的、开创的行动；相反，古希腊虽有卓越的行动经验，却没有自由的概念，从而没有对人类事务的"信念和希望"。[50] 就此而言，阿伦特所阐发的奥古斯丁自由概念是对其城邦原型的重要补充。

---

[47] Arendt, *The Life of Mind*, vol. 2: *Willing*, p. 18.

[48] Ibid., p. 216.

[49] Arendt, *Between Past and Future*, p. 167.

[50] 阿伦特：《人的境况》，第 192 页。

第六章　邻人之爱和世界之爱：
基于阿伦特博士论文的解读

"如今长存的有信、有望、有爱这三样，其中最大的是爱。"

——《哥林多前书》13：13

阿伦特曾笑言奥古斯丁是她的老朋友。她的学术生涯发端于1929 年在雅斯贝尔斯的指导下完成的以"奥古斯丁的爱的概念"(*Der Liebesbegriff bei Augustin*)为题的博士论文。在她成熟时期提出的许多重要论题上，奥古斯丁都是一个重要的启发者和对话者：在《人的境况》中，她把诞生性这个概念归于奥古斯丁，并在此后所有著作和文章中以感谢的态度重申这一点；她在《极权主义的起源》中提出恶的本性的问题，以及在《艾希曼在耶路撒冷》(*Eichmann in Jerusalem*)中对"平庸之恶"(the bauality of evil)的著名表述，可以视为在现代语境下回应奥古斯丁的恶之来源问题；而她晚年在未完成的《心智生命》中对人的思考和意志机能的分析，更深入地联系到奥古斯丁以记忆和时间性来理解自我的进路。

遗憾的是，阿伦特的博士论文未得到与她在政治理论上的巨大成就相应的重视，长期以来都没有英译本出版，直到1996 年才由斯考特(Joanna Scott)和斯塔克(Judith Stark)以《爱与圣奥古斯丁》为书名编辑出版。[①] 其实，早在1962 年阿伦特就和出版社签订了一个翻译出版

---

① Hannah Arendt，*Love and Saint Augustine*，ed. Joanna Vecchiarelli Scott and Judith Chelius Stark (Chicago & London：The University of Chicago Press，1996).

博士论文的合同，1963 年由阿什顿（E. B. Ashton）翻译成英文。作为雅斯贝尔斯多部著作的英译者，阿什顿的译稿也得到了阿伦特的肯定。阿伦特拿到译稿后就着手修改，在空白处做了许多订正和增补。后来干脆自己在打字机上用英语重打了从第一卷第一章至第二卷第一章中间的内容。但随着她 60 年代中期卷入艾希曼审判引起的空前争议和忙碌，她的博士论文出版计划就搁浅了。这些修改稿和打印稿完整保存在美国国会图书馆，在此基础上，斯考特和斯塔克编辑整理的英译本包括：阿什顿英译修订稿（A 版）的导言，她重新打印的第一卷共三章到第二卷第一章的中间部分（B 版），从第二卷第一章中间部分到作为简短结论的第三卷，则仍采用阿什顿英译的修订稿（A 版）。或许读者最希望阿伦特在修订中增加的是第三卷，因为论文前两卷分析了"邻人之爱"在奥古斯丁那里的矛盾之后，第三卷从社会生活的语境来诠释奥古斯丁赋予"邻人之爱"的重要性，这部分显然跟她后来发展出的公共性思想最为相关，但在原来的博士论文中这一内容却草草结束了。不过她在二十多年后重读论文时也有意要保持论文的原样，而不是以成熟时期的想法来修改。[②]

　　近年来对阿伦特的整体研究大致有三种进路：一种是认为她的思想属于德国现象学存在主义，对古典希腊政治怀有浪漫的复古之情；一种是把她的思想主要解释为对西方政治哲学传统的批判，从而奥古斯丁也被归于这个传统而一笔带过；第三种进路强调她在当代政治思潮中的立场，特别是对自由主义的批判和对共和主义的复兴。这三种进路的共同之处是侧重于对阿伦特思想的政治阐释，并认为其思想的核心经验是 1930－1945 年间的欧洲极权主义统治。而她的博士论文是在 1931 年纳粹上台之前完成的，且是一个传统的神学选题，因此向来不在"政治阐释"的关注范围之内。

　　再者，她在《人的境况》中探讨了基督教的"非世界性"（worldlessness）和对生命价值的肯定，与希腊和罗马所推崇的政治德性相比，基督教

---

② 　参见卡罗尔·布莱曼编：《朋友之间：汉娜·阿伦特、玛丽·麦卡锡通信集，1949－1975》，章艳译，北京：中信出版社，2016 年，第 298 页。

显然贬低了"政治的尊严和价值"。③ 阿伦特对基督教的政治批判，也让人们假定她一直在努力摆脱早期奥古斯丁的影响。杨-布鲁歇尔（Young-Bruehl）在她关于阿伦特的权威传记中就持这样的看法："她在博士论文中关心的只是非世界的基督教原则如何足以引导一群本质上离开世界的人穿行于世，以及非世界的博爱经验如何能把他们联合起来。她后期关注的公共领域的创建根源于希腊罗马思想，而非任何基督教哲学。"④ 著名的阿伦特研究专家卡诺万（Margaret Canovan）也持类似观点，在阅读了保存在美国国会图书馆的阿伦特博士论文手稿后，她得出结论说青年阿伦特不关心政治："沉浸在一种特殊的非世界的智识兴趣中"；因此不能根据她后来的政治关切来理解她的博士论文。她惊讶于其论文研究的主题（爱的概念），竟然是"以弃绝世界并以之作为爱上帝的基本前提的基督教模式"。卡诺万一贯主张极权主义统治是阿伦特思想的核心经验，所以她认为显然是来自纳粹的直接威胁，迫使阿伦特放弃了"反政治的神学研究这种无关政治的理智兴趣"。⑤

阿伦特在 1930 年前后的思想是否存在根本性的断裂？她的博士论文是否仅仅出于纯粹的智识兴趣，致力于一种"非政治"的神学研究？对博士论文的重新发现让研究者注意到了该论文跟她政治思想的内在关联。⑥ 她的博士论文关心的问题是：基督教的爱邻如己，对于

③ 阿伦特：《人的境况》，第 35，250 页。

④ Elisabeth Young-Bruehl, *Hannah Arendt*: *For Love of the World* (Yale University Press，2004)，p. 498.

⑤ Margaret Canovan, *Hannah Arendt*: *A Reinterpretation of Her Political Thought* (Cambridge：Cambridge University Press，1992)，pp. 8，9.

⑥ 参见 Ronald Beiner："Love and Worldliness：Hannah Arendt's Reading of Saint Augustine"，in *Hannah Arendt*: *Twenty Years Later*，ed. Larry May and Jerome Kohn (Cambridge：Cambridge University Press，1996)，pp. 269－284；Patrick Boyle, S. J.，"Exclusive Neighborliness：Hannah Arendt's Interpretation of Saint Augustine"，in *Amor Mundi*: *Explorations in the Faith and Thought of Hannah Arendt*，ed. James W. Bernauer（Martinus Nijhoff，1987），pp. 81－114；Roy T. Tsao，"Arendt's Augustine"，in *Politics in Dark Times*: *Encounters with Hannah Arendt*，ed. Seyla Benhabib (Cambridge：Cambridge University Press，2010)，pp. 39－57。

奥古斯丁如何可能？因为"邻人之爱(love of neighbor)作为基督教的命令,依赖于信徒所信奉的上帝之爱(love of God),依赖于他爱上帝而对自己所采取的一种新态度",⑦这种新态度意味着舍弃自身及自己所属的世界而转向上帝,这样一来,基督徒对邻人的爱就是出于更高意义上的自爱和对上帝的服从,而非对邻舍的真正关切。阿伦特认为,如此理解的邻人之爱,与奥古斯丁在著作中为其赋予的重要性明显不一致,他对于爱的每个见解和评论都部分地指向了邻人之爱。显然,她一开始关注的就不是一个纯粹的神学问题,而是"邻人的相关性"(the relevance of neighbor)这一主题。在分析方法上,她也不打算忠于对奥古斯丁作为教父的传统解释,而是"使奥古斯丁本人那里仅仅隐含的意思显明出来",甚至"尝试穿透奥古斯丁自己都未能澄清的思想深处"。⑧ 在论文中,她运用现象学诠释学的方法,揭示出奥古斯丁关于爱的定义实际上是在三重语境中发生的,由此提出了她关于人之存在的基本境况的理解,比如人的有死性、诞生性和世界性。我们在她后来的著作中看到了上述概念在她的政治思想中的地位。但如果不回到她早期的博士论文,就难以理解它们的存在论和神学起源,也在一定程度上窄化了阿伦特的政治哲学。

阿伦特分析指出,奥古斯丁著作中爱的概念是在一个明确的问题意识——"邻人之爱何以可能"——的引导下进行的。她在论文第一部分和第二部分,分别揭示了奥古斯丁关于爱的概念的两个语境,这两个语境从"未来"和"过去"两个时间维度把人引向了对上帝的爱,从而时间性显明为人存在的根本方式;在第一种语境下,爱被定义为"欲求"(craving/*appetitus*),欲求对象的不同区分了欲爱(*cupiditas*)和圣爱(*caritas*);在第二种语境下,爱被定义为"返回",返回的不同源头——世界和造物主——造成了欲爱和圣爱的区别。阿伦特指出,在这两种语境下,邻人之爱都被贬低了,与奥古斯丁赋予它的重要性完全不一致。在论文最后一部分,针对邻人之爱在前两个语境中的矛

---

⑦ Arendt, *Love and Saint Augustine*, p. 3.

⑧ Ibid. , pp. 4, 7.

盾,她尝试从基督教对人的社会性处境的独特理解,来说明邻人为何与我自己息息相关。

一、作为欲求的爱

"爱不过是为了自身的缘故对某物的欲求",这是奥古斯丁对爱的首要定义,在此定义中,圣爱(charity/*caritas*)和欲爱(cupidity/*cupiditas*)的区别仅仅在于欲望的对象不同。每个欲求都指向一个对象,人总是渴望获得他之外的某物,在欲望结构中,作为欲望的对象是从外部到我们面前的、我们本身不具有而企图占有的东西,因此,欲求作为渴望和保有的意志,在拥有的一刻就带来了对丧失的惧怕。而我们对善恶的评价都依据自身对幸福生活的看法,但幸福生活的前提是活着,从而生命本身变成了最大的善和终极渴望,死亡则是最大的恶和终极恐惧。对爱作为欲求的分析表明,一切欲望的最终对象是生命本身,而对一切匮乏或丧失的惧怕根本上来自对死亡的惧怕。"生命是我们应当寻求的善,真正的生命同时是存在和永远存在。这种不能在地上获得的善,被投射到永恒当中,从而再次变成了从外部来到我们前头的东西。"阿伦特指出,圣爱的对象——永生,跟普通的欲望对象一样,都是在爱者之外的某个东西,"从欲望的角度看,生命被当成从外部(从活生生的人之外)来到世上的某样东西,它牢牢地抓住不可变之物来获得恒久性。这样的恒久性正是永恒(eternity)这个欲望对象给予它的"。⑨ 在阿伦特看来,永生,作为一个从绝对未来角度被期待的事件,与其他在尘世范围内被期待的事件,在时间维度上并无区别,也都在欲望中找到了它的对应物。

根据欲望的辩证法,爱被等同于欲望的结果是自我否定、自我弃绝,因为人成为一个始终亏缺、永远置身于幸福之外者,即人无法获得他特有的存在,除非他把自由理解为自足(self-sufficiency),不去渴求

⑨ Arendt, *Love and Saint Augustine*, p. 16.

我们自身权能以外的事物。阿伦特因此指出，奥古斯丁对爱的这个定义，更多受斯多葛学派、特别是新柏拉图主义（Neoplatonism）的普罗提诺（Plotinus）影响，以至于上帝在这个语境下既不是造物主，也不是最高审判者。准确地说，上帝作为至高存在，乃是完全自足的存在，他不需要任何外来的帮助，也没有什么在他自身之外。对普罗提诺来说，这种自由可以凭借人类精神——"努斯"（nous）——来实现，努斯的主要特征就是只关涉自身。他认为，自由"必须不关乎行为，不关乎外物，只关乎内在活动和理智，即德性内在的视觉"。阿伦特批评说，这种自我遗忘和否定的最大困难是，它使基督教爱邻如己的核心命令变得不可能了。因为根据自足观念来思考的个人，必定要追求绝对孤独的理想，以及自我从所有不能控制的外物中摆脱出来的理想。"这样一种从世界当中的疏离，要比正统基督教所要求或允许的更为激进。"⑩

在此语境下，阿伦特也考察了奥古斯丁对圣爱和欲爱的另外两个区分，一个是他对使用（uti）和享用（frui）的区分，另一个是爱的秩序。享用是"因其自身的缘故"（for the sake of oneself）寻求某物，使用是"为了某个目的"（in order to）而追求，前者对某物的爱存在于对其本身的享受中，后者以之作为达到其他目的的手段。在此区分中，人既是使用的对象，也是享用的对象，如在亲情之爱、友爱和爱情中。爱作为欲求总是面临着要么被使用、要么被享用的选择，对人类之爱是如此，对上帝之爱也是如此。但"圣爱本身最清楚地显示在'因你自身的缘故'这一说法中"。⑪ 使用/享用的结构意味着，只有最高善-上帝才是自身的本质，是自爱和享用的真正对象，邻人也服从手段-目的的范畴，由此贬低了邻人之爱。

人受到上帝之爱的激励去寻求绝对未来，他从绝对未来中获得了一个参照点，当它"返回"自身及世界时，原有的一切改变了意义，并从这个本质上在世界之外的、"最高善"的角度来安排和规定现存世界和

---

⑩　Arendt, *Love and Saint Augustine*, p. 41.

⑪　Ibid. , p. 33.

世界内的事物。从这种等级秩序出发的爱就是圣爱,混淆存在的秩序、颠倒手段和目的的爱就是欲爱。阿伦特指出,在爱的秩序中,奥古斯丁区分了"在我们之上""在我们近旁"和"在我们之下"这三层爱的等级。在我们之上的"最高善",因其自身而被爱;而其他一切则应当为着最高善的缘故被爱。"在我们近旁"之物——我们自己、邻人和身体——作为跟我们自身直接相关的关系项,在此三重等级中处于中间位置,与我并列。这里给出了一个"汝应当爱邻如己"的理由,因为邻人跟我居于同样的位置,他也能"享受上帝"(*Deo frui*),跟我一样能和上帝建立关系。

二、作为回返的爱

阿伦特在博士论文的第一部分,分析了在爱被定义为欲求的语境下,"邻人"概念面临着:在"自足"理想中和自我一样被舍弃;在"使用-享用"结构中被贬低为手段;在爱的秩序中,良序的爱无法向爱者揭示邻人是谁。由此,她认为邻人之爱在欲求语境下的意义,与奥古斯丁对它的重视极为不一致。在第二部分中,阿伦特并未像第一部分那样,直接从对爱的一个广为人知的定义开始,而是从"欲望之爱"展开现象学分析:欲求朝向自身之外的某物,这个向未来伸展的运动,一方面造成对当下的遗忘,另一方面隐含着向过去的回返。因为我们对所欲之善的评价,依据的是自身对幸福生活的知识,但要追求幸福,我们必须已经知道什么是幸福,从而对欲望对象的知识必须先于拥有它的渴望。从时间性上来说,欲望在投射到未来的同时又把人带回到"过去"——已有的对幸福生活的理解。由于欲求已经证明了现世生活中的幸福可望而不可及,奥古斯丁认为幸福作为可能存在的知识,是在先于一切经验的纯粹意识中被给定的,它不仅仅是一种内在理念,而且以记忆形式预先贮藏在意识内部,保证了我们得以在未来与它相遇的时候能够认出它来。

对欲望结构的分析揭示出，我们以为欲求和通过欲求建立的关系似乎在我们自己的掌握之中，但事实上，欲求及其关系依赖于在先存在的对象，未来产生于过去；虽然欲望在不顾一切地追求未来的过程中常常忘记了自身的起源。

> 因此，在此语境中，整个问题不是关于目标和我往何处去的问题，而是关于起源和我从哪里来的问题，不是与欲望能力相关，而是与回忆能力相关。欲望实际上朝向一个超越的、超出尘世的未来，因为它最终建立在对一种永远幸福生活的渴望之上。同样，鉴于记忆提交的知识必定在每个特定过去之前先已存在，它实际上就指向一个超越的、超出尘世的过去，即人类存在本身的源头。⑫

欲望指向的终结和目的，即造物主；他是作为最高善的上帝，在此语境下显示为回忆"返回指向"（refer back to）的源头。阿伦特在人寻找自身真实存在的时间维度上，揭示了人的生命的开端和终结的"可互换性"，恰如 T. S. 艾略特（T. S. Eliot）的诗句所描绘的："一切探寻最后抵达/我们原先出发的地方，但又/像第一次找到这地方。"在第二重语境中，爱是返身向后对自身起源的寻找，因而不是像欲求那样指向"期待的未来"，而是指向"回忆的过去"。由此，她发掘出奥古斯丁对爱的另一个定义：爱之为回返。"奥古斯丁将唤回那些逃离我记忆之物的方式，等同于我认识的方式，以及我爱或渴求的方式。"⑬

前述的欲爱和圣爱的区别在这里显示为，在前一种情况下，人返回到世界，发现他始终依赖于一个在先给定的"世界"，人总想牢牢抓住这个世界；在后一种情况下返回到造物主，认识到他在根本上依赖造物主。在第二部分的第二章，她分析指出，在爱作为回返的语境下，欲爱和圣爱的区别不仅仅是爱的对象不同，而且是选择的不同。更准

---

⑫　Arendt，*Love and Saint Augustine*，p. 48.

⑬　Ibid.，p. 46.

确地说，欲爱不是一种选择，因为世界一直在那里，"爱世界"是我们意志的自然趋向，人的习性，即过去养成的罪恶习惯，把他往回拉，使人自然而然地转向世界；驱使这种错误转向的罪是骄傲和贪婪。骄傲在于仅仅认识到自己是这个世界的创造者，而没有认识到世界的创造之源，即造物主-上帝；贪婪在于受世间之物的吸引，把短暂易逝的东西当成永恒。反之，在圣爱中，人认识到他的存在完全依赖造物主，他让自己的意志转离对世界的天然渴望，离开世界，趋向造物主-上帝，照着上帝的旨意去爱人。不过在这里，人也不是自由地"选择"造物主，因为"只有在造物主本身给予的一种在先选择的基础上，人才能做出选择"，⑭是上帝先爱人，人才可以去爱上帝，如此的选择不仅是一种意志行为，还是接受神圣恩典、回应恩典的行动。

作为回返的爱的概念，揭示出在人的各种欲望背后，隐含着更深刻广泛的"人类依赖性"（human dependence）：既有对受造世界的依赖，还有最终的对造物主的依赖。阿伦特在第二卷着重阐释了在上帝与人的关系当中世界所具有的特殊地位。她强调在奥古斯丁那里，世界并不是完全堕落的，世界作为"受造世界"和"人类世界"，始终是人们关爱和依赖的对象。首先，与普罗提诺把世界理解为"存在的整体、大全"不同，对奥古斯丁来说，世界是上帝（至高存在）所造的，有时间上的开端和终结；再者，它是人类世界，由定居于其上的人和他们对世界的爱（*dilectio mundi*）⑮组成。她引用奥古斯丁的话："'世界'一词不仅用来命名上帝所造的天与地，而且世上的居民也被称为世界……因此，世上的所有爱者也被称为'世界'。"⑯在这里她首次提出了"世界性"（worldliness）概念，声称："只有人在上帝的创造之外独立地进行建造和爱的活动，世界才是世界性的"。可见，只有理解了世界的神圣

---

⑭　Arendt, *Love and Saint Augustine*, p. 77.

⑮　奥古斯丁在《上帝之城》中用了三个词指爱：*amor*, *dilectio*, *caritas*，前两个并未做特别的区分，都可用来指爱好的事物或坏的事物。*Amor* 在奥古斯丁那里更多用于神学上描述符合正当的爱的现象，如用在 *amor Dei*（爱上帝），*amor iustitiae*（爱正义）中，而 *dilectio* 是一个较为中性的词。

⑯　Arendt, *Love and Saint Augustine*, p. 66.

本源和人作为受造物的独特和有限，才能对之有恰当的爱。[17]

三、邻人相关性

阿伦特把奥古斯丁爱的概念揭示为欲望和回返两种概念语境，体现出他的思想分别来源于新柏拉图主义和基督教信仰。在第一个概念语境中，向外的欲求最终止息于自足，而只有上帝才是真正自足的。在此概念下，爱上帝要求我们爱邻人，邻人之爱是"为上帝的缘故"。但阿伦特对此回答并不满意，认为这种爱并不能向我揭示邻人的存在，我给予他的爱是由一种秩序预先决定的，与此人自身的独特性无关，也与我们和邻人的具体相遇无关。对于"谁是我的邻人？"这一问题，奥古斯丁的回答是："每个人"。这意味着每个人类成员都同样接近，每个人都跟所有其他成员一样分享最一般的人性。换言之，爱上帝的人怀着"庄严冷漠的爱"爱他的邻舍，并不关心后者是谁或是何人的问题。

爱作为回返的概念显然比前者更有基督教色彩，反映出人作为受造物本身的有限性、依赖性。从而，爱不是一个人向外寻找、"我欲"如何的意志，而是对上帝之爱的谦卑领受，承认自己的受造本性并且说："我愿你存在"。[18] 爱的这两个概念都出于奥古斯丁的自我寻求之旅，向外和向内寻求的结果最终都指向了上帝。上帝之爱是真正的自爱，爱邻如己则是人和人之间关系的建设性原则。但在阿伦特看来，奥古斯丁赋予邻人之爱的重要性远远超过了其爱的概念所表达的意涵，而且，对人际关系来说不可或缺的"复数性"和"世界"在其间消隐了：如果说爱邻如己的要求基于他人跟我一样有"上帝的形象"，则这种无差

---

[17] Arendt, *Love and Saint Augustine*, p. 68. Ronald Beiner 认为，阿伦特的博士论文和她的《人的境况》都揭露了现代人对"生命"和"自我"的爱，远超过对世界的爱，参见 Beiner, "Love and Worldliness: Hannah Arendt's Reading of Saint Augustine", p. 272。

[18] 意志向爱的转化，最终弥合了意志在"我愿"和"我不愿"之间的分裂，参见 Arendt, *The Life of the Mind*, vol. 2: *Willing*, pp. 102, 104。

别的相同性(sameness)并不能使我认出谁是我的邻人。"与我的同伴本人——在他们具体的在世存在以及与我的关系中——的相遇,始终被排除在外"；[19]再者,舍弃自我以及自我所属世界的结果,使邻人与我的相遇成为不可能。"既然我不爱在世界的归属中成就的我,我也不爱在具体属世的境遇中相会的邻人。"[20]对阿伦特来说,我与邻人的关系必须要放在这个世界内来思考。可见,她早在1929年的博士论文中即在神学框架下产生了对公共性的反思,因而不能同意对邻舍的态度仅仅出于普遍、漠然的上帝之爱,为此她在第三部分干脆放弃了"邻人之爱"的概念,而采用"邻人相关性"(neighbor's relevance)的表达,问在什么意义上,邻人与我切身相关。

　　为了解决这个问题,在第三部分中,她从上帝之爱转向信仰共同体,阐释邻人相关性对信仰共同体的意涵。为此,她分析指出,奥古斯丁爱的概念是在一种"社会语境"下提出的,在基督教信仰背景下,这个社会语境代表了两个共同的"社会历史事实":(1)所有人类都起源于亚当的事实,按照奥古斯丁对圣经的解释,亚当的犯罪使罪咎(guilt)遗传给他的后代,因此人类都陷在罪中,死亡成了对罪的惩罚和人类共同的、无可逃避的命运。[21]阿伦特认为,这一共同起源造成了人类的亲属关系和共同命运,在此意义上我们是一个"命运共同体"(companionship-in-fate)。从而,应当爱你的邻人的第一个理由是:邻人同自己在罪和死亡上的平等。邻人的不幸对我们来说是一种警醒,随时提醒我们自己跟邻人有同样罪恶的过去,同样最终要面临死亡的悲惨命运,因而都需要救赎。[22](2)耶稣基督救赎的事实,他赦免信徒的罪,让有罪的成为无罪,这个事实使得人类基于相互依赖的社会性,获得了一种新的意义,即在基督里彼此相属的新生活。按照基督教教义,信徒同属于基督的身体。所以,应当爱你的邻人的第二个理由是救赎恩典的降临,"让我们理解了所有

[19]　Arendt, *Love and Saint Augustine*, p. 42.

[20]　Ibid. , p. 95.

[21]　参见奥古斯丁:《上帝之城》,XIV. 1。

[22]　奥古斯丁根据基督教教义,解释了死亡不是一个自然事件,而是对原罪的惩罚,参见奥古斯丁:《上帝之城》,XIII. 4。

人在上帝面前联合的平等"。㉓ 阿伦特试图表明，使信徒结为共同体的，不仅仅在于他们碰巧信仰同一位上帝，而且在于他们生活在同一个世界，拥有共同的历史实在。对她而言，如果没有在历史的共同命运和归属中与邻人的相遇，共同体就不是真正复数性的公共空间。

> 所以，奥古斯丁说："如果你爱基督，就把你的圣爱（*caritas*）扩展到全世界。"因为邻舍的意义不限于基督教。共同信仰的约束力量在这里是次要的，认信基督使过去得以救赎，但只有共同的过去使信仰成为共同信仰。唯有这个过去对所有人而言是共同的。对世界来说，过去不过是个理所当然的事实，而只有基督徒把它明确地经验为罪。基督徒从他自己过去的罪所领受的责任，就是把他的邻人带入其自身存在的明晰性当中，"把他引向上帝（*rapere ad Deum*）。……这就是为何逃避到孤独中是有罪的原因，因为剥夺了他人改过自新的机会。而通过与世疏离，神圣恩典却赋予了人类归属感（human togetherness）一种新的含义——抵挡这个世界。这种抵挡是新城——上帝之城——的基石"。㉔

神学和哲学解释在阿伦特对奥古斯丁爱的概念的解读中复杂地纠缠在一起，这种晦涩的解读方式是她用来处理奥古斯丁的一贯做法。在博士论文最后，她得出结论说奥古斯丁既关注个人——探索了作为个体的人从哪里来、往何处去的问题——又关注共同体，探索了人类的共同起源、共同体生活何以可能的问题。这个结论也部分地回应了她在晚期对奥古斯丁的评价："奥古斯丁虽是 5 世纪的基督教哲学家，却是罗马唯一有过的哲学家"，㉕意即奥古斯丁精妙地把握了个人自由与共同体性质的关联，是唯一能把罗马特有的政治经验上升到哲学高度的思想家。她的博士论文通过解读奥古斯丁的邻人之爱，得

㉓　Arendt，*Love and Saint Augustine*，p. 106.

㉔　Ibid.，pp. 107－108.

㉕　Arendt，*The Life of the Mind*，vol. 2：*Willing*，p. 216.

出了一种人类共同体的范式:各自孤独地进入这个世界并终将离去的人们,不是仅仅偶然出现在这个世界上,并出于不得已而相互依赖、抱团取暖。他们通过对欲望的舍弃,在精神上出离这个世界之后,又建立了一个新的共同体,勇敢地承担起对同类的责任。同时,这个新的共同体仍然在世界之中,属于世界,因此,那个在历史中被罪污染的世界并非全然被拒绝,而是被爱更新和重建。但她显然并未试图消解这个范式当中包含的世界性与非世界性、世俗与神圣的张力。

第七章 "爱世界"：
阿伦特隐秘的政治神学

阿伦特对三种爱的分析出自奥古斯丁的一句名言所建立的三元架构："*amor Dei*, *amor proximi*, *caritas dictiur*; *amor mundi*, *amor huius saeculi*, *cupiditas dicitur*"（爱上帝和爱邻人的爱叫作 *caritas*[圣爱]，爱世界和爱这世代的爱叫作 *cupiditas*[欲爱]）。在西方基督教传统中，"爱世界"与"爱上帝"由此成为对立的概念，而"爱世界"的正面意义未能得到正视。阿伦特晚年最亲近的两位学生杨-布鲁歇尔和杰罗姆·科恩（Jerome Kohn），都谈到阿伦特喜欢把她的政治理论概括为"爱[这个]世界"（*amor mundi*），这是一种对人们以言行和记忆所创建的共同世界的感激之情，和对它在当今时代之脆弱的忧虑。[①] 虽然她对于人类共同世界的关切，从她对极权主义的核心政治经验中能得到理解，也在她的政治现象学中得到说明，但唤起对世界的"爱"似乎与现代政治所要求的清楚理性和"不偏不倚"的正义相悖。[②] 从她对政治的定义——作为彰显自我和敞开人际空间之活动——来看，她对爱的看法也始终是否定的，她认为爱"不能被讲述"，"内在地无世界"，从而"是所有反政治力量中最强大的一种"；[③]再者，"爱世界"明显与基督教"爱上帝"的原则相对立，与马基雅维里、尼采

---

① Young-Bruehl, *Hannah Arendt*: *For Love of the World*, p. xvii; Hannah Arendt, *The Promise of Politics*, ed. Jerome Kohn (New York: Schoken Books, 2009), p. xxii.
② 参见 Martha C. Nussbaum, *Political Emotions*: *Why Love Matters for Justice* (Harvard University Press, 2013), pp. 6 – 9。
③ Arendt, *The Human Condition*, pp. 52, 242.

等人对基督教的批判一致,阿伦特的"爱世界"回应了马基雅维里的"爱祖国胜于爱灵魂",以及尼采的"爱命运"(*amor fati*)。但她从未正面说明过这个短语的反基督教色彩,对此人们不禁要问:她以"爱世界"要唤起的是一种什么样的爱? 她要努力肯定和维护的是一个什么样的世界? 是一个彻底的俗世吗?

阿伦特在纳粹上台后经历了十多年的流亡生涯,集中营关押和无国籍的难民经历,让她深切认识到共同世界不仅包括人们共有的文明记忆,也包含实实在在的界限和居所:私有财产、法律和公共建制,没有公民权所保证的这些实质界限,人权就是空谈。在反思现代极权主义起源时,她指出极权统治运用"摧毁一切人际空间"的手段,将人扔进一个彻底"反社会的情境"。④ 正是因"共同世界"衰微造成的孤独大众,推动了现代以意识形态的大众运动为特征的无世界态度形成。虽然,阿伦特的世界概念深受海德格尔影响,意指人的存在所开启的、并为人类活动赋予意义的空间,但要证明从她对海德格尔的批判继承中,得出"人所特有的存在是政治的共在",以及"共同世界对人之存在的根本性",则需要相当迂回的路径。⑤ 实际上,她的世界概念以及"爱世界"的说法,最早出现在她 1929 年的博士论文中,围绕着奥古斯丁对"爱世界"和"爱上帝"所做的对立分析。英文版较未经修订的德文论文,更多澄清了阿伦特早期思想的奥古斯丁起源,也启发了当代奥古斯丁主义者运用她的政治观来回应时代的挑战。⑥ 本章首先分析

④ Hannah Arendt, *The Origins of Totalitarianism* (New York: Harcourt Brace, 1973), p. 478.

⑤ Dona R. Villa 论证了阿伦特的政治理论主要来自德国现象学和存在主义的反形而上学背景,而她对人作为政治存在的分析,则是运用海德格尔的现象学来反对海德格尔,参见 Villa, *Arendt and Heidegger*;另参 L. P. Hinchman and S. K. Hinchman, "In Heidegger's Shadow: Hannah Arendt's Phenomenological Humanism", *The Review of Politics*, 1984, 46(2), pp. 183 – 211。

⑥ 主要有 Thomas Brieidenthal, "Jesus is My Neighbor: Arendt, Augustine and the Politics of the Incarnation", *Modern Theology* 14:4(1998), pp. 489 – 503; Rowan Williams, "Politics and the Soul: A Reading of the City of God", *Milltown Studies* 1 – 9. 20(1987), pp. 55 – 72; Eric Gregory, *Politics and the Order of Love: An Augustinian Ethic of Democratic Citizenship* (Chicago: University of Chicago Press, 2008);(转下页)

《人的境况》中提出的"世界"和"世界性"概念，然后回到《爱与圣奥古斯丁》中世界概念的解读，来说明她政治思想所蕴含的"奥古斯丁起源"，以及此视角为阿伦特代表的当代共和主义学说所带来的新洞见。

一、《人的境况》中的世界和世界性

在阿伦特那里，"世界"有空间和存在论的两重含义。在空间上，是指区别于自然的人造物（human artifices）世界，包括我们居住的房屋、建造的城市、制造的产品、各种文化和艺术作品。与作用于自然的"劳动"不同，"工作"（即制作、人工的创制）使自然的无差别材料，如石头、木材，变成了个别性的对象产品，在写下来的文字或音符中，更使不可见的情感和思想获得了物化的赋形。

就存在论而言，"每个人居住在世界之内，但这个世界本身却注定要超越所有个体生命而长久存在"，⑦世界是人们居于其中，其本身却超越个人生命而持久存在的地方。我们通常把世界定义为自然和人类社会一切事物的总和，进而再区分为自然世界和人文世界、物理世界和精神世界，但在阿伦特看来，这一切事物要成为"世界的"，即具有"世界性"（worldliness），关键在于它要抵御人类生存性活动的虚空而有相当程度的持持："就'世界'一词的确切含义而言，只有在其人造物的总体被组织得能够抵挡在世寄居的人的生命消耗过程，从而比他们存在的时间更长久的情况下，地球家园才能称为一个世界。"⑧

"世界性"之所以重要，是因为它是人类活动的存在论条件。如果没有这类条件，人就不成为人了：没有一个客观的共同世界，人们就不能既建立客观的联系，又相互区别，从而不能确认各自的身份（identity）。"世界之物有让人类生活稳定下来的功能，其客观性在于

（接上页）Jean Bethke Elshtain, *Augustine and the Limits of Politics* (Notre Dame: University of Notre Dame Press, 1995)。

⑦　Arendt, *The Human Condition*, p. 7.

⑧　Arendt, *Between Past and Future*, p. 210.

以下事实——与赫拉克利特（Heraclitus）所说的'人不能两次踏入同一条河流'相反——尽管人的本性变幻无常,却能通过与同一张桌子、同一把椅子的联系,而重获他们的相同性,即同一性。"⑨进而言之,世界为人提供了超越个人生命长度的共同居所,成为个人垂直的生活故事上演的舞台,与这个持久的舞台相比,人只是来到这个世界又离开的匆匆过客。"世界性"更是人类政治参与和自由彰显的条件,"作为共同世界的公共领域",⑩它不仅提供了让言行显现的公共空间,而且包括法律、制度、建制、私有财产等构成人类政治领域的建制和界限。

世界的"世界性"在于世界的持久和稳固程度,意味着人能够"超越"个体存在的暂时性而创造人类共享的历史和命运共同体,但世界本质上又是脆弱的。以阿伦特对劳动、制作和行动的区别来分析:一方面,"制作"活动本身有把人造物仅仅视为手段、工具的倾向,而人类过度地追求生存又加剧了对人造物的消费主义态度,不断侵蚀着世界的稳固性;另一方面,与行动相伴随的自由也在冲击着世界的持久性,"限制和界限存在于人类事务领域中,但它们提供的框架,从来不足以抵御每一代新人进入时必然带来的冲击"。⑪前者的危险在于"为消费而生产的纯粹功能主义和为使用而生产的纯粹功利主义",⑫后者的危险在于行动内在的不确定性和自由任性。阿伦特认为,这就是为什么节制、不逾矩被看成古老的政治德性,而僭妄（hubris）是最可怕的政治之恶。阿伦特在纳粹上台后经历十多年的流亡生涯,集中营关押经历和无国籍的难民身份,让她深切认识到共同世界是一些实实在在的界限和居

---

⑨　Arendt，*The Human Condition*，p. 137.

⑩　Ibid.，p. 53.

⑪　Ibid.，p. 191. Paul Ricoeur 指出阿伦特对"积极生活"（*vita activa*）三种活动的区分,实际上对应了奥古斯丁在《忏悔录》中分析时间性的三个层次:劳动生活以对自然的消耗和生命的新陈代谢所呈现的自然时间的流逝性（passing）;工作活动以人对世界的"使用"呈现出的知觉的绵延性（duration）;言说和行动则打开了一个与他人共在的公共空间,在其中"我是谁"向他人呈现出来,被他人观看和铭记,由此获得了个体之不朽（immortality）的时间性,而且即使单纯的身体存在也最终要依赖在这种公共空间中得到的确认和承认,参见 Paul Ricoeur, "Action, Story and History: On Re-reading The Human Condition", *Salmagundi* (no. 60, Spr.-Sum., 1983), pp. 60－72。

⑫　Arendt，*The Human Condition*，p. 173.

所：私有财产、法律、国家，没有公民权所保证的界限或居所，所谓人权就是空谈。因此她称公民权为"有权利的权利"（right to have rights），即拥有"一个愿意和能够保证任何其他权利的共同体"的权利。"一个共同世界的衰微，对于孤独大众的形成如此关键，对于现代以意识形态的大众运动为特征的无世界态度的形成，又是如此危险，但共同世界的黯淡无光，始于人们丧失了在世界中私人所有的部分这一更有形的损失。"[13] 出于对世界的重要性和脆弱性的关注，以及对"无世界态度"（worldless mentality）的种种忧虑，她呼唤这个世界的公民有维护、关爱世界的意愿与行动。她把她这一成熟观点深思熟虑地表达在"爱世界"这个短语中，在 1955 年 8 月 6 日给雅斯贝尔斯的信中，她说："我开始得太晚了，真正来说近年才真正爱这个世界……出于感激，我想把我关于政治理论的这本书[《人的境况》]称为'Amor Mundi'。"[14]

阿伦特在《人的境况》中阐述"世界"概念和意义的同时，严厉地批评基督教持有"彼世性"（other-worldliness）原则，指责它实际渴望的是彼岸的超越世界，而基督教对世界的疏离和漠不关心蕴含在它的教义中；福音呼吁人们从对世界的爱转向对上帝的爱。她认为基督教的"彼世性"原则有两个来源：（1）早期基督教与罗马帝国之间鲜明的敌对状态，强化了基督徒对末世的期待；教父德尔图良（Tertullian）声称："没有什么事情比公共事务更与我疏远"（neu ulla magis res aliena quam publica），正是对这种态度的最佳概括；（2）耶稣所教导的"善"反对公开性，倾向于不让他人看见，不向众人显示，善的非公开性质促使基督徒远离公共领域，远离暴露在公众目光之下的生活。[15] 她

---

[13] Arendt, *The Origins of Totalitarianism*, pp. 297, 257.

[14] Young-Bruehl, *Hannah Arendt*, p. xvii.

[15] Arendt, *The Human Condition*, p. 74；这里阿伦特将善的动机和善的效果混淆了，在圣经的教导中，行善应当出于爱上帝的动机，为了上帝的喜悦，而不是为了人的称赞，否则就是假冒为善："你们要小心，不可将善事行在人的面前，故意叫他们看见；若是这样，就不能得你们天父的赏赐了。"（《马太福音》6：1）但善行的效果（"善果"）却是众人可见的，他人也能从基督徒美好的品格和行为中见证他们的信仰，所以耶稣对门徒说："你们的光也当这样照在人前，叫他们看见你们的好行为，便将荣耀归给你们在天上的父。"（《马太福音》5：16）

认为,基督教所教导的善与哲学家追求的智慧相似,都力图远离政治生活,但基督教的善所要求的非公共性更为激进,它拒绝任何人的在场陪伴,甚至自身的陪伴,"不要叫[你的]左手知道右手所做的"(《马太福音》6:3);它也不像思考那样凝结为思想的产物——书籍作品,成为有形世界的一部分。"善功,必须立刻被忘却,绝不能成为世界的一部分,它们来来去去不留下任何痕迹,完全不属于这个世界。"她认为,正是善功"内在的非世界性(worldlessness)",逃离世界、否定世界的性质,当它变为一种政治主张的时候,会对公共领域造成极大的破坏,因为它排除了政治行动独有的外在显现标准:卓越、荣耀、骄傲,而处处造成道德上的伪善和政治的腐败。在她看来,没有人比马基雅维里更清醒地认识到基督教德性与古代政治德性彻底对立的性质。⑯

阿伦特对基督教"非世界性"的批判,正如伯诺尔(James Bernauer)所指出的,包含着她的"隐秘神学"(secret theology):"爱[这个]世界"(*amor mundi*)。⑰ 她通过现象学把"世界"定义为适合人们居住和彼此显现的空间,是人们透过言说和记忆得以敞开并一代代守护下去的真实存在。对她来说,政治生活很重要的一个意义,就是以信仰般的热情来维护共同世界。但这种爱对她来说并不是凭空产生的,而是来自于她早年论奥古斯丁之爱的博士论文。

二、对世界的关切

奥古斯丁爱的概念对后世的最大影响就是提出了圣爱(*caritas*)与欲爱(*cupiditas*)的区分:圣爱是对上帝的爱,欲爱是对被造物的爱;前者是"正确的爱",后者是"错误的、世俗的爱";前者让人"返回"作为自身存在源头的造物主,后者诱使人离开真实起源而陷入世界。不

---

⑯ Arendt, *The Human Condition*, pp. 76, 77.

⑰ *Amor Mundi: Explorations in the Faith and Thought of Hannah Arendt*, ed. James W. Bernauer, p. 17.

过，阿伦特在博士论文中真正要问的是在"圣爱-欲爱"二元模式中，"第三种爱"——"邻人之爱"——是否可能的问题。她分析指出，奥古斯丁之爱的概念在双重语境下展开：在爱作为欲求（*appetitus*）的语境中，圣爱和欲爱的区别在于不同的欲望对象；在"创造主-被造物"的语境中，它们的区别在于分别返回到不同的起源（上帝和世界）。此番分析的目的是要表明，在这两种爱的概念语境中，邻人之爱都是从圣爱中派生出来的，不具有独立的地位。她认为这一点不仅与奥古斯丁著作中贯彻始终的对于邻人之爱的重视严重不符，更在于如此理解的邻人之爱，取消了"邻人"自身的特殊性和他/她与我们在世相遇的特殊"相关性"。邻人是我们在世相遇的某人，而基于上帝之爱的邻人之爱，则是自恨和与世疏离的产物，"既然我不爱在这世界的归属中成就的我，我也不爱在具体属世的境遇中与之碰面的邻人"。[18] 这种爱仿佛只是为了把邻人引向上帝的手段，以至于"与我的同伴本人——在他们具体的在世存在以及与我的关系中——的相遇，始终被排除在外"。[19]

在论文中，阿伦特不仅直接面对奥古斯丁爱的概念中一直存在的邻人之爱问题，而且从"邻人相关性"——与具体遭遇相关联的世界和他人——的角度发问。正如约翰·基斯（John Kiess）指出的，"这个角度建立起邻人和他人的关系，让我们注意到他们属世的特殊性"。[20] 没有与具体遭遇相关联的世界，就没有与我们相遇的邻人。在这个意义上，"世界"是"邻人之爱"的必要前提，邻人之爱必须蕴含一种恰当的对世界的爱。在论文的第一和第二部分，阿伦特分析了奥古斯丁爱的概念的两个语境，第一个是欲望的语境，在此语境下，爱被定义为"欲求"："爱不过是为了自身的缘故对某物的渴求"；第二个是造物主-被造物的语境，其中，爱是向着创造源头的回返，向着过去之记忆的回归。这两个不同的概念语境也引出了不同的世界概念。

---

[18] Arendt, *Love and Saint Augustine*, p. 95.

[19] Ibid., p. 42.

[20] John Kiess, *Hannah Arendt and Theology* (New York: Bloomsbury T & T Clark, 2016), p. 109.

(一)"爱世界者"所建立的世界

在爱作为欲求(*appetitus*)的定义中,"圣爱"和"欲爱"的区别仅在于欲望对象的不同。欲求总是指向一个外部的对象,作为欲望的对象是从外部到人们面前的、人们本身不具有而企图占有的东西,欲爱渴求俗世中的诸善(goods),却总是带着对丧失的惧怕。我们看为善的事物总是能为我们带来幸福生活的某种东西,但幸福生活的前提是活着,从而生命本身变成了最大的善和终极渴望,死亡则是最大的恶和终极恐惧。从而,一切欲求的最终对象是生命本身,即永生,而对一切匮乏或丧失的惧怕,根本上来自对死亡的惧怕。阿伦特从对欲望结构的分析中引出欲爱和圣爱的区分:前者在世上找寻和获得有用之物,却深深经历到对外物掌控的无能,并最终落在对死亡的惧怕中。在此欲望体验中,死亡仿佛从外部来到他面前,让生者无力躲避。另一方面,圣爱渴望的是永生,"真正的生活必定持久而幸福(*beata vita*)"。奥古斯丁在此诉诸基督教信仰的权威,许诺了一种无未来的现在,让人脱离在欲望之未来中体验到的惧怕而得自由,"这个无未来的现在——不再关注具体的善,因它本身是至善(*summum bonum*)——就是永恒。……善,作为欲求之爱的相关物和尘世生命不可获得之物,被投向一个在死后开始的绝对现在(an absolute present)。尽管这个现在对尘世生命来说是一个绝对未来,仍是一个被渴求之物"。㉑

在欲望结构中,爱(渴求)连结了爱者和被爱的对象,成为两者的中介。虽然圣爱和欲爱最初只是渴求对象的不同,但所爱对象却转化了爱者,因为"你就是你所爱"。在欲爱中,人们渴求世俗之物,自身也变成了一个暂时的、世俗的存有;在圣爱中,人们渴望至善和永生,自身变成一个永恒存有。阿伦特后来在《人的境况》中谈到,人没有什么本质属性,人的存有被他的存在境况所规定,人类活动又反过来改变着他的存在境况。在论文中,阿伦特也像她当时的两位著名导师——海德格尔和雅斯贝尔斯那样,对奥古斯丁做了存在主义式的解读:"因

㉑　Arendt, *Love and St. Augustine*, p. 13.

为如果说人有什么本质属性的话，就是自足的缺乏。从而，他被驱使着用爱来打破孤立——无论是欲爱把他变成此世的居民，还是圣爱让他生活在绝对未来，成为将来之世界（world-to-come）的居民。"㉒正如奥古斯丁所说，两种爱造成了两个城；世界，确切地来说，是爱者集合而成的社群组织。㉓ 欲爱，紧紧抓住尘世易朽之物不放，将人变成了"爱世界者"（*dilectores mundi*），并且在这过程中把世界本身变成了速朽之物；圣爱，对永恒至善的追求，则让人认识到世界是永恒上帝的作品，所有世间之物就其本身是上帝所造而言，都是好的，关键不在于我们渴求什么，而在于我们以正确或错误的爱来渴求它。但"无论正确的爱还是错误的爱，在一点上是相同的——都是欲求，即*appetitus*。为此，奥古斯丁警告说：'去爱，但要警惕你所爱的是什么'。圣爱（*caritas*）说：'爱上帝，爱邻人'；欲爱（*cupiditas*）说：'爱世界，爱今生（*saeculum*）'。"㉔

　　仅仅由"爱世界者"（*dilectores mundi*）所建立的世界是一种恶，仅仅追求这种"恶"就变成了欲爱。其主要特点仍是它在"外面"，被外在事物奴役和剥夺了自由。因为自由根本上是脱离惧怕的自由。没有人能仰赖外物仍无所畏惧。我们接下来会看到，圣爱是自由的，就因为它褫夺了惧怕（*timorem foras mittit*）。

　　在欲爱中建立的世界纽带，因为受惧怕的掌控，必须被斩断。活在欲爱中，人就属世界而与自身相离。奥古斯丁把自我在其中迷失、"消散"（dispersion）的所在称为世界性（worldliness）。㉕

　　欲爱在现世中追求自身的幸福却不得，因为它爱的是暂时的、必死的我，迷失消散于世界的我。在人找寻自我，但却发现"我对我自身

㉒　Arendt，*Love and St. Augustine*，p. 19.

㉓　奥古斯丁认为存在两类人，一类按自身生活，一类按上帝生活；他把两类人"比喻为两个城，就是两种人的集团"，参见《上帝之城》，XV：1。

㉔　Arendt，*Love and St. Augustine*，p. 17.

㉕　Ibid.，p. 23.

成了一个问题"时,奥古斯丁的上帝将人引向永恒的角度,一个绝对未来的自我,否定他在尘世现实中的自我。她认为,奥古斯丁将爱定义为欲求,更多是受到希腊哲学自足理想的影响;在这个概念中,人被定义为一个始终缺乏的爱者,与他的幸福(他的真实存有)分离。阿伦特认为,虽然奥古斯丁引入了基督教的上帝,但根据希腊自足观念来思考的自我,追求的仍是绝对自足,以及自我从所有不能控制的外部人事中摆脱出来的理想。她批评说,这种自我遗忘和否定的最大困难是,它使基督教爱邻如己的核心命令变得不可能了。"这样一种从世界当中的疏离,要比正统基督教所要求或允许的更为激进。"㉖

不同的爱造成了不同的自我和我对世界的不同态度,阿伦特在这里引出了奥古斯丁的世界概念的双重性。世界在第一重含义上是作为被造物的自然、上帝的神圣作品(*fabrica Dei*),在第二重含义上是人们出于对世界的爱(*dilectio mundi*)所建立的世界:"这个世界作为地上之城,不仅仅由上帝的作品构成,而且也由'世上的爱者'构成,就是说,世界由爱世界的人们组成。正是这种爱让天地变成了一个可变之物的世界。"㉗欲爱,将人变成了"爱世界者",并且把上帝起初所造的世界变成了欲望对象的世界。反之,圣爱并非不关心世界,而是从荣耀上帝的态度出发对世界的建造和维护。阿伦特以奥古斯丁的"欲爱-圣爱"模式来解释的世界的双重概念,可以用于理解她后期以"劳动动物"(*animal laborans*)所对应的那个工具主义、消费主义的世界,和"技艺人"(*homo faber*)所建立的持久稳固的世界,后者的最高形态是艺术作品。

(二)凭"出生"进入的世界

阿伦特认为,奥古斯丁的欲求之爱仍受希腊哲学的影响,在此语境下,上帝既不是造物主或最高法官,也不是人类生活和爱的终极目标。上帝作为最高存有,准确地说,是存有的最高本质,即绝对自足、无所不包的大全,万物都在他之内,人和世界被理解为存在整体的一

㉖　Arendt,*Love and St. Augustine*,p. 41.

㉗　Ibid.,p. 17.

部分。在论文的第二部分，她从爱的结构分析转向时间性分析：欲求朝向自身之外的某物，这个向未来伸展的运动隐含着向过去的回返。因为人们对所欲之善的评价，依据的是自身对幸福生活的认识，而要追求幸福，必定已经部分地拥有了幸福的知识。从时间性来说，欲望在投射到未来的同时又把人带回到"过去"——已有的对幸福生活的理解。自我寻觅的目光从朝向未来的（future-oriented）欲求转向朝向过去的（past-oriented）回忆。阿伦特将欲望能力和回忆能力置于平行对照中，欲望最终指向的绝对未来，也就是回忆最终指向的绝对过去。

因此，在此语境中，整个问题不是关于目标和"我往何处去"，而是关于起源和"我从何处来"——不是与欲望能力相关，而是与回忆能力相关。欲望真正指向一个超越的、超出尘世的未来，因为它最终建立在对一种永恒幸福生活的渴望上。同样，鉴于记忆提交的知识必定在每个特定过去之前就在先存在，它实际上就指向一个超越的、超现世的过去，即人类存在本身的源头。㉘

欲望指向的终结和目的——作为最高善的上帝，在此语境下表明为回忆"引回"（refer back to）的源头——是造物主。阿伦特通过阐释奥古斯丁得出另一个更具基督教色彩的定义：作为回返的爱。"奥古斯丁将'唤回那些逃离我记忆之物的方式'等同于'我认识的方式'，以及'我爱或渴求的方式'。"㉙她认为在这一概念中，奥古斯丁超出了希腊的存在观念，而转向基督教的"造物主-受造物"观念，从而揭示出在人的欲求——即想要幸福的普遍渴望——背后隐含着一种更深刻、更根本的"人类依赖性"，"世界"就是人类依赖性的一个面向，她在此语境下发问："被造之人由出生而进入的世界是怎样的一个世界，以至于他既属于它又不属于它？"㉚

其一，这是与人的出生性事实相关的世界。世界被造而存在，人被造而进入（或被抛入）一个先已存在的世界。在阿伦特看来，人类行

㉘　Arendt, *Love and St. Augustine*, p. 49.

㉙　Ibid., p. 46.

㉚　Ibid., p. 58.

动所具有的开端启新的能力和创造故事的能力，在存在论上根源于诞生性的人类境况，这一点是奥古斯丁揭示出来的，他以"人被造而有的开端"打破了希腊自然哲学的循环时间观。她写于 1952 年和 1953 年的文章就表达了这个观点，从 1958 年起这个观点成为她思想的一个基本主题，出现在《人的境况》和同一年《极权主义起源》的再版结语"意识形态与恐怖"中。1960 年代受邀重新修订博士论文英译本时，她把她对诞生性的奥古斯丁式解读加进了原来的文本语境中：

> 奥古斯丁区分了世界和时间的开端与人的开端，世界和时间都出现在人以及人的开端之前。他称前者为 *principium*，后者为 *initium*。*In prinicipio* 指宇宙的创始——"起初，神创造天地"（《创世记》1：1）。而 *initium* 指"灵魂"的开端，即不仅是生物而且是人的开始。奥古斯丁说："这个开端以前根本不存在。为了有这样一个开端，人被造出来，在那之前没有人。"……人被造而有的开端，打断了时间和宇宙整体所陷入的永恒循环，那种循环无目的地围绕着自身旋转，在其中没有任何新的事情发生。所以，在一定意义上，人被造乃是为着"新"（*novitas*）的缘故。只有人能意识到、了解和记起他的"开端"或"起源"，能作为一个开端者行动和上演人类故事。[31]

其二，世界先于人而存在，人总是要喜爱和依赖一个在先存在的世界，在此意义上，人可能变得越来越属世界。前述的双重世界概念，在这里再次得到重述：世界首先是上帝所造的自然界，受对世界的爱（*dilectio mundi*）的引导，人通过建造房屋、制作产品、创作艺术品和各类社会文化建制，把它变成了人类世界。"单纯发现自身是上帝所造的一部分时，人还没有在世界中找到归家之感；只有把世界变成家园，人才确立了世界本身。""人'属于世界'，仅仅因为他跟世界一起被造，并在世界中被造。但只有当人的创作和爱的活动不再依赖纯粹被

---

[31]　Arendt，*Love and St. Augustine*，p. 55.

造的事实时,世界才是世界性的。"㉜

其三,他"在世界中"却"不属世界"。仅仅"爱这个世界"还不能让这个世界具有世界性(worldliness),因为出于欲求的爱建立在"属世界"(de mundo)的基础上。作为受造物,人不仅通过对世界的依赖和建造而认识到世界先于他自身,也通过寻找和归回,认识到世界的"在先"建立在上帝神圣创造的"在先"根基上。在寻找自身存在的过程中,他遇到了他真正的造物主起源,世界反而对他具有了一种陌生性。最终,他认识到他在世界之中却不属于世界。世界在根本上是受造世界,他对世界的爱必须在圣爱中更新,如果单单以受造世界为喜爱对象,以世界为家,就是欲爱,在这样做的时候,他就迷失了自我,遗忘了真正的回家之路。

不过,阿伦特不是直接汲取基督教教义,而是通过对世界"受造性"的现象学分析来阐述:

> 世界的受造性(createdness),对人而言有两方面的意义。首先,人被造而进入世界,从而"在世界之后"(post mundum)。这个"之后"奠定了他对世界的依赖性,即他可能变得越来越属世。在此意义上,世界是错误的"之前"。其次,人属于世界,就在于世界作为受造物的一部分,归回指向了他真正的起源。我们能清楚意识到,这个"之前"源于受造物-世界的语境。㉝

爱作为回返的概念反映出人作为受造物的依赖性,因此,爱不是一个人向外寻索、"我欲"如何的意志,而是对上帝之爱的谦卑回应,承认自己的受造本性并且说"我愿你存在"。但阿伦特仍不满于这个概念用在邻人身上时,对邻人的个别性以及邻人与我的在世相遇未给予足够重视。两者之间的世界似乎消隐了,爱邻人仅仅因为他与我有相同的受造本性,而不是他或她的独特性:"爱的因由可以是任何人,甚

㉜ Arendt, *Love and St. Augustine*, pp. 67, 68.

㉝ Ibid., p. 68.

至是敌人和罪人,爱恰恰在此证明了它的力量。可见,在邻人之爱中真正爱的不是邻人,而是爱着圣爱(caritas)本身。"㉞

(三)世界作为历史的共同实在

在论文第三部分,阿伦特试图从信仰共同体对于信徒个人的意义来进一步阐释邻人相关性的意涵。她认为奥古斯丁之爱并非要让人否定自我和弃绝世界,孤零零地来到上帝面前,而是把众人联系到一个共同的基督教"世界"——"社会历史语境"——当中。这个社会语境包含了两个共同的"社会历史事实":(1)所有人类都起源于亚当的事实;(2)耶稣基督救赎的事实。奥古斯丁认为,"人类族群建基于亚当,犹如本于(tamquam radicaliter)亚当"。这种从"一本造出万族"的历史,在阿伦特看来正是人类复数性平等的存在论基础。人类不是偶然地、孤零零地来到这个荒漠一般的世界上,而是凭谱系出生而属于人类,进入了一个历史的共同实在。

> 使全人类统一起来的不是一种偶然的相似性(simultudo),而是牢固地确立在他们共同作为亚当后裔的历史根基之上,这是一种超越简单相似性的亲属关系(kinship)。这种亲属关系造成的平等不是一种属性或能力的平等,而是处境的平等。所有人都分享同样的命运,没有人在世上是一座孤岛。㉟

但是这种平等的人类处境是沉溺于旧日世界的人所认识不到的。只有靠着救赎恩典的降临,人们才能理解他们与他人平等的有死处境,以及在上帝面前联合的平等。在阿伦特笔下,一位存在主义式奥古斯丁呼之欲出:自我与邻人的关系只能通过自我在自身存在的明晰性确立,个人摆脱原有世界的身份,理解在存在论基础上的"圣爱之必需"(necessity of caritas),从而抵挡个人的全然孤立倾向和建立一个

㉞ Arendt, *Love and St. Augustine*, p. 97.
㉟ Ibid., p. 100.

新社群。她在前面两部分的分析中认为，奥古斯丁的圣爱是拒绝世界的，这种"非世界"指向使得个人孤独面对上帝，不能真正地"在世"和"与他人共在"，从而不可能真正具有对邻人的爱。但在第三部分，她抛弃了对圣爱的希腊化解释，强调基督事件的历史事实所肯定的人的"共同命运"和由此产生的"社会性联合"，从而放弃了对奥古斯丁的"路德式"个体诠释，主张上帝之爱造就了一种"新人"，这个新人是"共在和为彼此而在"，一个新的社群和社群身份随之出现，从而改变了个人的自爱以及全然孤立的倾向。

简言之，从其博士论文所展现的现象学解读来看，有理由认为，阿伦特在《人之境况》中提出的人类生存的基本条件——诞生性（natality）、复数性（pluraity）、世界性（worldliness），可以追溯到她在 20 世纪 20 年代末对奥古斯丁的解读。㊱ 她分析奥古斯丁爱的概念在两种语境下都导致了舍弃自我和拒绝世界，这种"非世界"的指向使得孤独面对上帝的个人不能真正地"在世"和"与他人共在"，从而无法真正具有对邻人的爱。在第三部分，她试图从基督教所确立的"社会历史处境"说明信徒并非个人孤独地面对上帝，而是原始地构成一种"命运共享的同伴关系"（companions-in-fate），但在原来的论文中只做了简短草率的论述。㊲ 而在她成熟时期的《人的境况》中，她对基督教的"非世界性"做了更严厉的批评。

㊱ 参见 Joanna V. Scott, "What St. Augustine Taught Hannah Arendt about 'how to live in the world'：Caritas, Natality and the Banality of Evil", in *Hannah Arendt：Practice, Thought and Judgement*, ed. Mika Ojakangas (Tutkijakollegium, 2010)：8 - 27；Hellen Bener, "Existential Failure and Success：Augustinianism in Oakeshott and Arendt", *Intellectual History Review* 21(2)2011：171 - 194。

㊲ Arendt, *Love and St. Augustine*, p. 100. 英文版的两位编者推测阿伦特因卷入艾希曼审判事件而中断了继续修订，另一些学者如 Thomas Breidental、Richard Wolin 则认为阿伦特在第三部分之前放弃修订，更有可能是她认识到难以从奥古斯丁爱的概念中推出政治的共同情感，参见 Thomas Breidenthal, "Jesus is My Neighbor：Arendt, Augustine, and the Politics of Incarnation", *Modern Theology*, 14(1997), pp. 489 - 504,551；Richard Wolin, "An Affair to Remember：Hannah and the Magician", *New Republic*, 213(9th Oct. 1995), p. 32。

三、重新确立世界的创造行动

　　与奥古斯丁的《忏悔录》相类似,阿伦特的博士论文可以说是某人所做的一个"爱的忏悔":这个人从前沉溺于对世界的"欲爱",陷于被死亡驱迫的恐惧,以及因习惯性罪恶而无能的意志,她找不到真正的自我,或者说自我迷失、消散于欲望所构建的世界。她提出"我是谁"的奥古斯丁问题,新柏拉图主义的"存有""大全"让她认识到自己属于一个真实永恒的存有(上帝),但是只有出于神圣恩典的"圣爱",以在记忆中唤起自身起源的"上帝"之声抓住她,才让她认识到自己作为被造物的有限性和依赖性,发现这个肉眼不可见的"内在之人"的真正所是来源于造物主上帝,从"爱世界者"转变为"爱上帝者",而她在居于其间、触手可及的世界上,不过是个走在朝圣之旅中的陌生客。

　　这是我们熟悉的奥古斯丁式个人故事,但对阿伦特来说还有故事的另一半。对她来说,奥古斯丁不仅是希波主教和基督教教父,而且是一个真正懂得作为一个公民意味着什么的罗马人,他深知人的存在就是"处于人际之间的存在"(*inter homines esse*)。问题在于,在个人与上帝的关系中,他人和与他人相遇共处的世界如何真正得到辩护?她认为,奥古斯丁在其所有著作中始终重视"邻人之爱",把它作为"圣爱"的体现和上帝的命令。但在其"欲爱-圣爱"的二元模式中,由于奥古斯丁反对前者而放弃了现实与世界建立的关系,"邻人之爱"也变成派生和可疑的了:"爱者始终处在孤独中,因为即使他关心自己最亲近的人,他爱她也是因为爱在他们里面的上帝。这也意味着对邻人来说,爱同样是一种孤独的呼唤,一种到上帝面前去的呼召。"⑧

　　阿伦特主张,必须透过重新通过一个非欲望性的、与他人共在的世界,"邻人之爱"所要求的"邻人相关性"才是可能的。这个共同世界不是孤独个人出于生存需要而建立的霍布斯式国家,也不是他们通往

---

⑧　Arendt, *Love and St. Augustine*, pp. 95-96.

朝圣之旅中的一个暂时聚集地。实际上，阿伦特力证"共同体"是个人和上帝关系中不可缺少的一个层面：他们之所以属于一个信仰共同体，不是独自面对上帝的个人"碰巧"有共同的信仰，而是由于共同的历史起源（起源于亚当）和对共同命运的认识（罪和基督的救赎）；个体的自由借着集体"抵抗"罪恶世界而在"上帝之城"中获得新生。在成为一个"新人"时，旧世界中相互依赖的关系也被新世界中"彼此相爱"的关系所替代。显然，阿伦特试图打破现代关于奥古斯丁式自我的二元模型，建立起一个"个人-共同体-上帝"的三元模型。

阿伦特和波考克是当代共和主义的理论代表，与自由主义不同，共和主义认为政治本身具有某种"共同善"，而不仅是出于个体生存和福利考虑的"相互依赖"，为此他们强调通过公民参与来维护一个有生命力的政治共同体。波考克坚持共和主义的历史理解与基督教世界观不相容，因为后者不认为时间和世俗中的历史行动有重要意义。阿伦特也给基督教冠上了"非世界性"的标签，但是她在博士论文中却从奥古斯丁那里认识到一种完全不同的爱，被这种爱所转化的"世界"既不是自然的民族身份集体（如她所属的犹太人社群），也不是自由主义的契约组织，而是人们以言说和行动建立的共同世界。正是在整个与同伴一起重新确立的世界的意义上，阿伦特将参与政治生活视为人的"诞生性"（natality），相比于肉体所属世界的出生，在政治共同体中实现了"重生"，以言行获得政治性存在的第二次诞生。这个来源于基督教的重生经验，是她在博士论文中首次提出的。她博士论文原稿中有一处说明人在造物主-受造物的语境中认识到自己的"诞生"，即凭借出生进入世界的事实，确立了自身作为一个"有意识、有记忆的存在者"，她将人来到这个世界上的喜悦，与作为一个欲望存在者在世持续的死亡焦虑作对比，后者正是海德格尔刻画的此在沉沦其中的世界。她在论文修订的 B 版中又加上了一段关于奥古斯丁区分世界"开端"（*principium*）和人的"开端"（*initium*）的讨论，暗示人被造是为了"创新"："正是为了创新（*novitas*）……人才被造。由于人能意识到、了解和记起他的'开端'或起源，所以他能作为一个开端者行动并创造人类故事。"㊴这段话同时是她关于行动的存在论条件——"诞生性"——的经典表述,最早出现在 1958 年出版的《人的境况》和同年发表的《极权主义的起源》再版序言"意识形态与恐怖"中。她在后来的编辑中增加的段落,清楚表明了奥古斯丁所述的重生经验,乃是阿伦特关于人借由言说和行动打破自然无目的循环往复,在政治世界中"诞生",重塑公民身份的共和主题的源泉。

早在《极权主义的起源》初问世时,神学家菲利普·里夫(Philip Rieff)就评论指出,阿伦特将"极权主义"理解为"我们时代的负担",包含着她对政治的神学思考。根据阿伦特的诊断,极权统治是一种彻底反政治的体制,其驱动力是为了扩张而扩张,其道德是相信一切都是可能的,一切都是允许的,人的骄傲狂妄突破了所有界限。阿伦特与奥古斯丁,一个幸存于极权统治之下,一个生活在罗马帝国的"黑暗时代";正如奥古斯丁面对罗马的陷落做出神学思考,表明基督徒真正的共和国是上帝的国度,阿伦特面对极权主义这一我们时代的重负,提出唯有"爱这个世界"和期待源于"诞生性"的开端启新才是我们的出路。故在描绘了极权统治摧毁人类世界的黑暗景象后,《极权主义的起源》一书却以下面的话作结:"历史的每一个终结总是包含着一个新开端:开端是一个承诺,是终结所能带来的唯一'消息'。开端,在它实现为历史事件之前,是人的最高能力,等同于人的自由。奥古斯丁说'人被造而有一个开端',这个开端是每个新出生的人所担保的,开端的确就是每个人。"㊵

四、借由奥古斯丁重塑共和政治

自 20 世纪 30、40 年代,莱茵霍尔德·尼布尔(Reinhold Niebuhr)在《道德的人和不道德的社会》(*Moral Man and Immoral Society*)和《人的本性与命运》(*The Nature and Destiny of Man*)中,对当时盛行

㊴ Arendt, *Love and St. Augustine*, p. 55.

㊵ Arendt, *The Origins of Totalitarianism*, p. 479.

的新自由主义（New-liberalism）观点做出神学反思以来，奥古斯丁就与西方政治思想结下不解之缘。二战结束后的五十年间，自由民主政治成为西方政治思想的主流，仿佛赢得了历史终结战场上的胜利，以至于尼布尔对自由主义迷思的批判被长久遗忘：人本性的罪和骄傲，特别是人类集体醉心于进步论和完美主义的政治或文化建构，将一种特殊文化和一个特定时代的认识和目标当成了历史的最终和最后目标。托克维尔（Alexis de Tocqueville）在《论美国的民主》（*Democracy in America*）中提出的参与自治的、与社群紧密结合的民主公民身份，也越来越蜕变为冷漠、割裂、各自为政的个人身份。二战后社群主义者对新自由主义的各种批判性反思，也都或多或少地采用了奥古斯丁主题的现代变形，比如麦金太尔对传统和德性的重视，查尔斯·泰勒对现代自我的道德地形学描画，以至于可以毫不夸张地说："围绕着现代自由主义的各种辩论，可以视为对奥古斯丁的一系列注脚。"[41]

埃里克·格雷戈里（Eric Gregory）在《政治与爱的秩序：一种奥古斯丁主义的民主公民伦理》（*Politics and the Order of Love：An Augustinian Ethic of Democratic Citizenship*）中，将现代奥古斯丁式自由主义归为三种类型，第一种是以莱茵霍尔德·尼布尔和罗伯特·马库斯（Robert Markus）为代表的奥古斯丁式现实主义。根据尼布尔和马库斯对奥古斯丁的原罪教义和"两座城"的解读，在俗世之城这一边，人类本质的核心事实是罪，政府的目的不是消除罪，而是通过立法和审慎地使用武力来限制或改善罪的恶劣影响。在尼布尔看来，政治必须务实，而不是追求理想主义或实现乌托邦，试图直接从基督教的爱中建立一种社会伦理是危险的，在人类历史中实现乌托邦的企图乃是极权主义压迫的种子。自由民主是最佳的统治形式，因为它承认政治在很大程度上有限制罪的消极功能，但在为之辩护时，我们要对人类的本性有一种现实主义的理解，认识到不公正问题的根源比所有特定社会结构更为根本，它源于人类自我及社群生活的内在倾向。第二种类型将奥古斯丁主义与罗尔斯的程序自由

---

[41]　Gregory，*Politics*，*and the Order of Love*，p. 1.

主义（procedural liberalism）相结合，以保罗·韦索曼和埃德蒙·圣图里（Edmund Santurri）为代表；这些思想家发现奥古斯丁主义和罗尔斯的共同之处在于，"在政治中体现全部真理的热忱和属于民主公民的公共理性是不相容的"。[42] 韦索曼认为，奥古斯丁神学支持政治合法性中的自由主义原则，支持一种对哲学和宗教保持中立态度的政治格局；圣图里认为奥古斯丁式自由主义应该让公民倾向于"一种罗尔斯式的观点，即在政治层面或实用层面上，政治安排是自由、中立的，对这种观点的规范证成（normative justification）是从全面的善的观点以及某种形而上学的承诺中抽象出来的"。[43] 如果说第一种的现实主义警惕罪而强调对末世的盼望，第二种的罗尔斯自由主义则强调中立性的诉求，视正义为主要的公民美德。第三种类型是奥古斯丁式公民自由主义，近乎美国民权领袖马丁·路德·金（Martin Luther King）的主张，以蒂莫西·杰克逊（Timothy Jackson）和让·爱尔斯坦（Jean B. Elshtain）为代表。他们承认人在很大程度上是软弱的、有依赖性的，故而政治必须去神圣化，但爱依然应当是自由公民遵守的主要德行。就政治伦理而言，这一类型更关注友谊、团结、关怀的情感和更积极的公民实践。与自由主义者一样，奥古斯丁式公民自由主义者承认自治和自我尊重的价值，承认政治之善对于个人而言的工具属性，但他们也打算立足于自身的宗教传统，允许关于人类繁荣的理想概念进入公共领域中，与多样的社群一起推进追求权利、利益和公民的各种真实需要的共同目标。因为"这些概念塑造了对公共决策实践性的思考，和对自由正义的效果的规范性评价"。[44]

20 世纪 90 年代，随着阿伦特关于奥古斯丁的博士论文受到关注，带动了一股当代共和主义者重新诠释和运用奥古斯丁思想的潮流，他们发现阿伦特对奥古斯丁的解读，为处理爱与政治的关系、女性主义与公共领域等问题带来新的洞见。

---

[42]　Gregory, *Politics, and the Order of Love*, p. 96.

[43]　Ibid., p. 100.

[44]　Ibid., p. 10.

（一）爱与政治

爱与政治的冲突是西方政治思想中的永恒主题，也是诉诸个人自主政治生活的理性论辩、建基于公私分离的自由主义的持久难题。阿伦特在 1929 年的博士论文《奥古斯丁的爱的概念》中，最先分析了奥古斯丁之爱与自由主义政治令人不安的关系。在论文中，阿伦特批评奥古斯丁的爱的概念，从基于"欲爱"模式的自我关注上升为回归上帝的"舍己"，在此过程中"爱邻人"充其量成了"爱上帝"目标的工具和副产品，而非真正意义上对具体他人的关爱，也与奥古斯丁本人对基督教"爱邻人"诫命的重视相悖。阿伦特在其成熟时期的《人的境况》中，对于"爱的概念为何不是政治性的"，提供了两个关键的理由，一个是爱的私人性质，主导我们生活的几种爱，如家庭之爱、爱情、亲密关系，都属于私人领域，不适合公开呈现："爱情一旦公开展示，就被扼杀或变得黯然失色了。"[45]在《论革命》中，她提出爱的情感运用在政治中，会带来难以满足的道德需求和道德专制，以及被扭曲为抽象的同情（compassion）和怜悯（pity），从而取消了公共空间。第二个理由是爱有取消人们之间的差异性、从而取消"世界性"的倾向。爱的激情破坏了仅仅在主体间存在的事物："爱是彻底无世界的，爱，由于它的激情，破坏了把我们与他人联系在一起又将我们分开的居间物（in-between）。"[46]在《奥古斯丁的爱的概念》中，她批评从上帝之爱中派生出来的邻人之爱，因为这种爱基于邻人和我的相同性（sameness）——邻人与我同样有上帝的形象，而不是把邻人当成一个差异的个体、当作一个他者来爱。在政治中，人们也是基于共同的民族、国族来形成身份认同，被民族主义、爱国主义的情感纽带联系在一起，高举共性的同时抹除差异、排斥异己。对阿伦特来说，政治中至关重要的复数性和世界性在爱中消弭了。她主张政治领域需要的是"尊重"，这是一种"类似亚里士多德的政治友爱（*philia politikē*），是一种既非亲密也非

---

[45]　阿伦特：《人的境况》，第 33 页。
[46]　同上，第 188 页。

封闭的'友谊';它是从置于我们之间的世界空间的距离中产生出的对他人的敬意"。[47] 阿伦特关于爱和政治不相容的观点既富有洞见,又揭示了当代政治理论反对爱进入公民伦理的障碍所在,后来的学者要探讨一种"爱的政治"都必须回应她提出的论辩。[48] 不过在这里,最终她和她批评的自由主义者一样,反对任何一种"爱的政治",反对爱进入公共领域,固守了西方传统关于公共理性和私人情感的二元对立。

在格雷戈里看来,阿伦特从奥古斯丁神学中挖掘真正的社群之爱的(失败)尝试,"是某种颠倒的或世俗性的奥古斯丁主义,阿伦特的思想结构有助于阐明,以爱这个世界作为积极公民身份的核心德行的主题"。[49] 他认为,奥古斯丁的爱不是一种干扰理性和政治清明的情感上的感觉,也不是精英阶层才有的理想德行,而是对人的所有知识和行为能动性的描述。在奥古斯丁那里,爱是人类行动的根本动力,这使人们的一切行为、情感、意愿和思想都具有了道德性。人就是爱人者,这是一个人类学事实,是人的本质。爱是不可消除的,爱把人们联系为大大小小的社群;从家庭到国家,爱作为意志的动力引导人们的理性和情感。对奥古斯丁来说,灵魂真正的问题不是像古希腊哲学要解决的、理性如何引导无序的激情和冲突的欲望的问题;而是爱的正当秩序或失序的问题,因为若没有爱,理性自身也缺乏真正的目标。格雷戈里认为,奥古斯丁的"爱上帝"不仅是灵魂的最终目标,更是调整自我与他人及社群关系的根本秩序,通过"爱上帝"而建立合宜的"爱的秩序"。在格雷戈里看来,"爱"在奥古斯丁那里的地位就如同"实践智慧"之于亚里士多德,学习正确地爱,"需要更多的理解和审慎"。[50]

(二) 重新定义公共领域-私人领域

阿伦特把公共领域和私人领域的区分建立在希腊城邦和家庭模

---

[47]　阿伦特:《人的境况》,第 188 – 189 页。

[48]　参见 Michael Hardt, "For Love or Money", *Cultural Anthropology*, vol. 26, no. 4 (Nov. , 2011), pp. 676 – 682。

[49]　Gregory, *Politics, and the Order of Love*, p. 205.

[50]　Ibid. , p. 297.

式上,其所暗含的男性中心主义一直受到女性主义的批判,因为她的政治思想似乎支持了"公共领域的男人和私人领域的女人"这一性别传统,而她对奥古斯丁的非传统解读却有助于打破这类性别偏见。奥古斯丁之爱作为公民德行的图景,情感、关爱的价值没有被贬低,却又不使过度的同情干扰审慎和判断;关顾需要被照护的邻人,却不贬低被照护者的尊严和自主性;相较于古代哲学家坚持女性在天性上低于男性而应当被限制在必然性的私人领域,奥古斯丁更为警惕"扭曲的爱的秩序"在家庭、社群中对他人的伤害、不义和罪恶。罗恩·威廉斯(Rowan Williams)认为,奥古斯丁并非如阿伦特所批评的,以"世俗/神圣"领域的区分消除了古代"私人/公共"领域的区分,而是通过直指罗马政治德性的实质,"重新定义了公共领域",从而使"对立不再存在于公共和私人、教会和世界之间,而是存在于政治美德与政治邪恶之间"。[51] 爱尔斯坦从女性主义角度指出,相比于古代哲学家"赋予女性一种单独而低劣的本性和把妇女划归到一个被必然性支配的低等领域",奥古斯丁则不仅坚持男女有相同的本性,而且坚持统治欲和贪欲会同样"扭曲个性、家庭,以及政治和社会生活的所有其他方面"。[52]

(三) 维护世界的行动

在"圣爱-欲爱"模式中,爱是个人与世界之间的联系纽带,不同的爱造成了不同的世界。"欲爱"所体现的受自我欲望的掌控,导向以个人欲望和主观感觉为中心的世界观,强化了世界的原子化和私人化;"圣爱"所体现的对持久、共同之物的热爱,导向在共享价值和记忆基础上对世界的重建。正如罗纳德·贝纳(Ronald Beiner)最早指出的,阿伦特并非要用"爱世界"来代替奥古斯丁的"爱上帝",她的世界也不是奥古斯丁的世俗之城,相反,"爱世界"是一种对世界非占

---

[51] Rowan Williams, "Politics and the Soul: A Reading of the City of God", *Milltown Studies* 19. 20(1987), p. 58.

[52] Elshtain, *Augustine and Limits of Politics*, pp. 44, 46.

有性的爱。㉝ 在她的博士论文中,人类世界的受造性和在先性得到了强调;人类创造的世界对每代新人来说是一个"在先的"、稳固的世界,是人们的言行互动在一个确定的意义背景下发生,让个人身份得到确认的存在境况。透过记忆和言行,人能够以更新的爱的眼光来爱这个承担了人们共同记忆和文化的受造世界。如威廉斯所说,那是"共同人性的标志,不依赖于我的意志和想象而存在:致力于'公共'生活则强调了我是有限的和受制于时间的","世界性"是人性存在的条件,但在世俗现代,在超验的世界根基消失后,人类并没有回到熟悉的共同世界,反而退回自身;世界日益碎片化和原子化,物的持固性(endurance and stability)难以抵挡消费主义将一切产品贬低为瞬时、虚空之物的潮流。在现代政治围绕着个人和国家展开的论辩中,"我们共同的世界",其政治意蕴一直未得到很好的理解。在阿伦特 60 年代讨论文化危机、教育危机等论文中,她更为关注的不是希腊英雄式自我彰显的行动,而是维护和挽救共同世界的行动。不是个人立言立功的不朽,而是共同世界潜在的不朽。

但在很大程度上,阿伦特对共同世界的这种爱却是奥古斯丁所忽视的。如约翰·基斯指出的:"阿伦特设想了奥古斯丁看起来忽略的一种可能性:存在一种寻求共同善的公民德性,这种公民德性并不必然意味着对荣耀的渴求。"㉞对奥古斯丁来说,只有两种爱,爱上帝和爱自己,对邻人的爱如果不是出于上帝之爱,就是错误的自爱。奥古斯丁是否取消了尘世政治的德性含义,一直是学界争论的话题,㉟阿伦特在《奥古斯丁的爱的概念》中认为上帝之爱同时是耶稣基督的道成肉身之爱,甚至妨碍了基督教信仰团体成为一个真正的政治社群。

㉝　罗纳德·贝纳尔最早指出了奥古斯丁的"圣爱-欲爱"模式与阿伦特《人的境况》中"劳动、工作和行动"三种活动所对应空间的联系,参见 Ronald Beiner,"Love and Worldliness: Hannah Arendt's Reading of Saint Augustine",pp. 268 - 284。

㉞　Kiess, *Hannah Arendt and Theology*, p. 98.

㉟　吴飞:"奥古斯丁与尘世政治的价值——关于第三座城的争论",《北京大学学报》,2012年第 2 期,第 30 - 38 页。

"我爱我的邻舍决非因他本人的缘故，而是因着神圣恩典的缘故。"这种对邻人之爱所独有的间接性，更彻底地终止了那种地上之城里直接自明的抱团生活，因为它把我同邻舍的关系变成了仅仅是我与上帝直接关系的中介。……这种间接性瓦解了社会关系，把一切社会关系都变成了临时性的。地上之城中所隐含的相互依赖也是临时性的，因为死亡会终止所有这一切。……无论圣爱（caritas）如何必需，它也只是在永恒将以终极救赎形式降临的此世（in hoc saeculo）才是必需的。⑤

由于我们对邻人的爱只是道成肉身的耶稣基督之绝对善的体现，我同邻舍的关系变成了仅仅是我与上帝的关系的中介，而不是人与人之间的交往关系。而且这种间接的社会关系将因死亡而终结，只具有临时的性质。在阿伦特眼里，基督教的博爱仿佛让人们要无穷无尽地去应付邻舍对于生存紧迫性的要求，而不能享受"与其他怀着良好意愿的他人之间的政治交往"。⑤ 对阿伦特来说，这是奥古斯丁思想所秉承的基督教信仰和罗马政治教育的一个突出矛盾。她在 1955 年的讲稿《政治理论的历史》（History of Political Theory）中说："最终，人类世界是人们'爱［这个］世界'（amor mundi）的产物，世界作为一种人造物，其潜在不朽总是受制于它的建造者的有死和前来定居者的降生。"如威廉姆斯指出的，对阿伦特来说，奥古斯丁的共同体关系模式代表了一种"对时间性的深刻拒绝"。⑤ 人类被召唤加入到这个已经在那里的人造世界中，这个世界受制于人类的时间性——有死和出生——而变幻不定，遭受创新和损毁，又被一代代人的言谈行动所维系和更新。它从人类的历史和故事讲述中获得了一种"潜在的不朽"：其中发生的一切，拒绝被遗忘，拒绝被轻易抹除。

---

⑤　阿伦特：《爱与圣奥古斯丁》，第 176 页。

⑤　Thomas Breidenthal，"Jesus is My Neighbor"，p. 499.

⑤　Rowan Williams，"Politics and the Soul"，p. 68.

第八章　美国革命的共和主义：
世俗时代的政治神学

> 有一时，树木要膏一树为王，管理他们，就去对橄榄树说："请你作我们的王。"橄榄树回答说："我岂肯止住供奉上帝和尊重人的油，飘摇在众树之上呢？"树木对无花果树说："请你来做我们的王。"无花果树回答说："我岂肯止住所结甜美的果子，飘摇在众树之上呢？"树木对葡萄树说："请你来做我们的王。"葡萄树回答说："我岂肯止住使上帝和人喜乐的新酒，飘摇在众树之上呢？"众树对荆棘说："请你来做我们的王。"荆棘回答说："你们若诚诚实实地膏我为王，就要投在我的荫下。不然，愿火从荆棘里出来，烧灭黎巴嫩的香柏树。"
>
> ——《士师记》9:8-15

20 世纪 60 年代，阿伦特的《论革命》以对现代革命的现象学考察及对美国革命与法国大革命的比较，重绘了美国革命的共和主义图像。也是在 60 年代，伯纳德·贝林（Bernard Bailyn）的《美国革命的思想意识渊源》（*The Ideological Origins of the American Revolution*）和戈登·S. 伍德（Gordon S. Wood）的《美利坚共和国的缔造：1776-1787》（*The Creation of the American Republic，1776-1787*）在史学界塑造了美国革命和宪法的"共和主义"历史图景。最后，波考克于 1975 年出版的《马基雅维里时刻》[1]则在历

---

① 波考克：《马基雅维里时刻》，冯克利译，南京：译林出版社，2013 年。

史和哲学上完成了对美国革命的"共和主义综合"（Republican Synthesis），[②]将美国革命刻画为古典共和理想和佛罗伦萨公民人文主义复兴的最后一次伟大行动，共和主义既是一套政治原则和政府框架，也是一种生活方式和社会理想。

阿伦特在处理政治和宗教的关系时并非将"神圣"和"世俗"简单对立，她虽一贯批评基督教的非政治性，其美国革命叙事却借用了"开端"（beginning）、"承诺"（promise）等基督教隐喻。波考克的"综合"强化了共和主义与基督教的对立，在《马基雅维里时刻》的后记中，他表示："借用汉娜·阿伦特的语言来说，本书讲述的是西方现代早期复兴古代'政治人'（homo politicus，亦即亚里士多德的'政治动物'）理解这个故事的一部分。这个政治人通过政治行动来肯定自身的存在和美德，与他最近的血亲是'修辞学家'（homo rhetor），他的对立面则是基督教信仰中的'有信人'（homo credens）。"[③]他把美国立国之共和精神的源头追溯到马基雅维里，认为马基雅维里的革新在于将文艺复兴时期的公民人文主义政治观从基督教对"政治人"的否定中摆脱出来。在阿伦特和波考克对美国革命的重构中，美国的共和主义根基被置于希腊和罗马的古典传统之间，[④]摒弃了基督教对西方共和传统的重塑，也忽略了基督教对近代英美共和国缔造的现实影响。新共和主义在此典型地体现了现代关于人的自足性的文化意识，在新共和主义那里，人类自足性的标识是人借由政治性潜力——言说和行动——实现自我完善的信念，驱动力则是凭人类的能动性创建持久的世俗之城——"共和国"——的渴望。但正如当代神学家潘能伯格（Wolfhart Pannenberg）所说的，基督教所带来的理解人和世界的新视角，已经成为现代"普遍的经验意识的组成部分"，无须特别强调它们的基督教起源；并且现代的"世俗化"很大程度上就是对原初超越性所指的世俗

---

② 参见 Cesare Vasoli, "The Machiavellian Moment: A Grand Ideological Synthesis", *The Journal of Modern History* 49.4(1977), pp. 661 - 670。

③ 波考克：《马基雅维里时刻》，第 577 页。

④ 参见李剑鸣："在雅典和罗马之间——古典传统与美利坚共和国的创建"，《史学月刊》，2011 年第 9 期，第 108 - 124 页。

"转换"和代替,⑤就这两方面而言,阿伦特和波考克的新共和主义可以说是一种世俗化的"政治神学"。

本章首先讨论阿伦特在《论革命》中对宗教和政治问题的意识,其中基督教传统和这个传统在公共空间中的"隐匿"成了她对革命和宪政分析的核心,并在此意义上讨论了美国革命的"神学政治问题";她所揭示的现代革命包含政治正当性悖论,也暗合了施密特意义上"政治的神学"(the theology of politics)。⑥ 在笔者看来,阿伦特对美国革命的解读主要关心的是"立国",波考克对美国革命的解读主要关注的是共和国的"延续",借助他的"马基雅维里范式",他把美国共和国延续的难题置于古代循环论和基督教终末论的双重视野下来解答。

一、阿伦特批判基督教的思想背景

阿伦特对政治的世俗自主性的看法,来自她对古希腊、中世纪基督教和早期现代这三者之间的对照研究。从希腊的政治原型来看,她批判基督教是"非政治"甚至"反政治"的;在她看来,基督教在政治上典型地体现了两个相互关联的原则,一个是非政治的生命神圣性原则,另一个是反政治的非公开性原则。

阿伦特认为,古典政治建立在人对"有死性"的强烈体认上,在一个自然万物皆循环往复的背景下,人之有死的事实让他们渴望像诸神一样"不朽":"希腊人对不朽的关切源自于他们的这种体验:在有死之人的个体生活周围,环绕着不朽的自然和不朽的诸神。镶嵌于一个万物皆不朽的宇宙中,'有死'变成了人存在的唯一标记。"⑦人达致不朽的方式是政治性的:以独特的、可辨认的生命轨迹建立自身的生命故

---

⑤ 潘能伯格:《神学和哲学》,李秋零译,北京:商务印书馆,2013 年,第 121、162 页。

⑥ 参见萧高彦:"共和主义、民族主义与宪政理论:鄂兰与施密特的隐秘对话",《政治科学论丛》,2006 年第 17 期,第 113 - 146 页。

⑦ 阿伦特:《人的境况》,第 10 页。

事，从自然和宇宙的循环中凸显出来，可以说，"没有这种潜在的向尘世不朽的超越，就没有政治，严格说来就没有共同世界和公共领域"。⑧从否定的角度看，有死性意味着一种对个人生命的英雄式蔑视，生存本身是不值得关注的，与"生存"（*zōe*）有关的活动仅是属人"生活"（*bios*）的必要前提。阿伦特将基督教的"永生"时间观视为对此种政治性的"不朽"时间观的颠覆，因为从基督教立场看，一切自然和人手的作品作为被造物终将消逝，宇宙也不例外，唯有个人能靠着归向造物主而获得永生。"基督教关于生活与世界之关系的教导恰恰与希腊和拉丁古典时期的教导相反：在基督教教义中，不仅世界，而且那生命的循环往复也不是不朽的，唯一不朽的是一个个有生命的人。世界终归要逝去，而人会获得永生。"⑨她认为基督教信仰在古代世界的胜利在很大程度上要归功于这一教导，因为对那些意识到国家终结灭亡的人来说，这是一个带来希望的好消息，许诺了他们从未敢于希冀的肉体不朽，但这个倒转却使政治下降为生存的工具性活动："这个倒转对于政治的尊严和价值来说却是毁灭性的。在那以前，政治活动都从对尘世不朽的渴望中获得它的最大激励，而此刻却下降为一种受必然性支配的低级活动，一方面被指定用来补救人类原罪的后果，另一方面被用来满足尘世生活的合法需要和利益。"⑩在此意义上，阿伦特把基督教视为现代"生命哲学"的驱动者之一，批评基督教基于对生命的神圣性肯定而抹除了古代在积极生活内部的区分，间接导致了现代社会随着上帝退场，肉体生存和尘世幸福成了最高善。

此外，阿伦特批评基督教德性秉持一种非公开性的原则，从而这种原则是"非世界性"（worldlessness）的。"耶稣以言行教导的唯一活动是善的活动，而善显然有一种藏起来回避人的看和听的倾向。"⑪基督教的善以荣耀上帝而非荣耀人为目标，所谓"凡事为荣耀主而行"，真正的德性只是一个人在上帝面前展示的行为；善行之所以是善的，

---

⑧　阿伦特：《人的境况》，第 36 页。

⑨　Arendt, *Between Past and Futrue*, p. 52.

⑩　阿伦特：《人的境况》，第 248－249 页。

⑪　同上，第 49 页。

乃是为着最高善的缘故,而不是因为在人看来是善的。基督教美德所要求的非公开、不可见,使它不同于希腊和古罗马那些高度政治化的德性,如勇敢、卓越、慷慨。虽然暗地里的善行带来对他人和社会的好处,但阿伦特批评的要点在于,它们贬低了世界内的政治行动,在其中,行动者倾向于隐藏自身,刻意不在世上留下有形的印记,从而损害了建立在人们之间的共同世界。简言之,它们不是一种"维护世界"的行动。"像所有其他活动一样,它不能离开世界,必须在世界中进行,……它的显现却有一种主动的否定性质,逃离世界、对世界的居民隐匿起来,它否定了世界给予人的空间,特别是世界的公共部分。"⑫为此她赞扬马基雅维里对宗教德性和政治德性加以区分的清醒意识,认为正是在公开显现的意义上,马基雅维里相信基督教的绝对善概念仅在人类生活的私人领域有效,而在公共-政治领域中,人"应当学会如何不善"。

对阿伦特来说,"世界"是一个在人们的言行中得到保持的公共空间,她在博士论文中就批评奥古斯丁的圣爱是拒绝世界的,这种倾向使得孤独面对上帝的个人不能真正地"在世界中"存在和"与邻人相遇"。在她成熟时期写成的《人的境况》中,她更坚定了基督教具有一种与古典政治相反的"非世界性"原则的想法,认为奥古斯丁在《上帝之城》中对"俗世/神圣"两城的区分,一方面使得作为古典政治形态基础的"公共/私人"领域的二分被抹除了,无论公共和私人事务都被贬低到俗世的层次;另一方面,奥古斯丁建立在圣爱基础上的"上帝之城"提供了一个足以取代世界的牢固纽带,"带领一群本质上无世界的人,一群圣徒或一群罪人穿行于世"。在罗马帝国覆灭之后,中世纪教会成为一个替代性的公共领域,以对彼岸世界的关切把信仰者结合成一个共同体。教会虽然也是一定程度的公共领域,但在阿伦特看来,其真正问题是,世界本身及其内的活动都被以临时性的方式来看待,以"只要世界还在继续"的方式来进行,"在此假定之下,一种形式或另一种形式的非世界性将不可避免地主导政治景观"。⑬

---

⑫　阿伦特:《人的境况》,第51页。

⑬　同上,第36页。

阿伦特以希腊城邦为政治原型,城邦在空间形态上最典型地体现为希腊的圆形剧场,在那里行动和言辞得到公开展示,在这个具有表演性质的舞台上,一切"实在"(reality)都有赖于"观看"来得到保证,"政治之事"不是关乎私人权利和集体利益的分配,而是成为一个在空间中发生的"实存"(existence),行动者在他人的注视下走出私人化存在的黑暗,彰显个人的卓越,并在奥林匹斯山上诸神的观看下获得"不朽"(immortality)。阿伦特认为基督教的观点缺乏这种公开性:一个人真正是"谁"只有上帝知道,上帝对人也是隐匿的,信徒相互关系是弟兄姐妹——拥有同一位天父"上帝",互为基督身体的"肢体"。对她而言,身体各部分和家庭关系的隐喻都有明显的私人性质。在现象学意义上,观看和显现恰是政治现象的存在方式,基督教的私人性和非公开性使真正的政治变得不可能了。近代随着宗教权威的衰落,政治变成一种抵御人性恶和保卫群体生存的必要设计,政治本身的荣耀像其他尘世荣耀一样变得虚空,政治家追求荣耀、光荣,在世人看来若不是虚伪矫饰就是幼稚可笑。

虽然阿伦特赞颂希腊城邦政治和批评基督教的非政治性,但她并非是复古论者,她回顾传统,真正关切的始终是现代政治的困境。正如本雅明笔下的"深海采珠人",在传统已无可避免断裂之后,从过去的废墟中收集珍贵的碎片,将一些历经岁月侵蚀而未消磨的"原现象"(Urphänomenene)带回到水面,作为"思想的酵素",启发人们理解当下的处境。[14] 她也同样从基督教传统中汲取分析现代问题的有利要素,如果说她在《人的境况》中对基督教的批评只是附带的,那么在她分析现代革命时,基督教的思想酵素就成了理解现代革命性质的重要视角,当她说"一切现代革命本质上都源于基督教,哪怕它们打着信仰无神论的幌子"时,[15]她不仅是采用了一种惯常的现代论调,而且是在神学形塑的政治视野中展开了她的革命理论。

---

⑭　阿伦特:《黑暗时代的人们》,王凌云译,南京:江苏教育出版社,2006 年,第 192 页。

⑮　Hannah Arendt, *On Revolution* (Harmondsworth: Penguin Books, 1990), p. 25;译文参考阿伦特:《论革命》,陈周旺译,南京:译林出版社 2011 年,第 14 页(本书引文若无特别说明,均参照此译本,略作修订)。

二、旧世界的终结：权威和绝对主义

19 世纪是革命的年代。"革命"常常与战争、暴力相伴，但战争和暴力在历史上不绝如缕，革命却是真正现代的事件，如毛泽东所说，"破坏一个旧世界，建设一个新世界"。"革命"在什么意义上终结一个旧世界？阿伦特对此的分析紧密联系到她对宗教在"旧世界"政治功能的思考。

（一）权威的问题

政治"权威"是一种以正当性下命令和让人服从的力量，政治的经验若能行得通，必须依赖某种不可置疑的权威来源，某种绝对的或超越的"神学"要素。阿伦特虽然对基督教做出了严厉的政治批判，却肯定基督教在西方历史上实际起到了政治权威的作用，因此在她看来世俗化的后果首先是政治性的，即宗教的退场导致了政治权威和伦理约束的无根性；而在现代关于世俗化的讨论中，"宗教禁令的丧失对于政治领域的意义"问题又被明显忽略了。[16]

阿伦特在《何为权威？》(*What is Authority?*)一文中指出，传统上有两种确立政治权威的方式，一种是柏拉图式的，诉诸理念的知识权威，另一种是政治体的开端(*arché*)自身所携带的权威。在罗马政治中，罗马人赋予立国行动以神圣性，权威就是将政治经验回溯到"从罗马建城起"(*Ab urbe condita*)，立国是罗马人历史上不可重复的行动范例、独一无二的事件，以后所有的政治活动都被看作是对这一中心事件的增添，"权威"(*auctoritas*)这个词就源于动词"增添"(*augere*)。罗马的宗教因此有着深刻的政治内容，"宗教"一词的本义是 *religare*，有"回返"和"系于"的意思，则罗马宗教始终系于、受制于超人

一般、因而总是传奇性的伟大成就——立国、奠基、为永世而缔造。[17] 罗马的政治和宗教活动几乎不可分割，传统则是保存和传递过去的方式，"让见证过神圣奠基的创立者的证言"[18]一代代传递下去，"权威、传统和宗教三者同源自建城之举，这种一致性自始至终构成了罗马历史的支柱"。[19]

这种把政治权威和共同体的神圣开端（宗教）联系起来，并在持续讲述和纪念中形成传统的方式，是罗马对于西方政治经验的独特贡献。阿伦特指出，这种权威模式能在罗马帝国覆灭后被保存下来而注入西方文明，有赖于基督教教会的建制。因为基督教教会也模仿罗马的权威形态，建立在耶稣基督生平故事这一历史性的、不可重复的神圣事件基础上，初代的使徒们正是以对耶稣复活的见证而成为"教会之父"，从这一历史开端到终结的所有事件都系于奠基事件而获得意义，作为对奠基事件的某种重演、重历（re-experience），教会的文字礼仪传统则是对此事件的不断重述和诠释。"传统"（traditio）既是"传递"（tradere）过程本身，也是耶稣"传给"使徒、使徒"传给"教会的东西。[20] 由此，基督教教会"继承了罗马的政治和精神遗产……使教会最终得以克服在新约中最为明显的、基督教教义强烈的反政治和反建制倾向"。她认为，基督教虽然关心彼世而不关心现实政治，却成为了罗马式传统和权威形态的继承者，教会得以发挥准公共的职能，为其成员提供了一种罗马帝国和中世纪市镇不能给予他们的公民身份感，从而克服了新约教导中强烈的反公共倾向："因为作为公共建制，它的基石不再仅仅是基督徒对复活的信仰，或希伯来人对上帝律法的遵从，

---

⑰ Arendt, "What is Authority?" in Arendt, *Between Past and Future*, p. 121.

⑱ Hannah Arendt, "Authority in the Twentieth Century", in Hannah Arendt, *Thinking Without a Banister*: *Essays in Understanding*, 1953 – 1975, ed. Jerome Kohn (New York: Schocken Books, 2018), p. 86.

⑲ 阿伦特：《论革命》，第 186 页。

⑳ 参见 D. H. 威廉姆斯：《重拾教父传统》，王丽译，北京：中国社会科学出版社，2011 年，第 23 页。Alain Badiou 将权威讲述的中心事件称为"基督-事件"（Christ-Event），参见 Alain Badiou, *Saint Paul*: *The Foundation of Universalism* (Stanford: Stanford University Press, 2003), chap. 8。

而是耶稣出生、死亡、复活作为历史事件的被给定证言。"[21]

阿伦特认为,基督教在中世纪的另一个政治效用是它有关末日审判和赏罚的教义所带来的道德约束力。宗教所施加的道德恐惧,在历史上一直被有效地用于强化少数人对多数人的统治,柏拉图在《理想国》(*Republic*)的对话进行到关于城邦的构建时,编造了地狱神话,在为了政治需要而创造一个神话的意义上,他第一次提出了"神学"(theology)一词。对他来说,神学是"政治科学"的主要组成部分,特别是教导少数人如何统治多数人的那部分。基督教把柏拉图的地狱学说引入基督教信仰,与永生和永死的教义结合起来,加强了宗教权威对于世俗权力的威慑力。在阿伦特看来,这种道德威慑力随着上帝在政治和公共生活的"退场",给现代政治带来两个后果:(1)现代极权统治以前所未有的暴力横扫了政治领域,暴力成为推动极权统治正常运转的方式,从而一切暴行都是允许的。而在以往的政治形式中,暴力都是作为达到某个目的的"手段"被有限度地使用。(2)在宗教信仰受到猛烈抨击的 18 世纪,革命者却为了政治目的乞灵于宗教的道德约束。她在《过去与未来之间》中洞察到:"关于宗教对世俗权威有用性的重新发现,不是出现在世俗权威已变成宗教性的'中世纪',以至于宗教在那时无须被用作政治工具,而是出现在'现代'。"相信公民社会的道德最终要依靠对来世的恐惧或希望的想法,萦绕在 18 世纪政治人的头脑中,特别是美国立国之父的头脑中。他们大都是一些对人性持悲观态度的现实主义者,不像法国革命者那样寄希望于人性的良善和相信人类可臻于完美,故早期的美国宪法毫不犹豫地加入了关于地狱赏罚的条款,像约翰·亚当斯这样的人虽非虔诚的宗教人士也视宗教为"道德的唯一真实基础"。[22]

(二)绝对性问题

在汉语思想语境中,"政治神学"一词更多让人想到卡尔·施密特

---

[21]　Arendt, "Authority in the Twentieth Century", p. 88.

[22]　Arendt, *Between Past and Future*, p. 134.

(Karl Schmitt)的"政治神学"，施密特在 1922 年发表了《政治的神学》（*Politische Theologie*）一文，声称"现代国家理论中的所有重要概念都是世俗化了的神学概念，这不仅由于它们在历史发展中从神学转移到国家理论，……而且也是因为它们的系统结构"。施密特认为现代国家中"全能的立法者（主权者）"类似于"全能的上帝"，"非常状态类似于神学中的奇迹"。㉓ 学者注意到，阿伦特在《论革命》中对美国宪法来源的解释，是与这位第三帝国法学家的隐秘对话，因为他们都关注在世俗化留下的"权威真空"中，"革命何以获得新的权威来为革命之后的宪制体制奠定正当性基础"，并提出了确立革命制宪权的不同方案：施密特的政治决断论和阿伦特的政治行动论。㉔ 不过在此有必要指出，施密特的决断论方案正是阿伦特在《论革命》中所批评的——以诉诸某种"绝对性"来代替消失了的宗教权威。

> 宗教以及宗教权威施加在世俗领域的特有禁令，是不能简单地被一种绝对统治权置换的，后者缺乏一种超验和超俗世的（transcendent and transmundane）源泉，只会沦落为暴政（tyranny）和专制（despotism）。……世俗化（secularization），即世俗领域从宗教的监护中解放出来，不可避免地提出了如何建立一个新权威的问题，无此，世俗领域不消说不能获得一种新的尊严，甚至失去了它在教会的庇护下而具有的派生重要性。**在理论上**，似乎绝对主义（absolutism）企图不诉诸新奠基的革命手段来解决权威的问题；换言之，绝对主义依然是在既定参照框架内解决这个问题的。在那个框架中，一般的统治正当性，以及具体的世俗法律和权力的权威，一直是通过关联到一个本身不属于此世

㉓ 卡尔·施米特："政治的神学：主权学说四论"，载于卡尔·施米特：《政治的神学》，刘宗坤等译，上海：上海人民出版社，2015 年，第 48 页。

㉔ 参见萧高彦："共和主义、民族主义与宪政理论：鄂兰与施密特的隐秘对话"，《政治科学论丛》，2006 年第 17 期，第 113－146 页；刘擎："革命与现代政治正当性：阿伦特与施密特的竞争性阐释"，《学术月刊》，2006 年第 9 期，第 27－34 页；蔡英文："革命与政治正当性——施米特、阿伦特与勒弗尔视野中的法国革命"，《华东师范大学学报（哲学社会科学版）》，2009 年第 5 期，第 1－10 页。

的绝对源泉而得以正名的。革命,甚至在未曾背负绝对主义遗产、像在美国革命的情况下,也依然是发生在这样一个传统中,这个传统部分地奠基在"道成肉身"事件发生的基础上,即一种绝对者(an absolute)在历史时间中呈现为一个尘世现实(mundane reality)的基础上。正是因为这种绝对者的尘世性质,没有了某种宗教禁令,权威本身变成了不可思议的。而既然革命的任务就是在没有习俗、先例和不可追忆之世代光环的帮助下创立一种新权威,它们就以前所未有的尖锐性被抛入了一个老问题——不是法律和权力本身的问题,而是为实定法赋予合法性的法律来源,以及为权力赋予正当性的权力来源的问题。㉕

绝对主义或绝对君主制(absolutism)是一个特定词汇,在近代主要指王权以及国家权力的统一性和绝对性,它的基本含义是主张君主用绝对权力实现社会秩序的稳定,但是这种绝对权力不是君主个人恣意专断的权力,因为绝对君主制仍然处于双重王权的框架中,强调双重王权中的君主特权,在国家利益需要时,王权可以不受常规性的约束而采取非常手段,但是道德传统和宗教观念依然发挥效力,所以它并非不受约束的专断权力(despotism)或以暴力来统治的暴政(tyranny)。㉖ 在欧洲传统政治框架中,一般的统治正当性,以及法律和权力的合法性,都要诉诸一个绝对的、超世俗的源头来正名,"人定法"以命令的形式颁布,假定了法律最终从至高者的命令和最高法官的审判那里获得权威。同时我们要注意,这个超验、超世俗的权威并非完全在现世之外,它的权威性存在于一个"道成肉身"事件和各样神迹奇事真实发生的传统中,在其中上帝既是超越的又是临在的(immanent)。而"欧洲的绝对主义,作为一种绝对主权(absolute sovereignty)而存在,其意志是权力和法律两者的源泉,这在理论上和

㉕ Arendt, *On Revolution*, pp. 159–160.(引文中粗体为笔者所加。)

㉖ 参见佩里·安德森:《绝对主义国家的系谱》,刘北成、龚晓庄译,上海:上海人民出版社,2018年,第28–29页;郑红:"布丹的主权理论与近代西方绝对主义国家观",《浙江学刊》,2005年第4期,第64–69页。

实践上都是较新的现象。"[27]阿伦特认为欧洲16至17世纪绝对统治权的问题是，一方面它依赖这个传统的政治框架，不像革命那样寻求建立一个新权威基础，另一方面这个传统已经随着世俗化的政教分离而失效，丧失了来自传统的道德和宗教观念的守护，她因此认为西欧的绝对主义是世俗化的第一阶段和最令人瞩目的后果。[28]

在阿伦特看来，相比于美国革命，法国大革命继承了这种绝对主义的遗产或参照框架，即寻求一种新的绝对性来解决权威的问题，而陷入西耶斯（Emmanuel-Joseph Sieyès）所谓的"宪制循环"。施密特同样也看到传统政治的神学面向，即法律和权力必须仰赖某种超出自身的权威来源，16世纪以来"以宗教为代价"的世俗领域的兴起，致使权威、法律、权力这些政治概念的根基被掏空。只是阿伦特清醒地意识到，神学世纪已经一去不返了，施密特却想要恢复这些概念的神学质素，认为主权必须具有超凡（extra-ordinary）特质，非常状态下的"决断"（*Entscheidung*）为主权赋予了超凡属性，从而为世俗世界创造了某种神圣的东西，而这正是政治的本质。[29] 所以，在施密特那里，主权和"决断"互为定义，企图在世俗时代重新唤起一个内在超越之权威。

三、新世界的建立：自由之开端

从以上分析可知，在阿伦特那里，"世俗化"不单是宗教信仰的衰落，更是"传统-宗教-权威"之统一的解体，所以她一方面批评基督教的非政治性、无世界性，一方面又肯定了它在中世纪的政治功能；尤其是在近代的宗教权威衰落后，以准神学面貌出现的伪绝对性，"被置于

---

[27] Arendt, *On Revolution*, p. 159.

[28] 阿伦特敏锐地指出，发起宗教改革的马丁·路德（Martin Luther）错误地以为，反对教会权威不会触动传统和宗教，他的本意是恢复圣经作为上帝之道的权威性，却对现代的世俗化起到推波助澜的作用。参见阿伦特：《论革命》，第15页；阿伦特：《过去与未来之间》，第122页。

[29] 卡尔·施密特：《政治的神学》，第22页。

绝对统治权的地位"。在法国大革命中,这个绝对性无论是在法国大革命开始被西耶斯赋予绝对性的"民族"还是卢梭的"人民"都无关紧要,"最终点燃世界的正是这两者的结合:民族革命或革命的民族主义,是说着革命语言的民族主义或以民族主义口号发动群众的革命"。㉚ 世俗化扫荡了传统的政治权威,暴露了现代政治之正当性和合法性来源的空虚,在此意义上,阿伦特说,正是世俗化本身"构成了革命的起源",㉛因为"革命是唯一让我们直接地、不可避免地面对开端问题的政治事件"。㉜

如何不诉诸一个更高的、外在的权威来为现代政治奠定一个正当性的基础?阿伦特在美国革命中找到了一种开端原则"自我奠基"的行动典范,如萧高彦教授分析指出的,这既是阿伦特对罗马政治传统中"权威"和"权力"二元论以及"延续"与"创建"辩证关系的继承,也是对美国宪政独特历史经验的重构。㉝ 同时,阿伦特在尝试解决这一现代的神学-政治问题时,重构了基督教的"开端"观念。

(一)革命之为"开端"

阿伦特将"行动"定义为"言行的共享",区别于以模仿为特征的制作和以重复为特征的劳动,"行动"有开端启新的能力,能够开启一个新的意义和新的空间。行动与"开端"的联系并非来自她的思辨或想象,而是她对奥古斯丁的观点——人来到世界的"诞生"构成一个新"开端"——在政治意涵上的发挥。在奥古斯丁那里,人的被造、出生是一个"开端",而阿伦特则把行动视为人在政治意义上的第二次"诞生"。"我们以言说和行动让自己切入人类世界,这种切入就像人的第二次诞生。……因为它的动力来自我们诞生时带给这个世界的开端,而我们又以自身的主动性开创了某个新的东西,来回应这个开端。"㉞

㉚　阿伦特:《论革命》,第 143 页。
㉛　同上,第 15 页。
㉜　同上,第 10 页。
㉝　萧高彦:"共和主义、民族主义与宪政理论:鄂兰与施密特的隐蔽对话",第 138 页。
㉞　阿伦特:《人的境况》,第 139 页。

而且阿伦特强调，奥古斯丁用不同的词来区分"世界"的"开端"、起始（*principium*）和人的诞生性"开端"，[35]而按照基督教教义对于创造的解释，人的诞生不同于一般造物，包括世界的起始，而在于上帝不仅创造了人，人的被造也指向人的完满形象，即"上帝的形象"（*Imago Dei*），意味着人有重生而获得完满生命的可能。而基督的诞生，正如阿伦特指出的，是切入到俗世时间中、打破了历史流程的独一无二的事件，"构成了一个新的开端"。[36] 由此我们就可以理解，阿伦特将人的"诞生"看成一个开端，不是指人的肉体意义上的出生，而是打破常规生存的一个独特事件，如此，人才实现了他的真实存有。

行动作为人的第二次"诞生"，即人作为一个政治存在的"诞生"，同时也是开创公共空间的活动，或者说在政治意义上，人与公共空间同时诞生。[37] 在阿伦特看来，现代革命第一次开创了一个独立的、有自身尊严的世俗政治空间，对她而言，"世俗化"既有消极的一面，又有积极的一面。消极方面如前所述，宗教衰落、政教分离导致权威的退场，抽空了政治的绝对依凭。积极的一面是，只有在世俗现代，才真正无须诉诸一个外在的宗教或其他绝对性权威，从而世俗政治领域获得了自身的尊严，并要求在自身之中确证自己的权威，带着"一种全新开端的革命情绪"[38]开创人类自身的政治空间。

（二）对维吉尔《第四牧歌》第一行诗的解读

阿伦特以"开端"概念对革命所做的世俗化阐释，也体现在她对维吉尔（Vergil）《第四牧歌》（*The Fourth Eclogue*）第一行诗的解读中。她在《论革命》和《心智生命》第二卷的"自由的深渊与时代新秩序"一章中，都引用了维吉尔《第四牧歌》的第一行诗来诠释美国革命的创造

---

[35] 阿伦特：《人的境况》，第 192 页，注 3。

[36] 阿伦特：《论革命》，第 16 页。

[37] 当代德国著名政治学者 Tilo Shabert 恢复了阿伦特这一政治共同体与文明人的创生一致的思想，参见 Tilo Shabert, *The Second Birth: On the Political Beginnings of Human Existence*, trans. Javier Ibáñez-Noé（Chicago: University of Chicago Press, 2015）。

[38] 阿伦特：《论革命》，第 15 页。

性经验:*Magnus ab integro saeclorum nascitur ordo*（时代的伟大秩序始于重生），美国国徽上的题词 *novus ordo saeclorum*（新世界秩序）就出自这一诗句。这句诗接下来描写的是一个新生儿的来临,中世纪将之理解为对耶稣基督降生的预告。概括来说,阿伦特对这句诗的解读有两个要点:(1)她认为,此句并非是对一个圣婴或救主降临的预言,而是肯定了"出生"本身的神圣性,表达出诗人相信"世界潜在的救赎在于人类不断和永远自我更新的事实"。㊳ 在她看来,正是"人之降生"所蕴含的行动能力、神圣降生预示的奠基行动,吸引了深受罗马思想影响的美国国父们,并使他们借之来表达对一个"新世界秩序"的赞美。(2)维吉尔的这首诗将罗马立国视为荷马史诗中描写的特洛伊的重生,在这样的自我诠释中,立法和立国不是被理解为一个绝对的新开端,而是对不可追忆之原型故事的"恢复"(restoration)和"重建"(re-establishment)。㊵ 政治权威的正当性源于开端行动,被视为对立国根基的"增添",另立一个绝对开端或陷入开端之任意性的难题被避免了。阿伦特提出西方有两个关于民族国家奠基的伟大传说,一个是维吉尔描述的埃涅阿斯(Aeneas)漫游的故事,导向罗马的奠基;另一个是摩西带领以色列人出埃及,在西奈山上为以色列人颁布了摩西律法。这两个立国和民族创建的传说,分别"典范地代表了"(paradigmatically represent)政治中"自由"的两种含义——从奴役中解放出来的自由(以色列)和创立新政治空间的自发式自由(罗马)。㊶ 同时,这两个奠基故事形成了两种关于政治权威来源的方式,即一种是诉诸超越的上帝之"绝对开端",另一种是将立国视为祖先所创业绩之"重建"或"重生"。

㊳　参见 Arendt, *The Life of Mind*, vol. 2: *Willing*, p. 212; Arendt, *On Revolution*, p. 210。

㊵　Ibid.

㊶　对应于"自由"的消极意义和积极意义。不过阿伦特强调两种自由的断裂,因为解放、摆脱奴役,并不直接导致政治自由,即新政治空间的确立,在解放和自由之间存在着断裂,不可混淆。只有在"立国"这一被自由原则所激励的最高行动中,作为政治共同体成员身份的"我们"才与有形的共同体同时诞生,参见 Arendt, *The Life of Mind*, vol. 2: *Willing*, p. 204。

依据阿伦特的诠释,美国革命在很大程度是一个新政治体和新政治秩序的确立,革命同时是开端启新的行动(立国)和为自由建制的立宪,但她反对将美国革命解释为革命者们创立了一个绝对开端,如施密特说的"一个超凡决断的产物"。她认为,美国国父们正是在这个问题上转向罗马所代表的"古代审慎"(ancient prudence),从维吉尔的《第四牧歌》中意识到有"一个解决开端悖论的方案,而无需任何绝对性来打破一切原初事物都会陷入的恶性循环"。将立国视为一种"重新奠基"的工作,具体的做法就是让"开端"与"原则"彼此关联和共存,即开端行动同时是自由原则的确立,自由原则展现在行动中,亦是激发行动的动因。阿伦特的"原则"(principle)概念借自孟德斯鸠(Montesquieu)。孟德斯鸠在《论法的精神》(*The Spirit of Law*)中认为每一政府形式都有其内在原则,作为"激发政府并指导其所有行动的原则"。[42] 她也利用了拉丁语的"开端"(*principium*)一词既有"开端"又有"原则"之意,从而建基行动不是被理解为一个绝对任意的开端,而是原则的持续展现、不断激发"重生"的过程,由此解释美国立国行动得以从自身的过去中获得其自由原则,在这个意义上,立国行动是其政治权威的来源,同时美国宪法是其法律权威的来源。

> 将开端行动从它自身的任意性中拯救出来的是它自身携带的原则,更确切地说,开端和原则,不仅是相互关联的,而且是同时发生的。使开端获得有效性的和把它从内在任意性中拯救出来的绝对性,乃是原则;开端和原则一同在世界上显现出来。[43]

施密特在 1929 年的演讲"中立与非政治化的时代"结尾也引用了维吉尔第一行诗的删节句:*Ab integro nascitur ordo*,并译为"秩序出于新生"。[44] 在另外的地方,他解释说,"新生婴孩"是一个人,这个人是

㊷　Arendt,"Understanding and Politics",in *Thinking without a Banister*, p. 331.

㊸　Arendt,*On Revolution*, p. 212.

㊹　施密特:《政治的概念》,刘宗坤等译,上海:上海人民出版社,2014 年,第 78 页。

侵略者(aggressor)。⑤ 施密特试图呼唤一个超凡的主权者,来挽救现代政治陷入的中立化和技术化,他说主权决断乃是"绝对开端",是立宪的终极基础。阿伦特则抛弃了准神学的主权概念,对她来说,真正的行动只存在于复数的、平等的人们之间,政治体借由众人的承诺行动来确立:承诺和守约的能力,一种创建在人们之间的世界空间(the worldly in-between space)的能力,得以在"未来不确定性、难以预料之事从四面八方袭来的茫茫大海"上,⑯获得一个自我奠基的稳固根基,美国宪法就是如此承诺的产物。在她看来,美国革命能实现这个创举,有赖于一些独一无二的优厚条件,如不存在法国大革命中亟待解决的严重社会问题,以及如托克维尔观察到的,平等的观念深入人心;更重要的一点是美国的建立更多是美洲殖民地人民自发的自治状态的延续,并非一个从天而降的单一行为。

四、波考克:双重视野下的美国共和

　　阿伦特解读美国革命的主要关切是"立国",对于是否依靠美国宪法的准神圣性地位以及不断激活的公共行动,就足以保持共和国长久持续的问题,她的观点则相对含混。故她的革命思想主要影响了激进民主(radical democracy)理论,《论革命》在 1968 年的运动风暴中也成为了学生运动的"圣经"。但在波考克所建构的从亚里士多德到 18 世

---

⑤　参见崔西·史壮:"政治性的神圣特质:重新思考霍布斯与施密特",《政治与社会哲学评论》,2007 年第 22 期,第 11 页,注 22。

⑯　Arendt, *On Revolution*, p. 175;阿伦特把确立美国宪法的立约(covenant)行为解释为在人们相互之间的立约,但在清教徒(Puritan)的圣约神学(covenant theology)中,上帝与人所立之约先于社会和政治契约,人类社会的"政治契约"源于上帝与人所立的"圣约",这显然是她对清教徒共和主义的一个世俗化处理,参见 Arendt, *On Revolution*, p. 170;关于清教徒共和主义的契约理念,参见约翰·维特:《权利的变革:早期加尔文教中的法律、宗教和人权》,苗文龙等译,北京:中国法制出版社,2011 年,第五章;对美国革命中的"圣约神学"之解释,参见王恒:"罗马与耶路撒冷——美国宪法的神学-政治问题",载于林国基主编:《约法传统与美国建国》,上海:上海人民出版社,2013 年,第 29 - 39 页。

纪的哈林顿、一直延续到美国立国所谓"共和主义叙事"中，共和国如何延续的问题被视为现代革命的关键问题，也是现代共和主义的一个根本的哲学难题；他构造了"马基雅维里范式"（Machiavellian paradigm）作为对此难题的一个典范解答，最后他将此范式用于理解18世纪的美国立国。前两点已在本书的其他地方做了梳理，这里着重阐述，当我们以波考克所建构的"马基雅维里范式"来看待美国革命时，就会发现他的共和主义表面上排斥基督教，暗中却接受了中世纪晚期基督教所肯定的偶性存在和创新行动，同时以古典循环论的"腐化"（corruption）术语来解释美国共和国的延续之困难。

（一）现代重塑的共和理论

波考克将近代复兴的"古典共和主义"或"公民人文主义"理解为现代政治对抗古代时间观的反应，并在《马基雅维里时刻》中提供了一种关于时间观的叙事：古代的循环论时间观以不可捉摸和混乱的"命运"来拒斥政治的偶然性和行动；中世纪的基督教虽然拒斥了"循环的邪恶舞蹈"，让时间有一个开端和终结，"但它本身并未使特殊的事件和现象在时间的相继发生中被理解，也未赋予作为事件相继发生之维度的时间以任何特殊的重要性"。[47]

波考克的共和主义与其说是历史叙事，不如说是一种概念重构：他将佛罗伦萨公民人文主义视为对亚里士多德共和主义的复兴，后者相信公民在政治参与中既实现了人作为人的本性或潜能，又以各自特殊的方式统一于共同善之中，从而政治的善既是普遍的又是特殊的。但这种对人的政治性存在的理解，并不与古代的宇宙循环论相容，亚里士多德也深知把循环时间观应用到历史——即人类事务（human affairs）——上的"困难"。[48] 波考克认为，马基雅维里对公民人文主义的特殊革新体现在对亚里士多德美德概念的"去道德化"（demoralization）和"政治化"（politicization），马基雅维里以政治化的、

㊼　波考克：《马基雅维里时刻》，第7页。
㊽　同上，第6页。

非道德的"德性"(*virtù*)概念来克服"命运"(*fortuna*),德性既是面向历史偶然性开放的行动,又是人对"命运"的回应和塑造。

为了说明马基雅维里的共和主义背后体现了一种不同于中世纪时间观的看待行动和事件的方式,波考克概括出了一种"奥古斯丁范式",来与他概念化的"马基雅维里范式"相对照:在前者那里,基督徒的真正生活在于得救和归回上帝,世俗事件仅是上帝永恒秩序在历史中的呈现,作为上帝计划的展示和用于人对上帝伟大计划的沉思,本身没有自足的意义;上帝在时间中施行的救赎行动,并不借助公民社会的制度或世俗历史的进程来实现,也不是人参与到这个进程的某种生活方式的结果,人在其中完全是被动的。与阿伦特一样,波考克既简单地将基督教时间观视为形而上学式的"普遍"时间表达,认为它们根本上是贬低人类事务领域的;另一方面,他又看到了正是基督教时间观带来了历史意识,催生了世俗政治领域自身如何获得持久性的问题。

在波考克看来,基督教的"永恒"(eternity)或上帝的"永恒当下"(*nunc-stans*),与古代和柏拉图哲学中的"永久"(perpetuity)一样,都是"无时间"的理论。但"永恒"与"永久"不同,神圣的永恒时间并不排斥世俗的历史时间,而是与后者处在一种持续的张力中。相反,"永久"只是运动在无数瞬间中所构成的序列,在其中,每个瞬间和下一个瞬间仅是物体运动所处的不同位置。简言之,"永恒"为世俗流变时间注入了一种超越维度,让时间不再是所有瞬间的总和或单纯延续,而使瞬间、当下得以提升,获得了神圣"永恒"的丰富性和完整性。[49] 神圣存在也为"个殊"(particular)注入了真正意义,它们不再仅是以普遍的东西为中介被把握的对象,或仅作为普遍概念的一个实例。即使亚里士多德赋予个殊以实存性,也仍然根本不同于现代那种认为只有个别存在才是真实存在的观点。正如德国哲学家和神学家潘能伯格(Wolfhart Pannenberg)指出的,偶然性存在(偶在)的根据必须在于上

---

[49] 参见 C. S. 路易斯:《被弃的意象:中世纪与文艺复兴文学入门》,叶丽贤译,上海:东方出版社,2019 年,第 136 页。

帝的自由行动，人的个体性在于他一次性的尘世存在中具有上帝的永恒规定，有"上帝的形象"，从而具有不可磨灭的尊严。⑩ 而在古代自然循环论的宇宙中，特殊性、个体性并不具有自足存在的意义或被承认的需要。以此观之，波考克极力肯定人的个体性、事件或行动的特殊性、偶然性，声称共和主义是现代历史主义对亚里士多德古典共和主义的重塑，就此而言他的公民人文主义不是单纯古典政治观的复兴，而是一种后基督教式的复兴。这也导致他对基督教的矛盾态度：一方面，他认为基督教教义与柏拉图关于变易和存在、个殊与普遍的观点没有区别，在其中正如阿伦特所说的，传统政治哲学都采取了一种贬抑政治的态度；另一方面，他接受了被基督教的偶然性、特殊性和历史性所塑造的哲学意识，而且他认为正是基督教终末论和千禧年主义（millenarianism）催生了现代共和国追求某种世俗不朽的理想："佛罗伦萨经验的最终产物是一种令人印象深刻的自由社会学，它传播到了欧洲启蒙运动和英美革命，后者是对共和国致力于在世俗历史中存在的挑战的回应"。⑩

（二）美国共和国的"腐化"

"腐化"概念在共和主义话语中的运用，在亚里士多德和马基雅维里的理论中体现得最为典型。在亚里士多德的政体分类中，他首先按照统治者是一人、少数人和多数人的标准，将政体分为三类：一人统治、少数人统治和多数人统治；接着又以统治的宗旨是城邦的共同利益还是少数人的私利，进一步区分出三种优良政体：君主制、贵族制、共和制，以及三种变态政体：僭主制、寡头制、平民制。亚里士多德主张政治学不仅要研究理想的优良政体，还要研究现实可行的较佳政体。他论证了现实可行的较佳政体是结合了三种统治方式优点的混合政体（mixed regime），polity/*Politeia* 既被用作政体的通名，又特指共和政体，即现实中最佳的混合政体。后来，罗马的西塞罗、波利比乌

---

⑩　潘能伯格：《神学与哲学》，李秋零译，北京：商务印书馆，第 126、130 页。
⑪　波考克：《马基雅维里时刻》，第 92 页。

斯继承了混合政体论,使共和主义更强调法律和权力制衡的制度建构。亚里士多德将变态政体视为优良政体的"腐化"形式,即追求统治者或统治集团的私利,而非共同善,而城邦政治作为某种良好的"自然物"不可避免衰落的结果,混合制则是为了避免这种自然的腐化。[52]

亚里士多德认为,维持一个好城邦的要素是多数人有公民身份、财富和德性。即多数人是自由民而不是奴隶,同时古典的公民身份还包括一定数量的财产,从而不受他人的奴役。财产和德性也相得益彰,财产有助于德性的养成,[53]类似孟子说的"有恒产者有恒心"。在共和主义诠释中,这些要素的作用是维护共和国的自由——内部的参与自由和外部的独立、不依附——所必需的。马基雅维里在《君主论》中表现出他深感雇佣军是罗马共和国独立的一大威胁,遂提出"公民战士"是维护共和国自由的要素。以上可知,"腐化"的说法既假定共和主义自由有一种自然堕落的倾向,如斯金纳所言,"共和主义理论家们习惯于用'腐化'这一特有的术语来描述我们的这样一种自然倾向——一旦共同体的要求与我们自己的眼前利益发生冲突时,我们往往取后者而弃前者";腐化也是一种理性的失败:"即没有认识到我们自己的自由取决于一种美德的生活和公共服务的生活。"[54]共和国因此发现自身始终处在"持久的、历史的自我塑造和悲观循环论的张力之中"。[55] 在波考克那里这种张力浓缩为马基雅维里的"德性-命运"范式,因为马基雅维里的"德性",主要不是亚里士多德所称道的人的理智和道德优越性,而是维护政治自由的所有能力和条件。但这种行动论解释带来的问题是如何确保共和国的持存,而不是被偶然、随时的行动所击垮? 波考克仍在"马基雅维里范式"中寻找答案,概言之,就是以诉诸共和"德性"来对抗混乱无序的"命运",从而避免"腐化"。

---

[52]　参见约翰·麦克里兰:《西方政治思想史》,彭淮栋译,海南:海南出版社,2003 年,第83 页。

[53]　Aristide, *Politics*, 1293b30 – 35.

[54]　斯金纳:"共和主义的政治自由理想",载于阿兰·博耶等:《公民共和主义》,第40 页。

[55]　Robert Sparling, "The Concept of Corruption in J. G. A. Pocock's the Machiavellian Moment", in *History of European Ideas*, 2017(43. 2), p. 158.

　　研究美国革命的历史学家和思想家普遍承认 16 到 17 世纪奉行加尔文主义的改革宗神学(Reformed Theology)对于西欧政治实践的影响。戈登·S. 伍德指出，清教徒传统的圣约神学与 18 世纪的政治科学相结合，形成了关于美国宪政乃是基于神圣呼召的革命性理论，宗教和共和主义携手，创造出一种对献身共同体公共福利的德性和功效的普遍重视。迈克尔·瓦尔泽(Michael Walzer)则认为，加尔文主义实质上是一种具有现代意义的意识形态：改革宗注重政治现实，主张政治服务神学，并强调组织的极端重要性，强调政治是每个信徒的职业，要求信徒圣洁和敬虔，虽然平等但要完全遵守戒律和服从组织安排，积极参与荣耀上帝的政治活动，乃至战争。正是加尔文主义的政治伦理传播开来，使得社会转型时期实现了英美革命。[56] 波考克承认新教的政治革命性意义，但他认为这些研究基本上都可以纳入"公民人文主义"范式，"作为预示这公民精神之古典概念将要出场的公民意识的模式之一加以研究"。[57] 他并未将清教徒的政治革命及其时间意识视为一个独立模式加以考察，而仍然固守一种过时的中世纪基督教时间观，最终返回古典循环论的传统模式来解释美国共和国的持续问题。如此我们就能理解"腐化"这一术语，为何在他解释美国共和国时变得异常重要："这种情况下的新观点是，变化现在不再被视为纯粹的混乱，而是被视为可理解的社会和物质过程。"[58]新的冲突出现在公民德性、自由财产特别是土地、常备军与商业发展激起的"占有性"个人、欲望、资本和信用之间，后者日益腐蚀着培育公民德性和自由的独立人格，堕落成依附性人格；用私人依附取代公共权力，个体的完整性和自我认识受到威胁，并因依靠幻觉和虚假意识的财产形式的出现而得到强化。[59] 马基雅维里典型地将男性化的"德性"和女性化的"命运"

---

[56]　约翰·维特：《权利的变革：早期加尔文教中的法律、宗教和人权》，第 391 页；另参戈登·S. 伍德：《美利坚共和国的缔造：1776－1787》，朱妍兰译，南京：译林出版社，2016年，第 115 页；迈克尔·沃尔泽：《清教徒的革命》，张蓉、王东兴译，北京：商务印书馆，2016 年。

[57]　波考克：《马基雅维里时刻》，第 352 页。

[58]　同上，第 420 页。

[59]　同上，第 487 页。

对立,后者是个善变轻佻、善于摆布人、又渴望被强力的男性制服的女神。波考克也将这种性别模式用于描述现代商业造成的混乱堕落,他引用了笛福(Daniel Defoe)对信用的人格化描述,称信用是货币的"小妹":"你若向她求爱,你就会失去她,或是必须用不合理的价钱才能买到她;你把她搞到手了,她又会老是对你心生醋意、存猜疑;你若是在自己的合同里没给她一个名分,她就会拂袖而去,而在你有生之年大概绝不会再回来。"此外,他又在 1755 年出版的托名作品《加图书信》(*Cato's Letters*)中称,贸易"是个既害羞又轻佻的女士"等,(60)来表明文艺复兴时期人文主义者所理解的公民德性对抗世俗偶然性种种力量的方式仍然主导着 17 和 18 世纪的公共话语。而商业和技术生活带来的多样化便利冲击着共和政体,对个人提出了太多的简朴和自立、参与和美德的要求。(61) 波考克用公民人文主义的蜕化、腐败来解释美国共和的失败,而非自由主义、洛克式商业共和国的胜利,奠定了对美国立国的"古典共和主义"诠释。(62)

从以上分析我们看到,如果说波考克关于美国共和国持续问题的解答接续阿伦特,再次复活了古典共和主义对"人是政治的动物"和"积极生活"的理想的话,他却无意中把"共和国"视为一种前现代的、走向自我衰减的自然存在,而非阿伦特"人为的创造性世界",如他所说:"公民美德与世俗时间之争……使一种前现代的历史观永久化了,它把历史视为脱离那些稳定规范的行动,因此只要没有千禧年或乌托邦,历史从本质上就有非创造性和自我衰减的性质。"(63)如此一来,他的政治行动概念所依据的历史主义也成了自我挫败,因为历史化的行动

(60) 波考克:《马基雅维里时刻》,第 452、494 页。

(61) 同上,第 579 页。

(62) 对波考克以前现代的共和德行标准来批评商业共和主义这一主题的延续,参见迈克尔·桑德尔:《民主的不满:美国在寻求一种公共哲学》,曾纪茂译,南京:江苏人民出版社,2008 年,第 146-150 页;这本书后面三分之二篇幅分析共和主义政治话语在 19 世纪美国历史中的地位,更像是《马基雅维里时刻》的续篇。正如波考克展示了共和主义如何起源于文艺复兴的自治城市,在美国立国中到达顶点,桑德尔则叙述了共和主义德性在美国工业时代和商业资本主义时代的腐化衰落。

(63) 波考克:《马基雅维里时刻》,第 578 页。

与他关于世俗持续性的理想所接受的普遍化模式在本质上不相容。正如罗伯特·斯帕克林(Robert Sparkling)总结的，波考克的书中悲叹美国革命之腐化的"耶利米哀歌"(Lamentations of Jeremiah)，显示出在现代商业社会维持德性特殊性的无能，也显示出他的公民人文主义解释模式无力真正把握美国革命创立的"新世俗秩序"。[64]

---

[64] Sparling, "The Concept of Corruption in J. G. A. Pocock's the Machiavellian Moment", p. 170.

第九章　现代共和主义的时间意识

当代著名的政治思想史家、剑桥学派的波考克在考察历史上的政治观念和行为时，特别强调时间意识的分析框架。他认为，人们如何理解自身的政治活动与他们所采取的时间意识直接相关。一个特定社会中的人们对自身的时间意识，决定了他们对历史中发生过什么、能够知道什么、能够做什么所产生的观念。时间框架为人们提供了区分和组织他们所认识到的正在发生的事情的手段，历史在此意义上是"公共时间"。"对时间的理解，对时间中体验到的人类生活的理解，是这一社会理解自身——它的结构和它的正当性来源，对它采取行动以及在它内部行动所采取的模式——的重要成分。"[①]在极其复杂多样的社会活动和结构中，哪些因素最终能化为持久的建制和记忆，取决于人们所采用的时间框架，因而时间框架是政治思想史书写中不可缺少的维度。

波考克在《马基雅维里时刻》中对现代早期共和主义历史的叙述，就是从如此理解的时间视角出发，建构了一个近代早期的政治如何对抗古代和中世纪时间模式的连贯叙事。透过这种特别选取的视角，政治共同体得以被视为一个有限的世俗秩序，在其中，公民参与同时具有独特和普遍的价值。在他看来，这一特定的政治话语从文艺复兴的佛罗伦萨传递到克伦威尔时期的英国和美洲殖民地，成为塑造美国革

---

① J. G. A. Pocock, *Politics*, *Language and Times* (New York: Atheneum, 1971), p. 233；波考克："18 世纪初英格兰的政治和历史时间模式"，载于波考克：《德性、商业与历史》，冯克利译，北京：读书·生活·新知三联书店，2012 年，第 135 页。

命的意识形态基础。本章先简述波考克如何从政治和时间的关系上，把公民人文主义诠释为对古典循环时间和中世纪神圣时间的对抗；然后借时间性的分析架构来论证，阿伦特的政治思想以"开端时间"反对现代的"过程时间"；最后联系查尔斯·泰勒对世俗时间的分析指出，现代共和思想对时间性问题的深切关注，表明在前现代的"更高时间"被拒绝后，除了接受单一的、均质流动的时间或过程之外，仍有多种方式能使特殊事件获得可理解性，以及让政治共同体不依赖超越基础而获得持久性。

一、"公民人文主义"的时间框架

政治与时间有何干系？要理解这一点，就要明白"政治"一词除了指一般意义上的政治对象和领域，如权力、统治、利益分配、政府等之外，在西方传统中还特指一类活动，即阿伦特所说的"行动"。后者可以从"政治"（politics）的希腊词源上所指的集中于城邦（*polis*）事务的活动中得到解释。迈克尔·奥克肖特（Michael Oakeshott）也从后一含义来定义政治；他认为，行动或政治行为的基本点，是多数人在一起发生的活动，因此尽管政治不能没有统治，但统治本身不是政治活动。"政治不是统治，它是思考应该做什么，并说服或诱使那些有权行动的人做出某些选择，而放弃另一些选择。"[②]政治的这两个特点——多数和选择——造成了行动的偶然性、不确定性和冲突。波考克也因此说，政治是奥克肖特所谓的"处理可能之事的技艺"，在政治的偶然性领域上航行是人类"无止境的冒险"。[③]

从时间性上来说，行动是对连续的时间之流的打断，造成了过去和未来之间的断裂，产生了政治社会如何建立时间连续性的意识和理

---

② 迈克尔·奥克肖特：《政治思想史》，秦传安译，上海：上海财经大学出版社，2012 年，第 6 页。

③ 波考克：《马基雅维里时刻》，第 9 页，

解自身传统的问题。但正如阿伦特指出的,传统的西方政治哲学都可以看作是企图消除行动的偶然性、不确定性的种种尝试。波考克也如此评价传统:"人们做出种种努力,阐述它［政治］的理念和形式,把它的原理同它作为其中一部分的普遍秩序的原理联系起来",而这些努力都"倾向于把它从特殊性和偶然性的领域中移除",④即力图取消行动本身的时间性,把它纳入到神圣起源时间、无时间存在者、不可追忆的过去等概念框架中。在波考克看来,15 世纪早期佛罗伦萨共和国所带来的政治经验,是中世纪用来处理偶然性和变化的"习俗-经验"模式无法容纳的:"因为有时不期而至的特殊事件之流使它面对十分独特的问题,不论是理性还是三段论,不论是经验还是传统,都不能为此提供现成的答案。"⑤

欧洲中世纪占主导地位的神意模式支持的则是在政治社会中确立自然秩序的帝国史观,在其中,世俗王国中的个殊事件是没有意义的。因为一方面基督的降生与复活创造了一套神圣历史,这个历史与政治权力的兴衰交替无关;另一方面,世俗王权又为自己的统治找到了神圣意义上的象征符号,典型的如"国王的两个身体"。基督教时间观与帝国史观之间的一致性,要求共和国重构对时间的想象。"在所谓帝国史观中,政治社会被设想为存在于生活在天国和自然的等级秩序中的人们之间,它的正当性和它赖以进行组织的范畴是超时间的,变化只能是退化或恢复。"而共和国的组织方式肯定人的个性和特殊性,肯定公民同胞一起参与决定的自治;对基督教时间观来说,世俗统治仅仅是永恒秩序在其中重复和恢复的帝国,作为上帝计划的实现,本身没有自足的意义,而佛罗伦萨共和国宣布了一个新观点:"佛罗伦萨共和国是一个高贵的理想,然而它是存在于当下和它自身的过去之中,这个理想只归属于另一些共和国和存在着共和国既往时代的某些时刻。……共和国有更多政治的而不是等级制的特点;其组织方式使它能够肯定它的主权和自治,从而肯定它的个性和特殊性。""肯定共

---

④　J. G. A. Pocock, *Politics*, *Language and Times*, p. 242.
⑤　波考克:《马基雅维里时刻》,第 53 页。

和国，就是打破秩序井然的宇宙之无时间的连续性，把它分解成特殊的时刻。"⑥

在波考克的史学诠释中，公民人文主义产生于中世纪晚期和现代早期知识分子对于"特殊、偶然的政治事件和行动如何在时间中理解自身"这样一个唯名论（nominalism）问题的回应。作为现代早期与基督教救赎史观相抗衡的政治论说，这套典范旨在解决两个难题：(1)普遍性和特殊性的难题：政治行动如何既是特殊的、关乎个体的，不依赖超时间的永恒秩序，又实现某种普遍之善；(2)共和国持存的问题：共和国是特殊的，就是时间上有限的、可朽的，其特殊性和偶然性也加剧了政治生活内部动荡和外部环境的危机，从而使得共和国如何更长久地维持自身的问题变得十分重要。

波考克的公民人文主义范式正是对以上两个问题的回答：首先，早期公民人文主义吸取了亚里士多德的德性论观点，并使之充分政治化，从而把共和国视为公民的特殊价值得以实现的"普遍实体"。

为了证明这一点，波考克给出亚里士多德的两个命题：(1)每一种人类活动都有价值取向。亚里士多德教导说，人的每种活动都指向某种价值，都意图实现某种特定的善。(2)一切有价值取向的活动都是社会的，也就是说，它是人们相互结成社团加以追求的善。⑦ 亚里士多德认为人本性上是政治或社会的动物，所有的善都要以相互合作的形式来实现。但只根据这两个命题也可以得出政治合作本身没有价值，只是个人达到私人利益的工具这样的自由主义观点。对此，波考克补充了亚里士多德的另一个重要教导，即德性是一种实践，是以自身为目的的"自足"活动。在他看来，公民人文主义改造亚里士多德学说的最重要方面，乃是对德性的政治化，"肯定当一个人生活在积极状态中时，他就自然地成了一位公民，并最充分地实现了自己"。⑧ 公民人文主义因此是"一套声称人是公民动物或政治动物的语汇，并声称个人

⑥ 波考克：《马基雅维里时刻》，第57、58页。

⑦ 同上，第72页。

⑧ 波考克："德性、权利与风俗——政治思想史家的一种模式"，载于阿兰·博耶等：《公民共和主义》，第39页。

只有成为一个公民,与其他公民一起参与旨在分配公共善的决定的条件下,个人才能充分实现他的本性或获致德性"。⑨ 正是在这个意义上,波考克偏爱把"公民人文主义"与"古典共和主义"等同起来。个人只有成为一个公民,才是充分意义上的人,普遍参与的政治生活乃是个人实现其特殊善的必由之路。理想的政治制度是依据个人能力和利益偏好的多样性来分配政治权威,使每个公民都能承担适合自己特殊性的角色,各尽所能地贡献于共同善。他认为,亚里士多德的共和政体就是基于公民团体的多样性而分配不同政治职能的一种安排。

亚里士多德主张,现实的共和政制是平民制和寡头制的混合,即多数人和少数人统治的"混合",一般解释为亚里士多德采取混合制的目的是追求政治稳定,各个统治要素的混合和均衡使之较不易发生革命和政体变迁。⑩ 但波考克不采取这种解释,他认为在亚里士多德所接受的古希腊循环时间观下,政体变迁和退化仅是一种"自然",亚里士多德"对于(共和制)作为一种不稳定因素的时间图式并没有给予压倒性的关切"。⑪ 并且由于亚里士多德在自然目的论上把变化等同于"自然过程",是事物固有潜能的实现、达到其形式的过程,从而对他来说没有真正意义上的事件或行动。

但在公民人文主义对"美德政治化"理解中,城邦的稳定性和持久性对于一个受制于特殊性的结构来说具有内在紧迫性。波考克的看法是,早期公民人文主义者对时间性问题的理解,乃是把波利比乌斯的政体循环论思想与亚里士多德积极公民理想相融合的结果。因为波利比乌斯并没有把循环当作自然,而是把它描述为"宿命"和"命运",从而将罗马的"命运"概念引入共和德性,这一点对于后基督教的

---

⑨ J. G. A. Pocock, "Custom & Grace, Form & Matter: An Approach to Machiavelli's Concept of Innovation", in *Machiavelli and the Nature of Political Thought*, ed. Martin Fleischer (Atheneum: New York, 1972), p. 160.

⑩ Aristotle, *Politics*, 1295a35 – 40;萧高彦:《西方共和主义思想史论》,第 65 页。

⑪ 波考克:《马基雅维里时刻》,第 82 页。

人文主义者的话语革新至为重要。[12] 因为在罗马德性论中，命运不是与人的德性无关的、完全外部的不可控因素，而是积极美德加以形塑的"质料"。从而一方面，处在时间中的共和国是必死的，因为每一种单纯的美德必然退化，特殊利益压倒共同善就会腐蚀共和德性；另一方面，人为塑造的德性可以把形式和稳定性强加于命运，"政治化的美德可以持续下去，只要未蒙神恩的美德能够在这个由堕落和命运主宰的世界延续下去，它就几乎可以做到永恒"。[13] 我们发现，自足的公民德性和命运的时间形态成为波考克解读公民人文主义在各个历史时期发展的关键要素，也是他阐释马基雅维里革新的关键要素。

波考克的公民人文主义因此一方面重复了奥古斯丁的信念：地上之城终将覆灭，人的得救不存在于政治和历史之中，另一方面用政治取代神恩，相信人可以自由地运用美德来追求共和国的不朽。在他看来，公民人文主义是在现代彻底丧失不朽的信念之前对基督教永恒时间模式所带来政治难题的亚里士多德式回应，在这一认识框架下，共和主义理论乃是一种前现代的悲观意识，因为只要承认共和国是有限的，它就不是真正自足的，共和美德战胜历史的命运也就没有保证，除非神恩在历史上以这样一种方式运作，使时间上有限的共和国占据末世时刻。迈克尔·扎克特（Michael Zuckert）因此评论说，波考克最终接受了退化的时间观，根据他对共和主义的重新概念化，美国的缔造者不是"向前"面向现代性，而是"向后"面向古代，建立在"对现代性的恐惧"之上。[14] 这种评价不无道理，在《马基雅维里时刻》的后半部分，

---

[12] 关于历史学家对波考克以"公民人文主义"范式来阐释亚里士多德和波利比乌斯的批评，参见 Christopher Nadon, "Aristotle and the Republican Paradigm: A Reconsideration of Pocock's 'Machiavellian Moment'", *The Review of Politics*, vol. 58, no. 4（Aut., 1996）, pp. 677 – 698; Wilfried Nippel, "Ancient and Modern Republicanism: 'Mixed Constitution' and 'Ephors'", in Wilfried Nippel, *Ancient and Modern Democracy: Two Concepts of Liberty*（Cambridge: Cambridge University Press, 2016）, pp. 6 – 26。

[13] 波考克：《马基雅维里时刻》，第 85 页。

[14] 迈克尔·扎克特：《自然权利与新共和主义》，王崇兴译，长春：吉林出版集团，2008 年，第 218 页。

"德性""命运""腐败"依然是他理解 18 世纪英美共和国的关键词,对他来说,美国革命是另一个"马基雅维里时刻",美洲殖民地人民脱离英国建立联邦的主要目的,是捍卫他们的农业共和主义美德以及对抗腐败的议会君主制;而立国后亚当斯、杰弗逊对腐败的忧虑,主要来自美德和商业的对立,担心商业化造成的人身依附,导致人们失去作为公民的自主性,丧失了古典的共和美德。

二、阿伦特的开端时间

阿伦特把政治定义为公共领域中的人际交往和自我彰显的活动,她对政治的定义关注行动,强调行动跟重复性的劳动与工具性的制作相区分,照波考克的观点,这种政治概念势必强烈依赖于一种肯定"时间中的特殊时刻""时间中的行动"的意识。的确,阿伦特在引入希腊城邦原初的政治概念时就指出,古希腊人在普遍接受循环时间的同时,还存在着一种对人作为"有死者"的时间意识。他们经验到的周围世界不仅包括循环往复的自然,还有不死的奥林匹斯诸神;人被镶嵌在这种宇宙背景下,有死性成了人的唯一标志。在阿伦特看来,正是人存在这种特有的时间性,使言说和行动成为必要和可能。"人,虽然作为个体是有死的,但他们以做出不朽功业的能力,以他们身后留下不可磨灭印记的能力,获得了属于自己的不朽。"[15]她认为,古希腊诗人和史学家正是在这种时间观的背景下讲述人的言行所能达到的不朽,希腊城邦的组织形式则是一种"组织化的记忆",保证了有死者"倏忽即逝的存在和稍纵即逝的伟大"得以被他人听闻和后人铭记。[16]她把希腊城邦生活隐含的"不朽"时间观,与柏拉图在其政治哲学中出于形而上学考虑所采取的"永恒"时间相对照,在她看来,后者更长久地支配了西方政治思想,使行动不再有意义。

---

[15] 阿伦特:《人的境况》,第 10 页。
[16] 同上,第 155 页。

阿伦特常常被批评为对希腊城邦模式的怀旧或复活，但仅从时间意识来看也并非如此。在《历史的概念》一文中她指出，希腊城邦中不顾一切地追求自身荣耀的行动建立在一种客观性假定上，即存在着客观的、自身显示的伟大或荣耀："荷马式的中立建立在这样一个假定之上，即伟大的事物是不证自明的，自身就发出耀眼的光芒。"⑰她清醒地意识到城邦政治的客观性基础——伟大乃是自身显现的——已随着古典时代的终结而消失。另一方面，阿伦特对行动的看法跟现代"开端"的时间意识有着更紧密联系，如卡诺万（M. Canovan）指出的，阿伦特"重思（rethink）政治本身，围绕着行动的复数性和自发性，……强调未来的开放性，政治行动者的始创和行不可预料之事的能力"。⑱

她认为开端的时间意识，根本上包含在奥古斯丁的诞生思想中，她在多处把"人凭借诞生即是 *intitium*——新来者和开创者"的看法归于奥古斯丁。但奥古斯丁表达这一思想的背景是在《上帝之城》中，从基督教立场批判古代循环论时间观。他以神意的创造秩序扭转古代意义上的自然秩序，宣称世界有一个开端，彼时世界和时间同时被造，人也是在时间当中被造而有的。因而不仅世界不是永远轮回，上帝对人的创造也是全新的。对阿伦特来说，这是一个可以撇开奥古斯丁本人的神学立场、依据他的罗马政治经验来吸取的洞见：承认人类行动的新颖性和自发性，肯定人的行动总是能打破重复的生命循环，中断生物的自动化过程或虚构的历史过程。在她看来，我们必须不断唤起"开端"的力量来打破一成不变的、机械式前进的时间，因为现代劳动社会强化了对时间作为"过程"的意识，时间被看成一种无休止的连续，在过去和未来两个向度上无限延伸，"我们生活在一个既不知道开端，也不知道终结的过程中"。⑲

---

⑰ Arendt, *Between Past and Future*, p. 52.

⑱ 转引自 Fergus O'Ferrall, "Civic-Republican Citizenship and Voluntary Action", *Republics*, 2001(2), p. 135。

⑲ 阿伦特：《论革命》，第 191 页。

三、共和国的持久性问题

阿伦特和波考克都被视为当代共和主义复兴的代表人物,但阿伦特基于现象学存在论的行动概念,更难以解答共和国的持久性问题。从现象学立场看,行动要在一个世界的可能境域中发生,开端创新只有相对于公共世界的持久性才有意义:"如果世界包含一个公共领域,它就不能只为一代人而建";[20]另一方面,开端行动本身又是完全任意的,"自身携带一种完全任意的尺度正是开端的本性,……似乎开端者在开端的一刻废除了时间本身的序列,或者仿佛行动者被抛到了时间秩序和连续性之外"。[21] 换言之,对开端时间而言,创新性和持久性注定是矛盾的,因为使"新"之为"新"的东西,就在于它不是某种在先序列的延续,而是某种我们既无法从传统或先例中辨认出,也无法借助普遍规范或行之有效的法则来理解的东西;它是罗伯特·皮平(Robert Pippin)所说的"一种新的、自我决定的开端",必须自我证成,使自身成为连续性的基础。共和国的持久性问题因此变成了一个开端的自我确证问题。[22] 阿伦特对共和国持久性问题的关注,深刻地体现在她关于现代革命如何重建权威的论述中。在她那里,现代革命是"开端"意义上的行动典范,是"传说中终结与开端、'不再'与'尚未'的鸿沟";同时,革命的任务是"以自由立国",即建立一种持久的自由制度。她认为革命对新政体之持久性的渴望,最清晰地揭示出现代崭新的、在世上建立永恒之城的渴求。[23] 她称赞美国革命始终把握了现代革命的双重任务——以自由立国和建立持久制度。阿伦特对权威概

---

[20] 阿伦特:《人的境况》,第 36 页。

[21] 阿伦特:《论革命》,第 191 页。

[22] 罗伯特·皮平:《作为哲学问题的现代主义》,阎嘉译,北京:商务印书馆,2007 年,第 57 页;刘擎:"大革命与现代政治的正当性:施密特与阿伦特的竞争性阐释",《学术月刊》,2006 年第 9 期,第 28 页。

[23] 阿伦特:《论革命》,第 138、190、215 页。

念的考察体现了持久性问题在现代时间意识下的转化。

现代的政治权威概念通常指法律的合法性或政治权力的正当性基础，但阿伦特沿袭古典共和传统，把"权威"理解为政治体的稳固性和持久性根基。罗马的权威概念，也是"权威"（*auctoritas*）一词在词源上的含义：把奠基事件作为政体的基石，以后的行为都视为对这一"决定性的、不可重复的开端"的持续"增添"（*augere*）。权威"以过去的一次奠基行动作为它不可动摇的基石，为世界带来了永恒性和持久性"。㉔ 在她看来，这正是美国国父们在一个全新的立国时刻为了解决宪法权威的难题转而诉诸的思想资源。

在《论革命》中，她总结了美国革命之父在寻求法律来源时的三种表达：一种是诉诸希伯来的上帝，这是一个绝对立法者的观念，为人定法提供了宗教的绝对命令；二是诉诸来世报应的说法，作为对现实法律的道德约束。但她接着指出，与以上两种宗教说辞矛盾的是，美国国父大都是自然神论者（diest），他们采用此类语言显然不是出于宗教热诚，而完全是出于对"人类世俗政治事务领域所固有的巨大危险性的政治疑虑"；第三种采取了启蒙时代流行的自明真理的形式——杰弗逊的名言"我们同意这些真理是自明的"，但阿伦特又随即反驳说，如果杰弗逊的确把"所有人被造而平等"看成像数学公理一样自明和不容置疑，他就不需要加上"我们同意"这样的承诺句式，而只需说"这些真理是自明的"。㉕ 她对这三种表述的简单反驳试图证明，美国革命者们艰难地借由宗教或形而上学语言，真正想要实现的乃是把"开端"本身塑造为绝对，把立国行动当成崇拜的对象。

> 美国革命者将自己想成是"立国者"这一事实表明：他们是多么了解，那最终成为新政治体权威之源的，不是不朽立法者或自明真理，抑或任何其他超验的、超凡的来源，而是立国行动。从此就可以得出，寻求一种绝对性来打破一切开端都不可避免要陷入

㉔ Arendt, *Between Past and Future*, p. 95.

㉕ 阿伦特：《论革命》，第 177 - 179 页。

的恶性循环,是徒劳无益的,因为这种"绝对性"就在开端行动本身中。㉖

她指出,美国革命者对宪法来源的思考,其背后真正的关切是新政体的存续,即如何建立一个保卫自由的"持久联盟",从而奠定一种新权威的问题。在此问题上,美国革命在实践中成功地把作为"绝对"的开端与作为共同行动之"原则"的开端区别开来。开端与原则的统一保证了行动者可以切入到时间当中,使每一次行动都变成共和国开端的重续、重演。在美国,真正的权威属于最高法院,这种权威通过一种连续制宪的方式行使。阿伦特虽然把这种思考开端之延续的方式追溯到古罗马的政治智慧,但在她看来,其实质是彻底现代的、对新政治体稳定性和持久性的一种悖论式解决。在阿伦特那里,革命的开端仿佛自身成了一个站在时间之外的起源时刻,一个政治上"永恒在场"(nunc stans),基于诞生性的开端因此具有一种准先验的性质。

查尔斯·泰勒在讨论现代世俗化的含义时,从时间的角度区分了"世俗时间"和"更高时间"。他指出,"世俗"(secular)这个词来源于"俗世"(saeculum),传统上,世俗时间意味着与更高时间处于对立或张力关系中的日常、现世时间。㉗ 他认为现代世俗化从某种角度可以看作是对更高时间的拒绝,所有的事物都被理解为在单一、同质的时间维度里共存。他又把这种彻底净化的时间称为"凡俗时间"(profane time),并认为这种时间意识是现代公共领域前所未有的本质:"18世纪的公共领域代表了一种新型的空间,……没有超验行为的构造,完全以自身共同行动为基础的机制。"㉘如果说现代性隐含的时间意识是"凡俗时间",共和主义对时间性问题的关注则揭示出在前现代的"更高时间"被拒绝后,除了接受单一的、均质流动的时间或过程之外,仍有多种使特殊事件获得可理解性,以及让政治共同体不依赖超越基础

㉖　阿伦特:《论革命》,第189页。

㉗　Charles Taylor, *A Secular Age* (Cambridge:Harvard University Press,2007), p. 54.

㉘　Charles Taylor, *Modern Social Imaginaries* (Durham and London,2004), p. 96.

而获得持久性的方式。实际上，波考克正是在这种意义上提供了另一种对现代性的理解，他指出，"现代性"唤起的是人们对于过去与未来之间的意识，除了把现代看作一种过程或古今转型之外，现代仍能从传统中获得对于政治社会的持久性及其权威来源的多种应对方式。[29]

波考克在《马基雅维里时刻》的结语中承认他受到阿伦特的影响，他把早期近代共和思想史讲述为一个古代意义上的"政治人"复兴的故事。而本章从时间意识上的分析显示出他们的思想有一种更深刻的共同性。他们都反对把现代视为一个无休止的进步过程，或围绕着对"物的管理"展开的均质流动的时间；对他们来说，共和国都体现了人以行动开辟空间来克服时间的努力，对政治的热情乃是出于人类在真正意义的世俗王国寻求不朽的渴望。同时本章也证明了他们对待共和主义的时间模式仍有区别：波考克的共和主义基于他对文艺复兴时期公民人文主义话语的史学建构，而阿伦特则在现代的开端、创新时间下揭示了共同行动的意义。这种不同也反映在他们对美国共和制度的诠释上，正如瑞格斯比（Ellen Rigsby）指出的，波考克把那种在欧洲语境下与基督教神学融合的古典共和主义版本，延续到美国革命的话语实践中；而阿伦特仍用她的共和主义来衡量美国的政治景观，借此分析了美国宪法在推动这样一种共和制度上的成败。[30]

---

[29] 参见 J. G. A. Pocock，"Machiavelli and Guicciardini：Ancients and Moderns"，*Canadian Journal of Political and Social Theory*（1978：2），pp. 93－109。

[30] Ellen M. Rigsby，"The Failure of Success：Arendt and Pocock on the Fall of American Republicanism"，*Theory & Event*，2002，6(1)，p. 26.

下篇
政治思想方法论

第十章　论政治思考的"理解"

西方政治思想史的书写总是离不开对西方历史上伟大经典的诠释,如柏拉图的《理想国》、马基雅维里的《论李维》、霍布斯的《利维坦》(*Leviathan*)、洛克的《政府论》(*Two Treatises of Government*)等,都是广受诠释的对象。但政治思想史因此又多受政治哲学的影响,乃至被等同于政治哲学史——要么政治思想史被解读为某些抽象观念的发展,比如"理性"或"自由"的展开,要么按年代顺序对经典著作做逐次编排,从柏拉图、亚里士多德起头,沿着西塞罗、马基雅维里、霍布斯、洛克、卢梭,一路解说到黑格尔和马克思。政治思想史长久以来难以摆脱的观念论书写方式,受到了不少思想史家的诟病。在阿伦特看来,政治事务内在的复数性、偶然性和可交流性,要求一种与之相应的言说方式,但传统的哲学叙事从产生之初就建立在真理与意见、沉思与行动的对立之上,而认可政治事务所需要的复数性视角,恰恰是哲学思维内在的独白性质所不具备的。"在一个'我们'总是要参与到改变我们共同世界的行动中,行动与思想的独白事业(即在我和自身之间的对话)判然对立,水火不容。"[1]

实际上,历史上伟大政治思想文本的作者,虽然在政治思考中形成或提炼了他们的哲学,但他们却都不是站在政治之外思考的:柏拉图在他的政治理想饱受打击后写作《理想国》,马基雅维里在被流放期间写作《君主论》,霍布斯和洛克一直身处于英国内战及革命漩涡中。

---

[1]　Hannah Arendt, *The Life of Mind*, vol. 2: *Willing*, p. 200.

正是基于作者对其时代的政治问题的反思，经典文本才成为后世政治论辩的文本依据。政治思想史书写如何能摆脱经典文本之既有哲学观念的影响，恰如其分地对待其政治思考的主题，又能从经典文本中获得理解的多元化视角？

在政治哲学的抽象观念论之外，近代的政治思考又采取了社会科学的实证主义思路，认为政治科学要寻找的是支配人的行为和社会生活的齐一性和规律性，可以借助经验研究和统计的方法获得可量化、可预测的规律。1959 年 5 月，既是科学家又是英国作家的 C. P. 斯诺（C. P. Snow）在剑桥大学做了一次演讲，题为"两种文化与科学革命"（The Two Cultures and the Scientific Revolution）。在演讲中他指出，西方现代文化存在的一个突出现象就是科学文化和文学文化之间的分裂。他发现，科学家和文学知识分子已成了互不沟通、互不了解的两个群体。斯诺由此提出的关于"两种文化"的分裂，被称为著名的"斯诺命题"（Snow's Proposition）。阿伦特写于 1954 年的"理解与政治"（Understanding and Politics）一文也探讨了现代人文科学和自然科学的分裂，在她看来这个问题是科学面临的意义危机，更是人类理解的危机。因为我们用于解释实际事物的科学知识本身不能提供意义。意义的获得依靠对知识命题的"初级的、未明言的理解"（a preliminary, inarticulate understanding），进一步的理解还需要批判思考"那些先于并指导严格的科学探索的判断和偏见"，那些"悄然渗透在（科学探索的）术语词汇中却缺乏批判眼光"的东西。她把最终得到的既包含自我反思又有批判对话的理解，称之为"真正的理解"。② 真正的理解超越了知识，将知识带入到我们与他人共处的世界。

"理解"也是每个人从自己出发与已发生之事的和解；在她看来，历史和政治科学的任务首先是理解——理解这个世界所发生的事情，这正是政治思想家不同于形而上学家或科学家的地方。《极权主义的

---

② Arendt, "Understanding and Politics", in *Essays in Understanding*, *1930 - 1954*, ed. Jerome Kohn(New York: Harcourt Brace, 1994), p. 311.

起源》就是这种"理解"的产物。在理解极权主义时,她反对有些思想家一头扎到希腊思想或者启蒙运动中去追溯极权的形而上学起源或理念根源,也反对当时的政治科学把极权统治归结为"专制"或"暴政"这类人们早已熟悉的概念,而认为不再需要理解。对她来说,理解的要求恰恰是就一个特定的事件去理解,从自身出发来理解,采用任何形式的决定论都是犯了不相干的范畴错误,即把人类的实践科学混同于自然科学。在《极权主义的起源》的序言中,她如此谈论理解的政治意义:"理解并不意味着否定暴行,不意味着为史无前例的事实寻求先例,或者用类比和通则来解释现象,从而让人不再受到现实的冲击和经历的震撼。相反,理解意味着自觉地审视和承担起本世纪压给我们的重负——既不否定它的存在,也不在它的重压下卑躬屈膝。简言之,理解意味着无论面对何种现实,总要坦然地、专心地面对它、抵抗它。"③

德国诠释学(Hermeneutics)传统一直都有对社会科学研究的实证主义方法的反思,诠释学鼻祖狄尔泰(Wilhelm Dilthey)将自然科学的"解释"和人文科学的"理解"对立起来,主张人文科学的最终目的在于理解,海德格尔提出"理解"是此在(Dasein,即人)的存在方式。现代诠释学按其强调的重点不同,可分为强调"作者原意"的诠释学、强调"文本原义"的诠释学和强调"读者所悟之义"的诠释学这三种形态。④ 第一种形态的代表人物是施莱尔马赫(Schleiermacher)和狄尔泰,这种形态起源于圣经诠释学。根据基督教教义,圣经真正的作者是上帝,它虽由四十多位作者在不同时期内写成,却都是来自上帝默示或圣灵所感,圣经诠释的目标乃是透过语义学、文字学等技术分析来正确理解人类语言背后的"上帝之言"。施莱尔马赫是著名的圣经诠释学家,他虽然把圣经诠释学发展成一种普遍的诠释学方法论,提出语法解释和心理学解释的普遍方法,但他的特殊贡献仍是对作者原意的心理学解释。"这种解释归根结底就是一种预感行为,一种把自

③ 阿伦特:《极权主义的起源》,第 26 页。
④ 参见潘德荣:"诠释学:理解与误解",《天津社会科学》,2008 年第 1 期,第 32 - 33 页。

己置于作者的整个创作中的活动，一种对一部著作撰写的'内在根据'的把握，一种对创造行为的模仿。"⑤"促使施莱尔马赫有这种方法论抽象的兴趣，并不是历史学家的兴趣，而是神学家的兴趣。"⑥按照德里达（Jacques Derrida）的观点，这是一种让意义还原为终极在场者之言说的语音中心主义（phonocentrism）的体现。保罗·利科所倡导的文本诠释学则力图克服这种古老影响，肯定"文本原义"。利科把文本（text）定义为"任何由书写固定下来的话语"，利科认为正是由书写的固定化造成的各种间距，才使文本成为一种客观的所与物，话语得以超越自身并有其意义。而且，书写使文本对于作者意图的自主性成为了可能，"本文从口头语言解放出来才引起了语言和语境关系，及语言与各种有关的主动性（作者的主观性、读者的主观性）之间关系的真正大变动"。⑦

诠释学的第三种形态是在当代诠释学研究中最具影响力的海德格尔和伽达默尔（Hans-Georg Gadamer）的诠释学。海德格尔对诠释学的核心概念——"理解"（*Verstehen*）——做了一个本体论的解释，即解释为此在之人的存在方式，只要此在存在，它就理解存在，因此理解不再只是一种文本解释的方法论模式。由于此在的"被抛入性"（*Geworfenheit*），其每一个生存式的理解活动都要在其所处的历史、文化境遇中展开，理解过程乃是读者和作者各自所处历史世界的相遇、交流过程，在这个过程中我们理解了对象和自身。伽达默尔把理解的这个双向交流过程称为"视域融合"（fusion of horizon），对他来说单纯强调作者原意或文本自身意义都是错误的，"真正的历史对象根本就不是对象，而是自己和他者的统一体或一种关系，在这种关系中同时存在着历史的实在和历史理解的实在。一种名副其实的诠释学必须在理解本身中显示历史的实在性"。⑧

---

⑤　伽达默尔：《真理与方法》，上海：上海译文出版社，2004年，第242－243页.

⑥　同上，第256页。

⑦　保罗·利科：《解释学与人文科学》，陶远华、袁耀东等译，石家庄：河北人民出版社，1987年，第50页。

⑧　伽达默尔：《真理与方法》，第387页。

实际上，作者原意、文本原义和读者所悟之义是诠释学的三大要素，在不同的诠释活动中，三方面各有侧重，比如理解宗教经典强调作者原意或文本原义，理解艺术作品则看重读者所悟之义。诠释学更应立足于诠释的对象、主题来探寻理解活动的本质，政治思想关乎"政治之事"的思考，即对阿伦特所谓的"言说与行动"的思考，这一主题刻画使政治思想史的理解活动具有了诠释学特征。本章首先考察阿伦特站在现象学诠释学的立场上对政治思想的史学叙事的认识，即她称之为"讲故事"（storytelling）的方式；然后讨论波考克受语言分析哲学的影响，将政治思想定义为"政治论说"，以及引入库恩的范式框架所带来的从语言分析到历史重构的过渡。

一、阿伦特：捍卫政治的史学叙事

荷马史诗《奥德赛》（*Odyssey*）讲述了希腊英雄奥德修斯（Odysseus）在特洛伊战争后漂泊十年返乡的故事。阿伦特认为，历史是从尤利西斯（Ulysses，奥德修斯的拉丁文名）在腓埃叙亚（Phaeacia）国王的宫廷里，倾听他自己故事的那一刻开始的，在听盲眼诗人吟唱他的遭遇时，他的泪水潸然而下。"尤利西斯的生活故事，此时成了他自身之外的东西，成了所有人看和听的'对象'。曾经只是纯粹遭受的事情，此刻变成了'历史'。"⑨历史开始于某人的生活故事被讲述和被倾听的那一刻，当尤利西斯倾听他的故事时，他才理解了自身，并与现实和解。

这个典型场景在阿伦特看来浓缩了历史叙事的全部要素。首先，历史叙事的主题是行动者的故事。由于行动者在存在论上的诞生性（natality）和复数性（plurality）条件，每一个行动都具有原生的自由——开端启新的能力，同时又势必进入由众多行动者组成的关系网络当中，卷入一场自己无法预告开端、无法控制结果的过程。这个过

---

⑨　Arendt，*Between Past and Future*，p. 45.

程最终浮现为某个行动者独一无二的生活故事，显露出他是谁。但这个自我彰显的过程对这个人而言始终是隐藏的，即他自己不是他生活故事的作者。"某人开始了一个故事，他在双重意义上是故事的主角：既是它的行动者，又是它的遭受者，但没有人是故事的作者。"⑩对她而言，行动者"是谁"只能从他人的事后讲述中得到彰显，行动者的自我理解、自我反思也只能从被讲述的故事中获得。"就像希腊宗教中终身陪伴着每个人的守护神（daimōn）一样，总是从背后注视着人，只有迎面过来的人才看得到。"⑪

其次，历史叙事的语言并不是外在于行动的传达媒介，在行动故事中，言说和行动有着更密切的内在联系：（1）在政治中，伟大的言说本身就是行动，即以言说进行的行动，比如伯里克利在阵亡将士葬礼上的演说；（2）言说是对行动的摹仿和完成。阿伦特指出，将所发生的事情转换为历史，本质上和后来被希腊悲剧所采用的做法——在词语中的"摹仿行动"——是一样的，摹仿（mimēsis）是对故事主人公事迹的再现，通过这样的再现和讲述，"才能完整地传达故事本身的意义，以及在故事中揭示的'英雄们'的意义"。⑫ 而且政治言行本身是一个变动不居、无休止相互作用的过程，它在被讲述的那一刻才终止、固定下来，在听者的理解中达到完成。"'完成'暗示了每个被付诸行动的事件必须最后落实在那些讲出这个故事、传达出其意义的人们心里；在行动之后，没有这一思考的完成、没有记忆所实现的清晰阐明，就几乎没有故事可讲。"⑬

近代历史科学有所谓客观主义和主观主义之争，历史科学企图模仿自然科学的"客观性"，自然科学则声称历史是主观的。阿伦特的历史叙事让言说和行动，历史和政治联系起来，重新发现了西方人久已忘却的一种对历史"客观性"的认识。这种客观性是事件本身的显露，事件的"意义"不在于它满足了某种抽象观念或作为某种价值的体现，

---

⑩　阿伦特，《人的境况》，第 145 页。

⑪　同上，第 141 页。

⑫　同上，第 147 页。

⑬　Arendt, *Between Past and Future*, p. 6.

而在于伟大是自身闪耀的；虽然豪言壮语、丰功伟绩转瞬即逝，但通过诗人和历史学家的叙述，它们成了共同世界内的稳固存在，照亮着过去和未来。在政治事件向文本的转化中，阿伦特明确地站在历史叙事而非哲学叙事一边，她说："诗人与历史学家在一边，哲学家们在另一边，之所以存在这一区分，是因为前者只接受希腊人对于伟大的共同观念：来自荣耀和最终永久名声的赞颂，只能将其赋予已经'伟大'的事物，即那些具有光芒耀眼的性质，使其从所有其他东西中脱颖而出，使荣耀成为可能的事物。……借助历史，人们几乎可以成为自然的平等伙伴，而只有那些它们自身提升到可以与永恒的自然宇宙相抗衡的事件、作为或言辞，才是我们称之为历史的东西。"[14]在阿伦特的思想中，要确保这样的历史客观性含义，有两个条件是必不可少的，一是多元角度的讲述，二是在读者那里实现的理解。历史产品作为人类共同世界的一部分，具有公共性质，要依靠人们从不同角度的讲述、观看来维护。

阿伦特把行动之历史叙事表达为"讲故事"的活动，"讲故事"这一看似古老、原始的表达，包含了她赋予政治之历史叙事的重要内涵。首先，通过故事的讲述，概念、思想被连结到它们所源出的原始经验。她认为，每个抽象的概念原则背后，都有着以浓缩的形式概括的某类经验，因此，要真正理解它们就要返回到原初发生的经验或故事。第二，讲故事不可避免地带有讲述者的亲身体验和个人化视角。沃格林（Eric Voegelin）一度批评她写作《极权主义的起源》不过是出于个人情绪化的反应；阿伦特的回应是，她有意要抛开传统所谓的客观中立性，从个人的情感经验出发去作概念反思，对她来说，这样做是与她的特殊题材密切相关的"一种方法论上的必需"。她举了一个历史学家描写工业革命早期的英国工人阶级贫困状况的例子："人们对这类状况的自然反应是愤怒、义愤填膺，因为它违背了人的尊严。如果我描述这类状况却不允许掺杂我的义愤，我就使这个特定现象超越了它在人类社会中的背景，从而剥夺了它的部分属性，使它丧失了它内在具

---

[14]　Ibid. ，p. 48.

有的一个重要特质。"⑮最后，倾听他人从不同角度讲的故事，我们就有可能超越只考虑一己之私利的限制，尽可能从每一个他人的立场上思考，养成阿伦特所谓的"开阔胸襟"（enlarged mentality），并形成一种主体间性的客观认识，蒂施（Lisa J. Disch）把这样的客观性理解称之为"处境的无偏私性"（situated impartiality），认为"故事的暧昧性鼓励对意义的持久争论和多元重释，使处境的无偏私性成为可能"。⑯在阿伦特那里，"讲故事"的历史叙事既有方法论的含义，也有存在论的含义，文本属于一种居间（in-between）存在，讲述使文本返回到激发它产生的原初经验，又邀请读者从自身经验出发去理解，让作者、文本和读者之间始终保持多元批判的张力，讲故事因而成为我们理解政治事务和自身的必要活动。

二、波考克：政治思想之为"政治论说"

波考克是当代西方政治思想史研究中"剑桥学派"（Cambridge School）的代表人物；而剑桥历史学派的形成深受彼得·拉斯莱特（Peter Laslett）的影响。拉斯莱特在 1948 年编辑罗伯特·菲尔默（Robert Filmer）的著作时发现，菲尔默的《父权制》（*Patriarcha / The Natural Power of Kings*）初版发行于 1630 年间，但到 1679 年才再版，并成为洛克《政府论》上篇的批判对象。接着他又考证出《政府论》的写作年代，证明《政府论》两篇都写于 1681 年，上下篇前后相差几个月，而不是像人们一直以为的《政府论》下篇写于 1689 年，目的是为 1688 年的光荣革命做辩护。"《政府论》两篇的出现是在要求进行一场革命，而不是为一场需要辩护的革命提供理据。"⑰这个看法意味着洛

---

⑮ Arendt, *Essays in Understanding*, *1930－1954*, pp. 403－404.

⑯ Lisa J. Disch, "More Truth than Facts: Storytelling as a Critical Understanding in Writings of Hannah Arendt", *Political Theory*, vol. 21, no. 4 (Nov., 1993), p. 688.

⑰ 彼得·拉斯莱特：《洛克〈政府论〉导论》，北京：生活·读书·新知三联书店，2007 年，第 61 页。

克作为政治思想家和他在历史中所起的作用都要受到重新审视,拉斯莱特的工作揭示出文本写作、出版、被接受的历史语境对于理解文本意义的重要性,历史学家的解读不同于哲学家的解读。拉斯莱特在 1956 年编辑的《哲学、政治和社会》(*Philosophy*, *Politics and Society*)第一辑导言中,宣布政治哲学已经死了。"政治哲学已死"的宣言成为这套丛书多方辩驳的焦点,在分析哲学和政治科学的双重夹击下,政治哲学不再有意义似乎已成事实。传统上每一种政治哲学都提供了一套关于政治事务之本质的大观念,这类大观念规定了何为良善的政治秩序,大观念本身又从属于一套人性论和宇宙论的系统学说。到了现代,对政治事务和政治秩序之性质的研究,被纳入政治科学的范围,而抽象的大观念及其规范主张又经不起分析哲学的批判,"政治哲学已死"的宣言就表明了来自分析哲学的态度。

波考克指出,一套哲学理论所假定的抽象观念,需满足"最大理性融贯"(maximum rational coherence)的要求,但政治思想并不能被证明为只是一些抽象观念在特定时间和范围内的应用。[18] 即使政治思想家的目标是达到一定程度的理性融贯,进一步的历史研究也可能表明他并没有做到或与实际中所思考的不一致。理性融贯和对历史现象做经验描述属于哲学和历史的不同活动,但在目前,"一个政治写作或作品作为政治哲学或理论上的融贯性,被错误等同于历史现象的性质;文本的历史阐释、解释或说明又因此被等同于融贯性的发现。在此主导下,阐释者的目标除了是发现历史中已有的正确原则之外,就是显示文本包含了作者或他同时代读者心中已有的意义"。[19] 用哲学解释来代替历史研究的例子很多,波考克以理查德·I. 亚伦对洛克的解读为例。[20] 在注意到洛克明显对历史上的各种政治理解不感兴趣的时候,亚伦匆忙断定说,因为洛克生活在理性主义时代,所以不关心什

---

⑱ Pocock, *Politics*, *Language and Time*(New York: Atheneum, 1971), p. 7.

⑲ Ibid. , p. 6.

⑳ 理查德·亚伦(Richard I. Aaron,1901 - 1987)是威尔士哲学家,也是当时洛克研究的权威,其代表作为 *John Locke* (Oxford: The Clarendon Press, 1955)。

么历史解释。㉑ 历史学家也同样难辞其咎，比如享有盛誉的萨拜因（George Holland Sabine）的《政治理论史》（*A History of Political Theory*），就不是对一种自主连续的人类活动（政治活动）的讲述，而是按年代顺序对诸多哲学体系的排列。㉒

波考克将政治思想传统看作一种特殊类型的传统——"智识化传统"（intellectual tradition），在这里传统指"行为传统"："意即我们从一个社会的过去继承下来的整套方式，我们以之在政治中做事、谈话和思考。"他接受奥克肖特对政治理论活动特征的描述，视政治思考为一种从行为传统中做抽象、缩略的活动，目的是"追求传统的暗示"。从这个角度出发，政治思想追求理论和实践两方面的暗示，"政治思想可以被当作社会行为的一个方面，即人们相互之间行事和对他们的社会制度作反应的方式；或者可以被当作理智的一个方面，即人们对他们的经验和环境获得理解的尝试"。㉓ 将政治思想定义为一系列从经验和传统中的抽象之物，这个说法得以让波考克从不同抽象水平来看政治思想史和政治哲学的区分；如果把思想看作生产、使用抽象观念的活动的话，历史学家的工作则是考察这个思考活动的过程，证实抽象的概念法则是否被思想家在特定思考中使用，如何在特定时期内形成等等。这与哲学家关心"最大理性融贯"所要求的抽象水平在程度和取向上都是不同的。"哲学家感兴趣的思想，是就它能在严格合理性上被解释而言所产生的思想，他也关心能够这样做的限度。历史学家感兴趣的是思考政治的人，就如同他们也是在战斗、耕种或做其他事的人一样，也就是说，历史学家关心的是在社会中行事的人，其有据可查的行为能够以历史重建的方法来研究，借此来说明他们生活于其中的世界是什么样子的，他们又为何以如此的方式行事。"㉔

波考克既受奥克肖特的影响，又接受了科林伍德（Robin George

㉑ Pocock, *Politics*, *Language and Time*, p. 7.

㉒ Pocock, *Political Thought and History*, pp. 21, 52.

㉓ Ibid., p. 5.

㉔ Ibid., p. 9.

Collingwood)的"一切历史都是思想史"的看法,后者认为历史中的事件和关于事件的思想构成了行动的整体,思想史家的目标乃是重思研究者的思想。他指出只有出现一种自主的方法论,才能根本打破政治思想史和政治哲学的困局,因为"对许多人来说,1956 年语言分析对政治哲学的颠覆,帮助政治思想史从体系史(在旧的意义上的'哲学')中解放出来,转变成一种使用语言和研求词汇的历史(在新的意义上的'哲学')"。㉕ 把政治思想现象当成严格的历史现象、乃至历史事件来研究,这一方法论转型的步骤,简言之,就是"将政治思想重新定义为政治语言的探索和复杂交流",㉖ 视"语言"为历史的产物和拥有自身历史的"施为者"(agent)。这些做法的好处有:(1)对语言的探索既会带来作为历史结果的陈述("一级陈述"),也会带来关于历史陈述所用语言的"二级陈述",由此,历史和哲学的区别可归为不同抽象水平的"一级陈述"和"二级陈述";(2)也可以把语言活动视为一个历史的施为者,语言活动造成了语言意识的改变,并因此改变了语言使用的历史本身。㉗ 波考克这里所说的语言,既指一般政治讨论中所用的取自不同社会文化传统中的词汇,如法律、宗教、经济、风俗的语言,又指对以上语言的使用做出解释和辩护的专门政治术语。因而,他所谓的"语言"实际上特指与政治有关的语言,属于一种"次级语言"(sub-language)。㉘ 正如分析哲学以语言分析来摆脱认识论哲学的主客二分那样,波考克强调把政治思想定义为政治论说,也为了摆脱历史研究常常陷入的观念论与反映论(Theory of Reflection)、唯心主义与唯物主义的二分。政治思想不是依赖于一个观念的假设,也不是将思想仅仅视为现实社会状况和政治形势的"反映",由于语言本身就是现实结构的一部分,思想史家更关心的是这个"反映"的过程如何发生、政

㉕ Pocock, *Politics, Language and Time*, p. 12.

㉖ Ibid. , p. 15.

㉗ Ibid. , p. 12.

㉘ "我们可以把前者称为传统语言,后者称为技术语言。我不禁还要加上这样的想法:政治哲学不过是一种特殊门类的技术语言——一种讨论中使用所有其他语言的、可理解的二级语言模式",引自 Pocock, *Political Thought and History*, p. 89.

治语言如何从现实结构中生长出来，以及如何改变了现实结构。对波考克而言，政治语言即政治思想，也即政治实在，历史学家的目标是忠实描述它在语言中发生的变化。

三、话语行动、政治语言和范式

波考克把政治思想定义为政治论说，当然单单分析一个陈述的逻辑结构并不能将之确立为历史现象；如杨贞德教授指出的，波考克主张政治思想史为政治论说史，包含着他视言说为政治行动，以及视"语言"为典范的两项基本立场。[29] 下面从政治语言、语言政治和语言范式三个层次来说明他的政治思想方法论，并着重说明"范式"理论在其方法论中的重要性。波考克认为，政治写作包括政治行动的言说（the verbalization of a political act）和言说之为政治行动（verbalization as a political act），[30] 历史学家更关注后者，即政治作家的话语行动（speech act），而非前者所传达的政治信息。受奥斯汀（John Langshaw Austin）的"以言行事"（do things with words）的影响，波考克强调政治语言即行动，须将之当成在历史上被演示的事件来看待。言说的政治性在于，言说是人们之间相互施加权力的行动，话语具有对他人施加权力的力量，但他人的反应、解释或拒绝又反过来改变说话者的行动。无论我们在语言媒介中传达了什么样的意图，都无法阻止其他人去传达他们的意图，乃至用我传达的意图去建构和传递他们的意图，对此的了解也让我们在开始交流的时候，就不得不考虑和观察他人的策略。他认为在政治论说中，说者和听者的关系一定程度上类似于亚

---

[29] 杨贞德："历史、论述与'语言'分析——波卡克之政治思想研究方法述要"，《中国文哲研究通讯》，第 7 卷 4 期(1997)，第 151－179 页。此文对波考克政治思想研究方法的述要令笔者深受启发，不同于杨教授从史学角度对其方法论的梳理，我们这里更关注其方法论的哲学意蕴。

[30] Pocock, *Political Thought and History*, p. 33.

里士多德所设想的城邦中公民的关系:统治、被统治和轮番而治。㉛ 在此,波考克并非假定一个政治作家总是参与一个自由平等的理想商谈语境,但他认为由于语言的不可控性,即使在不平等的关系中,言说也能在单向权力系统中引入裂缝,使之成为双向可交流的。历史学家在政治语言之上做进一步的论说,就是"做出对于这些使用中的媒介、其裂缝和我们的策略——它们不仅是权力游戏中的做法,而且同时被使用它们的游戏者双方所明言——的陈述,如果做到这一步,我们就达到了理论目标,即做出了对言说的言说(making utterance about utterance),它们具有一定的客观性,从而能够施行更多的媒介和交流功能"。㉜ 通过这个步骤,政治思想就从一个纯思想的活动演变成了话语权力的分配和交流的演示活动。

　　言说不单是在说者和听者、作者和读者之间的交流,它们一开始就进入了一个由社会实践和历史情势决定的某个语言共同体,这个语言共同体在政治写作中体现为语境或文本的框架。在此意义上,"话语行动先被制度化,语言给我权力,但这是我不能完全控制和阻止他人共享的权力。在施行一个言说权力行动时,我也进入了一个共享的权力共同体"。㉝ 波考克有时采取索绪尔(Ferdinand de Saussure)的分类,把单个的话语行动称为"言语"(parole),把语境和文本限定的语言结构称为"语言"(langue)。语言框架既得到话语行动的证明和修改,又是话语行动得以施行的条件。在剑桥学派中,波考克思想的一大特色是,他不仅把政治论说看作多人参加的语言游戏,而且强调语言框架本身的多元性:在同一个时期内存在着相互影响和相互竞争的多种语言,例如柏克(Edmund Burke)所用的英国古宪法语言、霍布斯在《利维坦》中所用的宗教语言、16 世纪英国思想与 17 世纪法国思想的法律语言及习俗语言等。政治论说因此是言语之间、言语和语言、不同语言之间的互动,如此多层次的互动造成了话语的巨大暧昧

㉛　Pocock, *Political Thought and History*, p. 68.

㉜　Ibid., p. 41.

㉝　Ibid., p. 39.

性和不可控性。"政治语言因此必须被思考为复数的、弹性的和非终极的；每个话语都允许双方的回应，其他话语行动从内部对它的修正，与其他语言结构的多种形式的互动，以及后者从外部对它们的修正。"㉞也就是说，话语行动不仅彰显在一个城邦中，而且常常游走在多个城邦中间交往争战。一个政治作家根本无法控制他言说的意义；在波考克看来，他的言说行动实际上处在三方面的相互作用中：(1)说者和听者之间；(2)多重的语言结构之间；(3)超出作者自身意图的广泛历史过程和政治形势之间。

但波考克的意思并不是说思想史家的工作仅仅是客观地展示这个话语表演过程，实际上面对如此复杂的互动，展示总是有选择性的，他视之为在假定的"语言型"之下对政治讨论的"重入"(re-entry)和"重构"(reconstruction)的活动。对其政治论说史的方法论建构来说，一个最有价值的贡献来自托马斯·库恩的范式理论。首先，政治论说的重构需要确定和选择一般语言的标准，在多重的语言结构中做出取舍。波考克不讳言这一点，"我在复数的意义上使用'语言'一词，在此意义上任何一种'语言'都是一个语言学策略：选择某些信息，组织事实和事实被认定会造成的规范后果，向接受者下达这些信息"。范式则提供了一套理智和语言的权威标准，"范式，在我的使用中表示构造一个探索领域或其他理智行动的方法，它赋予某些领域和活动的组织以优先性而屏蔽掉其他领域和活动；它鼓励我们假定自己处在某种现实之中，被呼召去以某种方式行动、言说或思考，而非以其他方式。它施加权威和分配权威，以便有利于某些行动模式和从事行动的人；它在理智和政治上、在伦理和审美上，都是有偏向性的"。㉟ 一个给定言说的意义只有在一个语言范式内才能确定，历史学家首先要追踪语言的使用过程来孤立出某些语境或范围。其次，政治论说需要从广阔的历史语境中追踪范式之间转换的过程，指示出某些陈述在多大程度上成为一个缔造范式转换的政治事件，一个语言和历史的关键"时刻"，

㉞　Pocock, *Political Thought and History*, p. 74.

㉟　Pocock, *Politics*, *Language and Time*, pp. 71 – 72.

让政治情势被话语行动所改变。

库恩的范式理论认为科学革命不是启蒙意义上的进步，而是新科学观取代旧科学观的结构转换。在所谓常规科学时期，范式——主导性的概念和理论——不仅指导着问题的解决，而且规定着可以被清晰表述并有望解决的各类问题。围绕着范式进行的对理智活动的分配和组织活动，也在科学家中间形成了一个"科学共同体"。科学革命发生在范式不再起作用，不仅问题得不到解决，而且范式指示的问题也因为错误的进路而无法解决的时候。这时候就要求出现一个新的范式来重新定义待解决的问题，甚至重新安排和定义学科本身。对波考克的政治语言来说，范式方法论的特征主要在于"它把一个思想史分支当成语言和政治的过程来对待，把一种高度形式化的思想活动当成以语言学手段交流和分配权威的活动来对待"。[36] 当然，政治共同体不同于科学共同体，政治语言也不同于科学语言，比如科学语言是以解决问题为目标的理智趋同的活动，而政治语言是修辞性的，人们可以从各种目的出发来说语言，以各种方式置身于其中的阐述和交流都可以成为政治文化的一部分。两类范式最大的不同则是，政治语言的范式常常是多元共存的，而非新范式淘汰旧范式，或者一个主导范式排除其他范式。例如他指出西方政治思想上一直存在的德性语言和权利语言的竞争；马基雅维里的政治语汇是在和佛罗伦萨公民人文主义语言与君主制语言的竞争中发展起来的。在任何时候，一个给定言说的意义都必须从范式结构中来理解。波考克这样解释他的工作："从方法论上说，我所有要声明的就是，我一直以来所写的争论史，都是发生在范式和其他言说结构重叠互动的文化中的争论；在那里之所以有争论，是因为在不同'语言'、语言使用团体和个人之间存在着交流。"[37]

波考克将"政治思想"定义为"政治论说"，虽有效地摆脱了诠释的心理学和认识论模式，但他并未由此得出政治论说史是一个纯粹语言

---

[36] Pocock, *Politics*, *Language and Time*, p. 14.

[37] Pocock, "The Reconstruction of Discourse", in Pocock, *Political Thought and History*, p. 74.

游戏的自主活动的结论。范式对于"政治论说"的方法论意义在于：(1)范式提供了一套理智和语言的权威标准。由于一个给定言说的意义只有在一个语言范式内才能确定，历史学家需要从语言的多重使用中孤立出某些语境或范围；(2)政治论说史也包括了从广阔的历史语境中追踪范式转换的发生，揭示出某些概念或表达在多大程度上成为一个造成范式转换的事件、一个范式革命的"时刻"，让政治和历史形势被话语行动所改变。⑧ 通过引入库恩的范式方法，波考克使政治论说的语言分析得以在一个诠释学的解释框架内进行。

对于借助诠释学来理解人文科学诸领域的学者来说，讨论诠释对象自身的独特性是理解活动的应有之义。阿伦特和波考克这两位当代重要的政治思想家都认识到，政治思想的对象是"言说和行动"，在政治思考活动中，言说和行动有根本的关联，这使得政治思想史所涉及的诠释活动具有独特性。在他们那里，作者原意或施为者的原初意图在多重话语行动的演示中没有地位；他们都强调还原历史自身的"客观性"含义；对阿伦特来说，这种客观性只有通过叙述者和读者的多元讲述及倾听来挽救，读者的理解、质疑和反思对于保持历史真相作为一种公共存在来说是必不可少的；对波考克而言，历史真相要从多重言说的互动中辨识而得，理解因此不可免地是诠释者对某种语言范式的认同和选择的结果。

---

⑧ Pocock，*Politics*，*Language and Time*，p. 29.

第十一章　阿伦特与马克思：
解释的和批判的政治哲学

　　阿伦特于 1951 年发表的《极权主义的起源》和 1958 年发表的《人的境况》，奠定了她作为 20 世纪杰出政治思想家的地位。但在 1951 年至 1958 年间，除了一些评论外，她并无作品问世，她的读者常常为两部著作之间缺乏清晰的联系而感到困惑：她何以从对纳粹主义源起的历史与政治学分析，一跃到了对人之境况的哲学反思？如此巨大的转变很容易给人造成这样的印象，就是她像海德格尔、列奥·施特劳斯(Leo Strauss)、埃里克·沃格林等德国哲学家一样，"从 20 世纪的灾难一头扎进了古希腊城邦的理想世界"。[①]　其实，这中间并不存在什么"一跃"，对马克思主义的研究是她这个时期的工作重心。《极权主义的起源》最受质疑的不足之处在于，她匆忙地把斯大林的统治归到极权主义名下。虽然斯大林统治具有她所概括的极权主义的两个基本特征(意识形态和恐怖)，但由于她对这些特征在苏联的发展不能做出有力的历史勾勒，也不能采用她在分析纳粹主义起源时所提出的种族主义、帝国主义、孤独大众等要素来解释，因此对"极权主义"概念的解释力提出了挑战。为此，她感到要说明斯大林体制的极权主义性质，就需要进一步追溯马克思主义和极权主义的关系。1952 年，她向古根海姆基金会(Solomon R. Guggenheim Foundation)申请了题为"马克思主义中的极权主义因素"的研究计划，在埋首苦读近一年后，

[①]　Margaret Canovan, *Hannah Arendt: A Reinterpretation of Her Political Thought* (Cambridge: Cambridge University Press, 1992), p. 63.

这个研究计划却搁浅了。一方面是因为她原定的马克思主义-列宁主义概念发展史的工作量太大，另一方面是因为她发现最初的计划显得视野狭窄，对马克思主义的批判实际上把她引向了对整个西方政治思想传统的批判，而后一部分才是她更感兴趣的。从 1953 年开始，她在普林斯顿大学开设专题讲座，讲授"卡尔·马克思与西方政治思想传统"，这一时期的研究后来体现在《理解与政治》《传统与现代》《意识形态与恐怖》（《极权主义的起源》再版增补）等著作中。而《人的境况》更是这段时期的研究结出的硕果。

阿伦特的马克思研究主要内容整理发表在 2002 年夏季、秋季和冬季的《社会研究》（*Social Research*）上，并收录于杰里米·科恩主编的《无依之思：论理解文集 1953 - 1975》（*Thinking without a Banister：Essays in Understanding 1953 - 1975*）中。② 就已编辑的手稿来看，主要有两部分内容：一部分概述马克思主义中的极权主义因素——马克思的劳动概念和"创造历史"思想，在阿伦特看来，前者是马克思以颠覆传统的方式表达了现代性的核心观念，后者则承继了西方政治思想传统中一贯的以"制作"取代"行动"的模式；另一部分内容是她对"所有传统政府形态的两大支柱"——法与权力——的考察。她认为，在把"权力"不是理解为共同行动的力量而是理解为暴力工具、把"法"不是理解为政治领域的人为界限而是理解为普遍自然（历史）法则的意义上，西方政治思想传统为极权主义体制的出现埋下了种子，马克思主义对法和权力的理解也属于这一传统。这部分对孟德斯鸠的政体思想和对共和主义原则的理解，对于当代共和主义的历史和哲学建构而言具有长远价值，虽然阿伦特本人并不擅长系统建构的工作。

讲座手稿固然在论证上不及专著完备，但表述更为清晰尖锐。比如她指出："马克思在以往的大思想家中独一无二，他不仅使得我们去关注今天还没有能摆脱的那种困境，而且也是被极权主义这个新的统治形态所利用，或者可以说被误用的人物。也可以这么说，他为我们

---

② 原稿为收藏于美国国会图书馆中的讲课文稿；现已有中译，参见阿伦特：《马克思与西方政治思想传统》，孙传钊译，南京：江苏人民出版社，2007 年。

提供了能回归传统的可靠足迹。"③问题是,既然阿伦特在《极权主义的起源》中把极权主义的崛起归结于帝国主义扩张、泛部落民族主义运动和现代大众社会,认为它们作为西方历史的潜流,只是在传统社会和政治结构崩塌时聚集和浮出水面,那么她为何在马克思主义中找到了从极权主义回溯西方政治哲学传统的"可靠足迹"呢?④ 她对马克思主义的进一步分析指出,马克思主义既是现代性症结的集中思想表达,又是从柏拉图到黑格尔的政治哲学传统"实现"的顶点。那么,在这个传统的断裂之后,我们如何来思考政治,政治哲学还存在吗? 阿伦特在这一时期对马克思主义和极权主义关系的反思,也为她的新政治科学打下了基础。本章先简要分析阿伦特站在"积极生活"(*vita activa*)的"劳动/工作/行动"三分立场上对马克思的批判,说明她既抓住了政治现代性问题的核心,又与马克思进行了一场充满误解的对话;最后围绕着行动和实践的概念,说明他们的思想分别为当代政治哲学提供了解释的和批判的方向。

一、"积极生活"在现代的失序

在阿伦特的马克思主义研究计划中,她一开始打算围绕着马克思关于人是"生产动物"(working animal)的定义做分析,她认为这个概念同时关联到马克思对劳动问题和历史问题的认识。⑤ 对阿伦特来说,人作为"技艺人"(*homo faber*)和作为"劳动动物"(*animal laborans*)的区分、工作和劳动的区分,在西方历史中是不言自明的;劳动是人为了维持生物生命而无休止地与自然交换的维生活动,工作是从自然中摆脱出来并制造人为产品的活动。在所有欧洲语言中,工作和劳动都是不

---

③　Arendt,*Thinking without a Banister*,p. 10;阿伦特:《马克思与西方政治思想传统》,第 10 页。

④　Young-Bruehl,*Hannah Arendt*,p. 276.

⑤　Ibid. ,p. 277.

同的两个词，与"劳动"对应的词都包含着"痛苦""折磨"之意。但马克思无视这一区分，并把劳动这种最接近动物性的活动提升为人的本质性的创造活动。在阿伦特看来，这一点和马克思在《关于费尔巴哈的提纲》(*Theses on Feuerbach*)第十一条里宣布的"以哲学来改变世界"的观点一起，构成了他对西方思想传统的根本反叛。

由马克思的"生产动物"激发的对劳动和工作之区分的关注，在阿伦特那里很快发展为探讨人类整个"积极生活"领域在现代的失序。她发现马克思并非是近代以来赞美劳动的第一人："劳动突然从最低级、最卑贱的地位上升到最高级、在所有人类活动中最受尊敬的地位，这种变化始于洛克发现劳动是一切财产之源，接着亚当·斯密断言劳动是一切财富的源泉，最后在马克思的'劳动体系'中达到了顶点，在那里劳动变成了全部生产力的源泉和人性的真正表现。……但是在这三个人当中，只有马克思以极大的勇气，坚持不懈地认为劳动是人类创造世界的最高能力。"⑥按照阿伦特对"积极生活"三种活动所做的现象学分析，劳动实质上是"无人的"，作为人的类生命的维系活动，劳动从属于周而复始的生物循环；工作实质上是"一人的"或唯我的，一个人单独受自己头脑中已有理念、模型的引导来制作产品，自然是他暴力改造的材料，世界是他的对象；只有行动是"多人的"或复数性的，正是由于与他人的在世共存，人们之间才需要言谈行事和彰显自己是"谁"。也就是说，行动才是人们之间的、与人的复数性相应的活动。在她看来，马克思在《资本论》(*Capital：A Critique of Political Economy*)、《德意志意识形态》(*The German Ideology*)等著作中所反复强调的人的本质性活动只是劳动，即维持肉体生存的活动——用马克思的话说就是"人与自然的新陈代谢"或"生命的生产"。由于劳动和消费是生物生命循环的两个阶段，因此马克思有时也把劳动称为"生产性消费"。"马克思的整个理论都围绕着一个早期洞见：对劳动者来说，首要的是通过维持他生存手段的生产，来实现他自身生命的再生产。在他的早期著作中，他认为'当人们开始生产他们的生存手

---

⑥　阿伦特：《人的境况》，第 73－74 页。

段时,就把他们自己和动物区别开来'。"⑦工作对自然的改造,在他看来仅是自然物质在劳动过程中适应人的需要而改变了形式,虽然他也意识到工作特有的"生产性",即造成自然之外的人造物的性质,因此区分了生产性劳动和非生产性劳动,但他同时又假定,劳动本身就有一种"生产性",这种"生产性"不存在于产品的生产中,而存在于人的劳动力中。劳动力,即劳动者的身体力量,本身就能转化为"生产力";劳动除了满足个人生命的再生产外,剩余的劳动力就可以自动用于物的生产,这就是劳动所谓的"生产性"。马克思似乎有一种多余劳动可以自动向创造性活动转化的想法,前提是在打破了资本主义的剥削关系之后。但在阿伦特看来,这纯属幻想:"与工作的生产性为人造物增添了新东西不同,劳动的生产力只是偶然地造成对象,并且还主要地将之用作它自身再生产的手段;既然它的力量在确保了自身再生产后还没有耗尽,它就能被用于另一个生命过程的再生产,但它除了'生产'生命本身之外不'生产'任何东西。"⑧阿伦特认为,马克思一方面断言劳动是人的本质、劳动创造了人,另一方面向往一个人类从生存必然性活动中解放出来的社会,这个明显矛盾只能在"社会化的人类"的理想中得到解决,到那时,人类全体悉数投身于谋生活动,以至于"类生命"(species life)或"类存在"(species being)成为整个社会的主体,个人消失和融入生物性的"类存在"当中。"在一种彻底'社会化的人类'(它的唯一目标是维持生命过程,不幸的是这恰恰是指引马克思理论的乌托邦理想)那里,劳动和工作之间的区别完全消失了;所有工作都变成了劳动,因为所有东西都不是从它们的世界性、对象性上去理解,而是被理解为劳动力的结果和生命过程的功能。"⑨对她来说,马克思的劳动理论典型地预示了现代大众社会的生命统治和消费主义趋势。

阿伦特对马克思的另一个批判刻画了"积极生活"的第二种失序:

---

⑦　阿伦特:《人的境况》,第 100 页,注 34－36。

⑧　同上,第 65 页。

⑨　同上。

政治行动被还原为工作（制作），技术化的管理取代了自由的交往，取消了以多元、不确定为特征的政治领域。以制作代替行动，以各种规则、形式主义的管理来控制人，是人们在试图消除或减弱行动的不确定性时自然就有的想法，也贯穿于柏拉图以来的西方政治哲学传统。但为何马克思才被认为是西方思想家中第一个真正打算贯彻"历史规律"来指导"革命行动"并以暴力来推动世界进程的人？在阿伦特看来，答案早已包含在我们耳熟能详的语汇中，诸如"势不可挡"的历史"潮流"、"客观"的历史"进程"。她在《历史的概念》（The Concept of History）一文中指出，古代的历史概念讲述个人行动和遭遇的故事，而现代的历史概念则变成了过程的概念，这个历史过程的主体是人民或全人类，个体或个别事件的意义仅仅在于是否有助于实现历史的终极目的。黑格尔的"世界精神"已表达了这一观念，马克思所做的只是在唯物主义基础上把它颠倒过来，让生命过程自主地执行它的法则。"过程概念意味着具体和一般之间，单个的事物或事件与普遍意义之间，不再有任何联系了。过程自身就能让任何发生的事情——无论什么事情——有意义，由此垄断了普遍性和意义。"⑩简言之，在"劳动创造人"和"人创造历史"这两个断语背后隐含着"劳动创造历史"，生命法则成为历史主宰的命题，在这个宏大历史洪流中，行动、自由没有任何意义了。

阿伦特视马克思为最具现代洞察力的政治作家，她对马克思主义的批判毋宁是对政治现代性的批判。在《人的境况》中，她以与马克思主义相对照的视角来分析"积极生活"现代变异的各个层面，构成了她的现代性理论的基础。她在1953年的讲座中高度评价了马克思理论的时代意义。她说，马克思生活在一个大变动的时代，这个时代的特征由19世纪的三大事件——法国大革命、美国革命和西欧的产业革命——描绘出来：法国大革命揭示出暴力已成为历史的助产婆，美国革命揭示出所有人的平等已成为事实，产业革命揭示出劳动已成为社会的中心活动。这些事件体现在近代哲学的发展中，而马克思的伟大

---

⑩　Arendt, *Between Past and Future*, pp. 63 – 64.

就在于,他指出并把握了变化中的核心。不论我们愿不愿意,我们都置身于这种变化所带来的事态和危险之中。⑪

二、劳动:一场包含误解的对话

马克思的哲学预言了一个劳动社会的出现,所有不能归结或解释为劳动的活动都将被废除,不与工人阶级一致的阶级意识都不再具有存在的权利;在这个社会中,政治和国家终将"消亡",传统意义上的政治让位于行政管理,只要服从"历史规律"的逻辑推演就够了;个人最终融于"人类"社会或"社会化的人类",制作活动中残存的人性之光也变得多余,因为完成了的人道主义就等于彻底的自然主义。这些表述就是阿伦特所理解的"马克思主义中的极权主义因素"。在我们对此展开反驳之前,我想提醒读者注意,每当阿伦特谈到西方传统中的极权主义因素时,她的意思都不是说极权主义的产生可以归咎于这些因素乃至让某个思想家负责,而是说极权主义统治的出现照亮了思想传统中一些从前未被注意的方面。而促使自我理解的人们将之提炼出来的原因,既是由于这些要素本身的性质,也带有反思者的个人体验。在回应埃里克·沃格林把极权主义的起源归结于"诺斯替主义(Gnosticism)的精神疾病"的主张时,阿伦特这样表示自己跟他的区别:"我当然首要关心的是哲学内涵和在精神自我解释中的变化。但是这一点都不意味着我描述了'极权主义本质如何从 18 世纪的萌芽形态到充分完成形态的逐步揭示过程',因为在我看来,在极权主义形成之前,这个本质并不存在。"⑫

马克思的劳动概念是阿伦特集中批判的对象,但我认为她对此的第一个误解是:在马克思那里,劳动的基本形象并不是生物学意义上

⑪ Arendt,*Thinking Without a Banister*,pp. 16 - 17;阿伦特:《马克思与西方政治思想传统》,第 30 页。

⑫ Arendt,"A Reply to Eric Voeglin",in Arendt,*Essays in Understanding*,1930 - 1954,p. 405.

的生存活动,而是制造产品的对象化活动,不论他是否更多使用了"劳动"而非"工作"一词。劳动是人通过创造外部世界来自我实现的对象化活动,这是马克思从黑格尔的精神现象学中继承下来的重要遗产。据此,他多次批评费尔巴哈和旧唯物主义者只理解自然感性的、直接性的活动。除了对象化之外,人的劳动有别于动物的生存活动还在于前者受目标指引。《资本论》在谈到劳动是人的专属活动时,马克思说了一段名言:最蹩脚的建筑师比最灵巧的蜜蜂高明的地方,是在他用蜂蜡建筑蜂房以前,已经在自己的头脑中把它建成了。而我们知道,创造自然之外的对象和包含"手段-目的"范畴这两点,正是阿伦特赋予"工作"的特征。站在马克思的立场上,可以说阿伦特定义的劳动概念恰好表明资本主义社会的劳动已经异化到一个地步:人的自我实现活动变成仅仅维持自己生存的手段,"结果,人(工人),只有在运用自己的动物机能——吃、喝、性行为,至多还有居住、修饰等等的时候,才觉得自己在自由活动,而在运用人的机能时,却觉得自己不过是动物。动物的东西成为人的东西,而人的东西成为动物的东西"。[13]

阿伦特对劳动的另一个误解是,马克思讨论的并非抽象的劳动,而是劳动实际发生的社会历史过程,马克思在后期干脆放弃了带有黑格尔唯心主义色彩的劳动概念,代之以"实践"或"社会实践"。对马克思来说,从来就没有一个单独的、孤立的生命生产的阶段,一定的生产方式或一定的工业阶段始终是与一定的共同活动的方式或一定的社会阶段联系着的。他批评费尔巴哈的旧唯物主义时说:"他没有看到,他周围的感性世界绝不是某种开天辟地以来就已存在的、始终如一的东西,而是工业和社会状况的产物,是历史的产物,是世世代代活动的结果。……甚至连最简单的'可靠的感性'的对象也只是由于社会发展、由于工业和商业往来才提供给他的。"[14]在《关于费尔巴哈的提纲》第六条中说:"人的本质并不是单个人所固有的抽象物,在其现实性

---

⑬　马克思、恩格斯:《马克思恩格斯全集》第二版(第42卷),中共中央马克思恩格斯列宁斯大林著作编译局编译,北京:人民出版社,2005年,第94页。

⑭　马克思、恩格斯:《马克思恩格斯全集》第二版(第3卷),中共中央马克思恩格斯列宁斯大林著作编译局编译,北京:人民出版社,1995年,第48页。

上，它是一切社会关系的总和。费尔巴哈不是对这种现实的本质进行批判……所以，他只能把人的本质理解为'类'，理解为一种内在的、无声的、把许多个人纯粹自然地联系起来的共同性。"⑮这段话也可用于回应阿伦特。作为现象学家，她不是个本质主义者，但她坚持人的生产活动必须跟政治生活分离开，由于忽视生产活动在工业时代特有的政治内涵，阿伦特假定马克思的劳动就是如此规定人的本质的——"一种内在的、无声的、把许多个人纯粹自然地联系起来的共同性"。

　　阿伦特和马克思都是最有力地倡导政治自由的现代思想家，马克思关心的是在资本主义早期，劳动者如何从自身的生产实践中获得打破阶级壁垒的自觉意识，进入政治领域来决定自己的命运；而阿伦特关心的是在技术发展已基本解决了贫困问题之后，如何保护行动空间不受经济或社会考虑的侵蚀。阿伦特与马克思进行的这场对话充满误解，这在大思想家之间是常有的事。马克思最早让阿伦特注意到了劳动概念在现代的重要性；他们也都同意，人作为劳动者或劳动动物的规定性是与现代资本主义相一致的形而上学原则。但接下来阿伦特则开始了对人类活动的现象学分析，直到把马克思定位于西方政治思想传统的最后一环。他们二人对于劳动的不同理解和拯救方案，实则出于他们不同的哲学立场。阿伦特囿于亚里士多德的古典政治观，坚持劳动、工作和行动之间在存在论上的差别不可消除，而马克思的劳动概念则来自黑格尔的相互作用和对象化的辩证法，因而他能把"人与自然的新陈代谢""生产性活动""自由自觉的活动"这些在阿伦特看来属于不同层次的活动，融合在"劳动"这同一个概念中。同时，他们都把现代性的症结看作某种人类状况的异化。对阿伦特来说，是行动相继被工作和劳动取代，导致自由消亡的异化，而马克思认为异化的根源是资本主义的生产关系。站在阿伦特的立场上，我们也许只能希冀来自行动的、在全新方向上突然降临的拯救，但对马克思来说，这个拯救绝不会是历史的简单中断，他的共产主义革命毫不妥协地拒

---

⑮　马克思、恩格斯：《马克思恩格斯全集》第二版（第1卷），中共中央马克思恩格斯列宁斯大林著作编译局编译，北京：人民出版社，1995年，第18页。

绝一切浪漫主义式的解答。

对思考政治现代性问题的读者而言，阿伦特与马克思的对话让我们更能清楚地看到问题的实质和困境。如阿伦特所承认的，马克思第一个把劳动从黑暗、空虚、遗忘中拯救出来，他最早赋予了无产阶级以政治意义，让劳动者成为整个社会的代表，从而摧毁了古典政治概念的自相矛盾：政治的公共幸福和自由要依赖庞大的物质基础，而提供这种基础的大多数人都无法享有自由的美妙。他的思想是对现代三大革命的回应，但从此以后，平等和自由也成了相伴而生的双刃剑。在此，阿伦特绝非持政治精英主义立场，觉得劳动者天生就卑贱，而如汉娜·F.皮特金（Hanna F. Pitkin）所言，她反对的是对待政治的"以功利主义为特征的制作者思维方式"和"以过程思维为特征的劳动动物的思维方式"。⑯ 阿伦特对三种活动的区分提醒我们，虽然政治难以完全排除技术性的管理，更不可能与经济活动无涉，但却需要谨慎地保持它们之间的界限，维护政治的独立性，才能远离极权主义的噩梦。作为特定阶级、特定历史阶段的革命哲学理论，马克思主义希望通过物质的极大丰富和社会的分配正义来使劳动者进入公共领域，也许这并不是一个成功的方案，因为经济发展并不自动导向政治自由或成为自由存在的证据。在任何情况下，如果政治仅被用作经济或其他社会目标的手段，都会一步步导致自由的全面丧失。

三、"讲故事"和"革命的实践"

政治哲学探讨"政治"的概念以及政治行为的价值，1950年代拉斯莱特关于"政治哲学已死"的宣告，激起了移民美国的德裔学者如阿伦特、施特劳斯、沃格林对"何为政治哲学"的讨论。传统上，自柏拉图以降，每一种政治哲学都提供了一套关于政治事务之本质的大观念，这

---

⑯ Hannah F. Pitkin, "Justice: On Relating Private and Public", *Political Theory* (Aug., 1981), p. 340.

类大观念规定了何为良善的政治秩序;到了现代,对政治事务和政治秩序的研究被归入政治科学的范围,抽象的大观念及其规范主张无法经受分析哲学"拒斥形而上学"的批判。政治哲学难道只能提供一套理想政治的理念以及针对现存政治的道德批判吗? 作为现代的伟大思想家,阿伦特和马克思都加入了摧毁传统形而上学之列,都指斥传统政治哲学必然陷入的理论和实践的难题。马克思对传统哲学脱离现实的批评,经典地表达在被他的后继者付诸实践的那句名言中:"哲学家们只是用不同的方式解释世界,而问题在于改变世界。"阿伦特指出,在黑格尔之前,哲学思想一直被认为是指示并相信某种文明终结的东西。在黑格尔之后,一方面,最普遍意义上的思考活动扮演了在现实活动之后"向后回顾"的角色;另一方面,行动失去了意义,无论怎样伟大的行动都只能在无永恒光芒的偶然性领域里进行,只有靠"理性的狡计"给予它一点仅有的尊严。[17]

阿伦特可谓是西方哲学史上第一个赋予行动以存在论地位的哲学家,在她看来,行动之所以是可能的和必要的,是基于人的两个存在论条件:复数性(plurality)和诞生性(natality),这两个条件导致人的生活需要一个政治的维度、一个交往的共同体;在那里,总有出乎意料的事情发生,总可以期待新的开端、创新的喜悦。自由首先不是在思想或意志内体验到的,而是在行动中体验到的,没有政治领域中的自由,其他自由都是空谈和自欺。这是她从自己一生遭遇的极权主义风暴中得到的最大教训。她跟马克思一样,都深受德国古典哲学传统的影响,但她也和马克思一样,对这个传统的批判不是从对哲学内在理路的兴趣出发的,而是从对政治现实的极度不满出发的。传统哲学追求普遍的本性使其一开始就贬低行动,贬低政治生活的不确定性、偶然性(这恰是自由的本性),近代哲学更以历史规律、客观必然性的说法来为各样专制统治辩护。对极权主义的反思越深入,阿伦特越感到有必要拒绝"政治哲学"这样一个极具传统包袱并且隐含着思想压制

---

[17] 阿伦特:《马克思与西方政治思想传统》,第 33 - 34 页。

行动的表述。⑱

　　站在反思极权主义的基础上，阿伦特也反对将政治哲学还原为政治科学，这会导致放弃批判意识和道德责任。⑲ 那么，在拒斥了形而上的或实证科学的认识方式后，思想家如何能就行动本身做出普遍性思考？政治哲学还存在吗？简言之，阿伦特最终倾向于认为，思想家只是行动故事的讲述者，"行动"有一种特殊的"生产"故事的能力。⑳ 由于人类事务领域是由众人组成的关系网络，因此一个人的言行不可避免地要陷入到这个网络中并相互作用。行动总是有故事可讲，但行动者本人无法成为自己故事的作者，他独一无二的生活故事只能由旁观者揭示出来。在阿伦特看来，"讲故事"虽不是一种直接涉入现实的行动，但对于那些天性喜爱思考的旁观者来说，讲述——不可避免地带着思想家个人的理解和判断——也是一种根本性的人类活动，是行动的另一面，借助它，人们理解了自我的形成历史并同已发生的事情达成和解。这个相当令人吃惊的看法既与她的行动观念一致，也是她有意返回黑格尔（当然可讲的"故事"绝不是黑格尔意义上的更高真理）、竭力与马克思的"改变世界"观点划清界限的表现。

　　马克思对理论和实践统一性的认识，对政治哲学批判性功能的阐发，并非笔者所能详述。仅就与阿伦特的这场对话而言，我们能反观出马克思的思想在两点上是其他理论无可替代的：（1）无论马克思的实践概念还是劳动概念，都绝非思辨形而上学的表述。对马克思而言，哲学问题始终是现实政治问题的反映，实践优先的立场让他从未陷入思想和行动的抽象对立，或陷于近代形而上学和实证科学之争的思维定势。同理，在他主张以"真正的实证科学"取代"思辨哲学"的时候，他也不是期望政治最后蜕变为无人的行政管理，而是说理论应当从现实生活中人的需要出发去描述实践活动。如他在《1844 年经济学

⑱　Arendt, *Essays in Understanding*, 1930-1954, p. 2.

⑲　Hannah Arendt, "Social Science Techniques and the Study of Concentration Camps", in Arendt, *Essays in Understanding*, 1930-1954, pp. 297,407.

⑳　阿伦特：《人的境况》，第 144 页。

哲学手稿》(*Economic and Philosophic Manuscripts of 1844*)中说过的："理论的对立本身的解决只有通过实践方式,只有借助于人的实践力量,才是可能的;因此,这种对立的解决绝对不只是认识的任务,而是现实生活的任务,而哲学未能解决这个任务,正是因为哲学把这仅仅看作理论的任务";[21](2)马克思的"实践"概念本身是批判性的,实践既是人类生产的社会历史活动,也内含着对资本主义异化劳动状况的批判和打破它的行动,即"革命的实践"。阿伦特受亚里士多德的实践概念的影响,将政治实践看作是以自身为目的的自足活动,这样,理论理解只能站在行动之外来揭示行动的意义和为人类提供教训。但对马克思来说,无产阶级在创造历史的生产实践中,获得对现存政治条件的自我意识和理解,成为自己解放自己的历史主体,主动决定他们自己的生活方式。

在阿伦特和马克思都宣告传统政治哲学终结之时,他们分别开启了当代政治哲学发挥作用的两个方向:解释的政治哲学和批判的政治哲学。这两个方向将再次成为政治思想史上长久回响的基调。

㉑ 马克思、恩格斯:《马克思恩格斯全集》第二版(第 42 卷),第 127 页。

参考文献

外文类

Aaron, R. I. , *John Locke* (Oxford: The Clarendon Press, 1955).

Alison, Henry E. , "Reflections on the Banality of (Radical) Evil: A Kantian Analysis", in *Idealism and Freedom: Essays on Kant's Theoretical and Practical Philosophy* (Cambridge: Cambridge University Press, 1996).

Arendt, Hannah and Karl Jaspers, *Hannah Arendt/Karl Jaspers Correspondence*, 1926 – 1969, ed. L. Köhler, H. Saner and R. Kimber (New York: Harcourt Brace, 1992).

Arendt, Hannah, *Between Past and Future: Eight Exercises in Political Thought* (New York: Viking Press, 1968).

Arendt, Hannah, *Eichmann in Jerusalem: A Report on the Banality of Evil* (Penguin Classics, 2006).

Arendt, Hannah, *Essays in Understanding*, *1930 –1954*, ed. Jerome Kohn (New York: Harcourt Brace, 1994).

Arendt, Hannah, *Love and Saint Augustine*, ed. Joanna Vecchiarelli Scott and Judith Chelius Stark (Chicago: The University of Chicago Press, 1996).

Arendt, Hannah, "Martin Heidegger at Eighty", in *Heidegger and Modern Philosophy: Critical Essays* (New Haven: Yale University Press, 1978).

Arendt, Hannah, *Responsibility and Judgment*, ed. Jerome Kohn (New York: Schoken Books, 2005).

Arendt, Hannah, *The Human Condition* (Chicago: The University of Chicago Press, 1998).

Arendt, Hannah, *The Jewish Writings*, ed. Jerome Kohn and Ron H. Feldman (New York: Schocken Books, 2009).

Arendt, Hannah, *The Life of the Mind*, vol. 2: *Willing*, ed. Mary McCarthy

(New York: Harcourt Brace, 1978).

Arendt, Hannah, *The Origins of Totalitarianism* (New York: Harcourt Brace, 1973).

Arendt, Hannah, *The Promise of Politics*, ed. Jerome Kohn (New York: Schoken Books, 2005).

Arendt, Hannah, *Thinking without a Banister: Essays in Understanding, 1953 - 1975*, ed. Jerome Kohn (New York: Schocken Books, 2018).

Aristotle, *Nicomachean Ethics*, translated with notes by Harris Rackham (Wordsworth Classics, 1996).

Aristotle, *Politics*, trans. by Benjamin Jowett (Chicago: Encyclopedia Britannica, INC, 1987).

Augustine, *The City of God Against the Pagans*, trans. R. W. Dyson, (Cambridge: Cambridge University Press, 1998).

Badiou, Alain, *Saint Paul: The Foundation of Universalism* (Stanford: Stanford University Press, 2003).

Baron, Hans, "The Republic Citizen and the Author of 'Prince'", *The English Historical Review*, vol. 76(Apr. , 1961).

Benhabib, Seyla, "Hannah Arendt and the Redemptive Power of Narrative", in *Hannah Arendt: Critical Essays*, eds. L. P. Hinchman and S. K. Hinchman (Albany: N. Y. , 1994).

Bernauer, J. W. (ed.), *Amor Mundi: Explorations in the Faith and Thought of Hannah Arendt* (Dordrecht: Martinus Nijhoff Publisher, 1987).

Bernstein, Richard J. , "Did Hannah Arendt Change Her Mind? From Radical Evil to the Banality of Evil", in Larry May and Jerome Kohn, eds, *Hannah Arendt: Twenty Years Later*, (Cambridge and London: The MIT Press, 1996).

Boucher, David, "Language, Politics & Paradigms: Pocock & The Political Thought", *Polity*, vol. 17, no. 4.

Bradshaw, Leah, *Acting and Thinking: The Political Thought of Hananh Arendt* (Toronto: University of Toronto Press, 1989).

Brieidenthal, Thomas, "Jesus is My Neighbor: Arendt, Augustine and the Politics of the Incarnation", *Modern Theology* 14:4(1998).

Canovan, Margaret, *Hannah Arendt: A Reinterpretation of Her Political Thought* (Cambridge: Cambridge University Press, 1992).

Cicero, *On the Commonwealth and on the Laws*, ed. James E. G. Zetzel (Cambridge: Cambridge University Press, 1999).

Cornish, Paul J. , "Augustine's Contribution to the Republican Tradition", *European Journal of Political Theory* 9. 2(2010).

Disch, Lisa J. , "More Truth than Facts: Storytelling as a Critical Understanding in Writings of Hannah Arendt", *Political Theory*, vol. 21, no. 4 (Nov. , 1993).

Elshtain, Jean Bethke, *Augustine and the Limits of Politics* (Notre Dame: University of Notre Dame Press, 1995).

Elshtain, Jean Bethke, *Public Man*, *Private Woman*: *Women in Social and Political Thought* (Princeton: Princeton University Press, 2020).

Greeken, John H. , "Pocock and Machiavelli: Structuralist Explanation in History", *Journal of the History of Philosophy*, 17:3.

Gregory, Eric, *Politics and the Order of Love*: *An Augustinian Ethic of Democratic Citizenship* (Chicago: University of Chicago Press, 2008).

Held, David, *Models of Democracy* (Cambridge: Polity Press, 2006).

Hellen, Bener, "Existential Failure and Success: Augustinianism in Oakeshott and Arendt", *Intellectual History Review*, 21(2)2011.

Hinchman, L. P. and S. K. Hinchman, "In Heidegger's Shadow: Hannah Arendt's Phenomenological Humanism", *The Review of Politics*, 1984, 46 (2).

Jacobitti, Suzanne, "Arendt and Will", *Political Theory*, vol. 16, no. 1 (Feb. 1988).

Kateb, George, *Hannah Arendt*: *Politics*, *Conscience*, *Evil* (Rowman & Littlefield, 1984).

Kiess, John, *Hannah Arendt and Theology* (New York: Bloomsbury T&T Clark, 2016).

Kuhn, Thomas S. , "The Normal and the Human Sciences", Thomas S. Kuhn, *The Road since Structure*, ed. Jams Conant and John Haugeland (Chicago: The University of Chicago Press, 2000).

Markus, Robert Austin, *Saeculum*: *History and Society in the Theology of St Augustine* (Cambridge: Cambridge University Press, 1988).

Mathewes, C. T. , *Evil and the Augustinian Tradition* (Cambridge: Cambridge University Press, 2001).

May, Larry and Jerome Kohn (eds.), *Hannah Arendt*: *Twenty Years Later* (Cambridge and London: The MIT Press, 1996).

McCormick, John P. , "Machiavelli against Republicanism: On the Cambridge School's Guicciardinian Moment", *Political Theory*, vol. 31.

Mitchell, Joshua, "The Use of Augustine, after 1989", *Political Theory*, vol. 27, no. 5(Oct. 1999).

Mulgan, R. G. , "The Political is Natural", in R. G. Mulgan, *Aristotle's Political Theory*: *An Introduction for Students of Political Theory* (Clarendon Press, 1977).

Nando, Christopher, "Aristotle and the Republican Paradigm: A Reconsideration of Pocock's *Machiavellian Moment*", *The Review of Politics*, vol. 58, no. 4 (aut. , 1996).

Nippel, Wilfried, "Ancient and Modern Republicanism: 'Mixed Constitution' and 'Ephors '", in Wilfried Nippel, *Ancient and Modern Democracy*: *Two Concepts of Liberty* (Cambridge: Cambridge University Press, 2016).

Nussbaum, Martha C. , *Political Emotions*: *Why Love Matters for Justice* (Harvard University Press, 2013).

Nygren, A. , *Agape and Eros*, trans. Philip S. Watson (Philadelphia: Westminster, 1953).

O'Donovan, Oliver, "Usus and Fruitio in Augustine, 'De doctrina Christiana I'",
Journal of Theological Studies, 1982, vol. 33.

O'Ferrall, Fergus, "Civic-Republican Citizenship and Voluntary Action",
Republics, 2001(2), p. 135.

Pitkin, Hannah F. , "Justice: On Relating Private and Public", *Political Theory*
(Aug. , 1981).

Pocock, J. G. A. , "Custom & Grace, Form & Matter: An Approach to Machiavelli's
Concept of Innovation", *Machiavelli and The Nature Political Thought*,
ed. Martin Fleischer (New York: Atheneum, 1972).

Pocock, J. G. A. , "Machiavelli and Guicciardini: Ancients and Moderns",
Canadian Journal of Political and Social Theory, 2(Fall 1978).

Pocock, J. G. A. , *Political Thought and History: Essays on Theory and Method*
(Cambridge University Press, 2009).

Pocock, J. G. A. , *Politics, Language and Time* (New York: Atheneum,
1971).

Pocock, J. G. A. , *The Machiavellian Moment:Florentine Political Thought and
the Atlantic Republican Tradition* (Princeton: Princeton University Press,
1975).

Pocock, J. G. A. , "The Machiavellian Moment Revisited: A Study in History and
Ideology", *The Journal of Modern History*, vol. 53, no. 1(Mar. , 1981).

Pocock, J. G. A. , "Verbalizing a Political Act: Toward a Politics of Speech",
Political Theory, vol. 1, no. 1(Feb. , 1973).

Pocock, J. G. A. , *Virtue, Commerce, and History: Essays on Political Thought
and History, Chiefly in the Eighteenth Century* (Cambridge: Cambridge
University Press, 1985).

Ricoeur, Paul, "Action, Story and History: On Re-reading The Human
Condition", *Salmagundi* (no. 60, Spr. -Sum. , 1983).

Rigsby, Ellen M. , "The Failure of Success: Arendt and Pocock on the Fall of
American Republicanism", *Theory & Event*, 2002,6(1).

Rubinstein, Nicolai, "Machiavelli and Florentine Republican Experience", in
Machiavelli and Republicanism, ed. Gisela Rock, Quentin Skinner and
Maurizio Viroli (Cambridge: Cambridge University Press, 1990).

Schnadelbach, Herbert, "What is Neo-Aristotelianism?", *Praxis International*,
1987. 7.

Schofield, Malcolm, "Cicero's Definition of *res publica*", in *Cicero the Philosopher:
Twelve Papers*, ed. J. G. F. Powell (Oxford: Clarendon Press, 1995).

Scotti, Joanna, "'A Detour through Pietism': Hannah Arendt or St. Augustine's
Philosophy of Freedom", *Polity*, vol. 20, no. 3(Spr. , 1988).

Shabert, Tilo, *The Second Birth: On the Political Beginnings of Human
Existence*, trans. Javier Ibáñez-Noé (Chicago: University of Chicago Press,
2015).

Skinner, Quentin, "Machiavelli on *virtù* the Maintenance of Liberty", *Politics and Vision*, vol. 2: *Renaissance Virtues* (Cambridge: Cambridge University Press, 2002).

Skinner, Quentin, *Machiavelli* (Oxford: Oxford University Press, 1981).

Skinner, Quentin, "Machiavelli's *Discorsi* and the Pre-humanist Origins of Republican Ideas", in *Machiavelli and Republicanism*, ed. Gisela Rock, Quentin Skinner and Maurizio Viroli (Cambridge University Press, 1990).

Skinner, Quentin, *The Foundations of Modern Political Thought*. vol. 1: *The Renaissance* (University of Cambridge, 1978).

Sparling, Robert, "The Concept of Corruption in J. G. A. Pocock's *The Machiavellian Moment*", *History of European Ideas* 43. 2(2017).

Springborg, P., "Hannah Arendt and the Classical Republican Tradition", in *Hannah Arendt: Thinking, Judging, Freedom*, ed. Gissla T. Kaplan and Clive Kessler (Sydney: Allen&Unwin, 1989).

Tatman, Lucy, "Arendt and Augustine: More Than One Kind of Love", *Sophia* 52(2013).

Taylor, Charles, *A Secular Age* (Cambridge: Harvard University Press, 2007).

Taylor, Charles, *Modern Social Imaginaries* (Durham and London: Duke University Press Books, 2004).

Tsao, Roy T., "Arendt's Augustine", in *Politics in Dark Times: Encounters with Hannah Arendt*, ed. Seyla Benhabib (Cambridge: Cambridge University Press, 2010).

Villa, Dana R., *Arendt and Heidegger: The Fate of the Political* (Princeton: Princeton University Press, 1996).

Williams, Rowan, "Politics and the Soul: A Reading of the City of God", *Milltown Studies* 19. 20(1987).

Wolin, R., "An Affair to Remember: Hannah and the Magician", *New Republic*, 213(9th Oct., 1995).

Wolin, Shelton S., *Politics and Vision: Continuity and Innovation in Western Political Thought* (Princeton: Princeton University Press, 2006).

Young-Bruhel, Elizabeth, *Hannah Arendt: For Love of the World* (Yale University Press, 1982).

Young-Bruhel, Elizabeth, "Reflections on Hannah Arendt's The Life of the Mind", *Political Theory*, vol. 10, no. 2,1982.

中文类

阿兰·博耶等:《公民共和主义》,应奇、刘训练编,北京:东方出版社,2006 年。

埃里克·沃格林:《记忆:历史与政治理论》,朱成明译,上海:华东师范大学出版社,2017 年。

埃里克·沃格林:《希特勒与德国人》,张新樟译,上海:上海三联书店,2015 年。

埃里克·沃格林:《新政治科学》,段保良译,北京:商务印书馆,2018 年。

奥古斯丁:《〈创世纪〉字疏》(上、下),石敏敏译,北京:中国社会科学出版社,

2018 年。

奥古斯丁:《忏悔录》,周士良译,北京:商务印书馆,2010 年。

奥古斯丁:《论自由意志》,成官泯译,上海:上海人民出版社,2010 年。

奥古斯丁:《上帝之城》,王晓朝译,北京:人民出版社,2006 年。

保罗·卡恩:《摆正自由主义的位置》,田力译,北京:中国政法大学出版社,
2015 年。

保罗·卡恩:《政治神学:新主权四论》,郑琪译,南京:译林出版社,2015 年。

保罗·利科:《解释学与人文科学》,陶远华、袁耀东等译,石家庄:河北人民出版
社,1987 年。

贝内代托·丰塔纳:"爱国家与爱上帝:马基雅维里对宗教的政治利用",《政治思
想史》,2015 年第 1 期。

彼得·布朗:《希波的奥古斯丁》,钱金飞、沈小龙译,北京:中国社会科学出版社,
2013 年。

彼得·拉斯莱特:《洛克〈政府论〉导论》,北京:生活·读书·新知三联书店,
2007 年。

波考克:《德性、商业与历史》,冯克利译,北京:生活·读书·新知三联书店,
2012 年。

波考克:《马基雅维里时刻:佛罗伦萨政治思想和大西洋共和主义传统》,冯克利
译,南京:译林出版社,2013 年。

C.S. 路易斯:《被弃的意象:中世纪与文艺复兴文学入门》,叶丽贤译,上海:东方
出版社,2019 年。

蔡英文:《主权国家与市民社会》,北京:北京大学出版社,2006 年。

查尔斯·泰勒:《世俗时代》,张容南等译,上海:上海三联书店,2016 年。

丹纳·维拉:"阿伦特、亚里士多德与行动",《文化研究》(第 26 辑),北京:社会科
学文献出版社,2016 年。

伽达默尔:《真理与方法》,洪汉鼎译,上海:上海译文出版社,2004 年。

戈登·S. 伍德:《美国革命中的激进主义》,傅国英译,北京:商务印书馆,2011 年。

戈登·S. 伍德:《美利坚共和国的缔造:1776－1787》,朱妍兰译,南京:译林出版
社,2016 年。

哈贝马斯:"三种民主规范性模型",载于塞拉·本哈毕比主编:《民主与差异:挑战
政治的边界》,黄相怀译,北京:中央编译出版社,2009 年。

哈贝马斯:《现代性的哲学话语》,曹卫东等译,南京:译林出版社,2004 年。

哈贝马斯:《在自然主义与宗教之间》,郁喆隽译,上海:上海人民出版社,2013 年。

汉娜·阿伦特:《过去与未来之间》,王寅丽、张立立译,南京:译林出版社,
2011 年。

汉娜·阿伦特:《论革命》,陈周旺译,南京:译林出版社,2007 年。

汉娜·阿伦特:《马克思主义与西方政治思想传统》,孙传钊译,南京:江苏人民出
版社,2012 年。

汉娜·阿伦特:《人的境况》,王寅丽译,上海:上海人民出版社,2009 年。

汉娜·阿伦特:《政治的应许》,杰罗姆·科恩编,张琳译,上海:上海人民出版社,
2016 年。

洪亮:"卡尔·巴特与汉娜·阿伦特论恶与约",《道风:基督教文化学刊》,2018 年
第 2 期。

吉尔松：《中世纪哲学精神》，沈青松译，上海：上海人民出版社，2008年。

江宜桦："政治是什么？——试析亚里士多德的观点"，《台湾社会研究季刊》，1995年6月。

卡尔·洛维特：《世界历史与救赎历史》，李秋零、田薇译，北京：生活·读书·新知三联书店，2002年。

卡尔·施密特：《政治的概念》，刘宗坤、朱雁冰等译，上海：上海人民出版社，2018年。

卡尔·施密特：《政治的神学》，刘宗坤、吴增定等译，上海：上海人民出版社，2015年。

卡诺凡：《阿伦特政治思想再释》，陈高华译，上海：上海人民出版社，2012年。

康德：《纯然理性限度内的宗教》，李秋零译，北京：商务印书馆，2007年。

莱茵霍尔德·尼布尔：《道德的人和不道德的社会》，蒋庆等译，贵阳：贵州人民出版社，1998年。

李猛主编：《奥古斯丁的新世界》，上海：上海三联书店，2016年。

理查德·J.伯恩斯坦：《根本恶》，王钦、朱康译，南京：译林出版社，2015年。

列奥·施特劳斯：《关于马基雅维里的思考》，申彤译，南京：译林出版社，2003年。

刘擎："革命与现代政治正当性：阿伦特与施密特的竞争性阐释"，《学术月刊》，2006年第9期。

刘训练："共和主义的复兴——当代共和主义的局限与困境"，《国外社会科学》，2007年第6期。

刘训练："马基雅维里与古典共和主义"，《政治学研究》，2011年第4期。

罗伯特·皮平：《作为哲学问题的现代主义》，阎嘉译，北京：商务印书馆，2007年。

罗尔斯：《政治自由主义》，万俊人译，南京：译林出版社，2000年。

罗明嘉：《奥古斯丁〈上帝之城〉中的社会生活神学》，张晓梅译，北京：中国社会科学出版社，2008年。

迈克尔·桑德尔：《民主的不满：美国在寻求一种公共哲学》，曾纪茂译，南京：江苏人民出版社，2008年。

迈克尔·沃尔泽：《清教徒的革命》，张蓉、王东兴译，北京：商务印书馆，2016年。

迈克尔·扎克特：《自然权利与新共和主义》，王崇兴译，长春：吉林出版集团，2008年。

迈涅克：《马基雅维里主义》，时殷弘译，北京：商务印书馆，2003年。

麦金太尔：《伦理学简史》，龚群译，北京：商务印书馆，2003年。

麦金太尔：《追寻美德》，宋继杰译，南京：译林出版社，2003年。

尼科洛·马基雅维里：《君主论》，潘汉典译，北京：商务印书馆，1985年。

尼科洛·马基雅维里：《论李维》，冯克利译，上海：上海世纪出版集团，2005年。

潘德荣："诠释学：理解与误解"，《天津社会科学》，2008年第1期。

潘能伯格：《人是什么——从神学看当代人类学》，李秋零、田薇译，上海：上海三联书店，1997年。

潘能伯格：《神学与哲学》，李秋零译，北京：商务印书馆，2017年。

佩迪特："桑德尔共和主义的重构"，载于马德普编：《中西政治文化论丛》（第四辑），天津：天津人民出版社，2004年。

佩里·安德森：《绝对主义国家的系谱》，刘北成等译，上海：上海人民出版社，2001年。

任军锋主编:《共和主义:古典与现代》,上海:上海人民出版社,2006 年。

Stephen G. Salkever:"当代西方实践哲学中的新亚里士多德主义",詹康译,《国立政治大学学报》,第 17 期(2007 年 1 月)。

石敏敏、章雪富:"奥古斯丁的共同体观念",《道风·基督教文化评论》,2016 年秋第 45 期。

唐·赫佐格等《共和的黄昏》,应奇、刘训练编,长春:吉林出版集团,2007 年。

王恒:"罗马与耶路撒冷——美国宪法的神学-政治问题",载于《约法传统与美国建国》,林国基主编,上海:上海人民出版社,2013 年。

威尔·金里卡:《当代政治哲学》(上、下),刘莘译,上海:上海三联书店,2004 年。

吴飞:《心灵秩序与世界历史:奥古斯丁对西方古典文明的终结》,北京:生活·读书·新知三联书店,2013 年。

西塞罗:《论共和国　论法律》,王焕生译,北京:中国政法大学出版社,1997 年。

夏洞奇:《尘世的权威:奥古斯丁的社会政治思想》,上海:上海三联书店,2007 年。

萧高彦:"共和主义,民族主义宪政理论:鄂兰与施密特的隐秘对话",《政治科学论丛》,2006 年第 27 期。

萧高彦:"史金纳与当代共和主义之典范竞争",《东吴政治学报》,2002 年第 15 卷。

萧高彦:《西方共和主义思想史论》,台湾:台北联经出版公司,2013 年。

谢尔顿·S. 沃林:《政治与构想:西方政治思想的延续与创新》,辛亨复译,上海:上海人民出版社,2009 年。

亚里士多德:《尼各马科伦理学》,苗力田译,北京:中国社会科学出版社,1999 年。

亚里士多德:《政治学》,吴寿彭译,北京:商务印书馆,1996 年。

以赛亚·伯林:《反潮流》,冯克利译,南京:译林出版社,2011 年。

约翰·维特:《权利的变革:早期加尔文教中的法律、宗教和人权》,苗文龙等译,北京:中国法制出版社,2011 年。

周伟驰:《记忆与光照:奥古斯丁神哲学研究》,北京:社会科学文献出版社,2001 年。

后记

奥古斯丁相信，政治出于人对社会性的永恒渴求，因为"城（*civitatis*）的生活必然是一种社会生活"（《上帝之城》，XIX. 7）；奥克肖特在伦敦经济学院就职演讲中将人类的政治处境比作"在无边无底的海洋上航行——既没有港口躲避，也没有海底抛锚，既没有出发地，也没有目的地，他们所做的事情就是平稳地漂浮"；阿伦特说："最终，人类世界是人们'爱这个世界'（*amor mundi*）的产物，其潜在不朽总是受制于其建造者的有死和前来定居者的降生。"（《政治科学的历史》讲稿）可以说，共和主义回应了人类自古以来想要在政治世界获得某种"潜在不朽"的努力，在那里实现德性、展现行动，与他人一起做事情，成为死者、生者和未来诞生者共同体中的一员。

本书是我近十年来对阿伦特和波考克共和主义思想研究的总结。记得 2012 年参加华东师范大学思勉高研院在苏州举办的一个会议，我趁机向台湾中研院的萧高彦教授请教，是否可以将阿伦特放在共和主义思想谱系中来研究，他说也想过要做这个课题，他的肯定意见让我很受鼓舞。几年后读到萧教授出版的《西方共和主义思想史论》，他对共和主义的思想史渊源所做的细致缜密论述和学理探究，令人钦佩。过去十年来，共和主义在汉语政治学界形成热潮，一方面在于它对自由主义的批评和修正，另一方面在于它有着深厚的政治思想史传统。阿伦特、波考克等人对共和思想传统的阐释，将经典政治文本带入到现代政治问题之中，在 20 世纪重构了共和主义的时间意识和"政治想象"。在研究过程中，查尔斯·泰勒的"世俗性"概念和哈贝马斯的后世俗思想让我看到了对共和主义做"世俗性"解读的可能性。即不把阿伦特和波考克仅仅理解为世俗主义者、古希腊和罗马共和的现代复兴者,而是认为他们站在消失的中世纪和世俗现代造成的政治困境中,试图探索一种"世俗不朽"之共和国的方案。我在前言中说:"如何评价新共和主义的智识影响,它是否提供了一种在现代的时间性困境下'拯救政治'的方案? 共和主义能否重新确立一种被现代政治思想、特别是持价值中立的主流自由主义所放弃的伦理根基?"对这些问题本书没有答案,阿伦特和波考克的解决方案也问题重重,但在西方共和主义已近"黄昏"时,他们的思想对当代政治面临的认同危机、道德抽空、世俗和宗教冲突等问题仍有着长久的意义。

本书的研究和写作得到了 2013 年上海市浦江人才计划和 2019年国家社科后期项目的资助,大部分内容都曾作为阶段性成果发表。崇明教授和韩潮教授给我的初稿提出过十分诚挚中肯的意见。本书一望可知的缺陷是对共和主义做了一个太过狭隘的界定,因此权作为"共和主义的一项研究"。感谢好友黄剑波、刘文瑾、张蕴艳、陆臻的鼓励和帮助,感谢上海三联书店有限公司总编辑黄韬先生和丛书编委对本书的肯定,感谢好友兼本书责编邱红女士的大力支持,以及编辑陈泠坤先生的细心订正和督促。十年匆匆而过,经历了儿子长大离家,空虚的思考化作书页。尘世生命的温暖,日常生活的光芒,让我有力量每早晨把虚无挡在暗夜。

王寅丽

2023 年 1 月 25 日改定

于上海科技大学教师公寓

图书在版编目（CIP）数据

世俗时代的政治哲学：共和主义的一项研究/王寅丽著.
—上海：上海三联书店，2023.10
（思想与社会）
ISBN 978 - 7 - 5426 - 7675 - 7

Ⅰ.①世…　Ⅱ.①王…　Ⅲ.①政治哲学—研究
Ⅳ.①D0 - 02

中国版本图书馆 CIP 数据核字（2022）第 024454 号

世俗时代的政治哲学
——共和主义的一项研究

著　　者 / 王寅丽

责任编辑 / 邱　红　陈泠珅
装帧设计 / 徐　徐
监　　制 / 姚　军
责任校对 / 王凌霄

出版发行 / 上海三联书店
　　　　　（200030）中国上海市漕溪北路 331 号 A 座 6 楼
邮　　箱 / sdxsanlian@sina.com
邮购电话 / 021 - 22895540
印　　刷 / 上海惠敦印务科技有限公司

版　　次 / 2023 年 10 月第 1 版
印　　次 / 2023 年 10 月第 1 次印刷
开　　本 / 640 mm×960 mm　1/16
字　　数 / 210 千字
印　　张 / 13.5
书　　号 / ISBN 978 - 7 - 5426 - 7675 - 7/D · 530
定　　价 / 65.00 元

敬启读者，如发现本书有印装质量问题，请与印刷厂联系 021 - 63779028